户籍制度下
农村居民非农劳动供给研究

上海市学术著作出版基金

博士文库

赵海涛　著

户籍制度下
农村居民非农劳动供给研究

上海人民出版社
格致出版社
Truth & Wisdom Press

序

改革开放以来，农业和农村剩余劳动力在乡城之间的转移流动是当今我国最为显著的经济和社会现象之一，在推动我国经济的快速发展、提高农村居民的收入以及推动城镇化方面发挥了巨大的积极作用。

2017年我国常住人口城镇化率为58.52%，但是户籍人口城镇化率仅为42.35%。与发达国家相比，我国城市化率上升较快，但水平仍偏低。从国际水平来看，发达国家普遍在80%以上。美国和英国在20世纪70年代之后均稳定在80%左右。日本和韩国在追赶发达国家过程中城市化率都迅速上升，两国分别在70年代末和80年代末成为发达国家，相应的城市化率也均达到80%以上。党的十九大报告指出，要以城市群为主体构建大中小城市和小城镇协调发展的城镇格局，加快农业转移人口市民化。《国家新型城镇化规划(2014—2020年)》也指出，城镇化是保持经济持续健康发展的强大引擎，是加快产业结构转型升级的重要抓手，是解决农业、农村、农民问题的重要途径。

但是长期以来，受户籍制度的约束，农业和农村剩余劳动力的转移就业并不彻底，大量农业转移人口难以融入城市社会，很多有非农就业经历的农业劳动力在他们正值壮年、在经验和人力资本不断增加的时候退出了非农劳动供给;回流、循环流动以及在务工城市之间频繁流动是我国农业转移劳动力的主要特点。这导致市民化滞后,常住人口城镇化率与户籍人口城镇化率存在巨大差异,不仅影响了我国城镇化的健康发展,也不利于劳动力资源的优化配置,影响经济增长。

在劳动经济学的研究中,户籍制度对劳动力市场以及劳动力资源优化配置的影响毫无疑问是非常值得研究的问题,赵海涛博士和我较早就开始关注户籍制度对农村剩余劳动力转移的影响,以及这种影响所产生的经济后果,并在国内一些知名学术期刊发表了相关研究成果。在研究的过程中,我们发现,户籍制度对城市和农村经济发展、社会融合和城镇化的影响是复杂的,本书是我们研究团队在此领域内开展研究的阶段性成果之一,主要聚焦于户籍约束下,农村劳动力在乡城转移模式、城市劳动力市场中的就业特征以及与企业绩效的关系等几个方面。本书现实意义较强,在研究思路、研究方法上有一定的创新,揭示了户籍制度下农村劳动力非农劳动供给的特征和规律,对于当前的户籍制度改革、城镇化进程和农村户籍劳动力市民化等国家重大发展战略具有较强的参考价值。

党的十九大报告中明确提出:要充分发挥劳动力市场的作用,使人力资源在区域之间、行业之间、单位之间得到合理配置,使劳动力和人才得到合理流动;消除阻碍劳动要素合理流动配置的制度性障碍,破除户籍制度、垄断因素、单位所有制、雇佣类型等造成的劳动力市场分割。这不仅提出了我国未来在劳动力市场领域建设的方向,而且明确了当前户籍制度改革的核心内容。本书的研究内容证实了户籍制度对于农村劳动力在非农劳动供给方面的不利影响,描述了农村劳动力非农劳动供给的具体特征,是对当前城市劳动力市场状况的一个客观呈现。

传统的劳动经济学理论是研究我国劳动力市场以及户籍制度对劳动力市场非常有用的工具，我们可以通过理论与本国实际情况的结合，得出一些有价值的成果，这就是学术界非常提倡的“国际范式、中国问题”。做中国问题的研究，不仅有利于加深对传统劳动经济学理论的认识和吸收，也有利于相关理论在中国环境下的完善。本书做了一个较好的示范，可以为广大的青年本科生、研究生和科研人员提供一些启发，为进一步认识和了解户籍制度、劳动力转移和城镇化提供一些思路。

常进雄

2018 年 3 月于上海

致　谢

非常感谢我尊敬的导师常进雄教授，常老师以渊博的学识、严谨的治学态度、宽厚待人的品行，不仅教授了我专业的知识技能，而且言传身教影响我立身处世的人生态度。导师与我亦师亦友，回顾这珍贵的相处时光，老师传授了我如何在研究中整理研究的思路，如何在研究的困境中找出问题的症结，一步步地完成研究的最初构想和设计；更以谦逊的态度、乐观宽厚的待人品质教会了我如何积极地面对生活，如何合理地规划自己的人生。回顾我的整个博士生涯，我会常常记起老师逐字逐句地阅读和修改我的论文，以他的宽容，处处指导我的情境；当我遇到研究的瓶颈，老师也会不断地鼓励我，给予我充足的信心和时间，使我不放弃，在学习和生活中不断地前行。我的整个博士论文，从选题、设计、论证和实施都离不开老师的汗水和心血，在书写的每一环节都得到了老师高屋建瓴的指导。

感谢华东理工大学商学院的沈凌教授，在我硕士阶段，将我带入了经济学研究的道路，指引我研究的方向，督促我的研究，引领我在学术训练中不断积累研究方法和技能。同时感谢刘乃全教授、伍山林教授、赵山教授、龚关教授对我的指导！

感谢在办公室一直陪伴着我的师兄师姐和各位同学！

感谢上海市第二十次社会科学博士文库出版资助！

最后，谨以此文献给一直疼爱我、关心我的父母！

赵海涛

2018年6月

前　言

自中国改革开放以来，随着经济发展和城镇化的不断推进，越来越多的流动人口从农村涌入发达的城市当中，投身到中国市场经济的建设浪潮里，为我国经济保持快速增长起到了至关重要的作用，农村剩余劳动力的城乡流动和区域间转移就业已经成为中国重要的经济和社会现象之一。农村劳动力的城乡流动就业不仅有利于提高农村居民的收入，缩小了城乡收入差距，而且有助于劳动力资源在农业和非农业部门的合理配置，提高了经济增长的效率。然而，伴随着中国人口老龄化、各地频繁出现“民工荒”现象，学术界开始争论“刘易斯拐点的到来”，农村剩余劳动力供给已经变得相对不足，旨在消除户籍制度对农村劳动力非农劳动供给障碍的改革政策已经成为了学术界和政府部门激烈讨论的热点问题。

中国固有的户籍制度限制了农村劳动力的非农劳动供给，户籍制度使庞大的农村进城务工人员群体常年处于“迁而不移”的状态，因为无法享受到与城市居民平等的社会福利待遇，农村进城务工人员不得不面对与家人分离、“留守儿童”、“留守老人”等各种压力。此外，在城市劳动力市场上，他们大多栖身于工资水平低、工作环境差、工作不稳定的次级劳动力市场上，并遭受一定的户籍歧视。

本书基于传统的家庭劳动供给模型，将户籍变量引入模型中，旨在从理论上得出户籍变量对农村户籍劳动力非农劳动参与的影响，并综合使用计量建模、参与弹性估计、保留工资检验、工资差异分解等技术和方法对农村家庭劳动力的参与决策、农村户籍劳动力二次跨区流动、城镇劳动力市场上对农村户籍劳动力歧视的度量、无歧视情况下潜在农村劳动力非农劳动供给数量估算等多个方面展开分析，具体内容包括：

关于户籍制度下农村劳动力的非农劳动供给决策。该部分基于修正的家庭劳动供给模型，考察了户籍变量对农村户籍劳动力（尤其是已婚或者有孩子、家庭的劳动力）非农劳动参与决策的影响，并通过 Mincer 方程和 Heckman 两步估计方法检验了与户籍相关的变量对劳动力非农劳动参与决策的影响；另外，通过构建期望工资方程，分别计算了农村户籍已婚和未婚、家庭有孩子群体和家庭无孩子群体的期望工资，比较了不同群体的保留工资水平；最后，根据工资方程的估计结果分别计算了农村户籍劳动力和城镇户籍劳动力、农村已婚群体和未婚群体、农村家庭有孩子群体和没有孩子群体的非农劳动参与工资弹性。该研究旨在解释农村劳动力和城镇劳动力非农劳动供给在年龄结构上存在的差异，以及农村劳动力为何在正值壮年时期或在人力资本回报不断提高的时候却逐渐退出了城市劳动力市场；另外，试图为农村剩余劳动力仍然大量存在的情况下劳动力市场工资水平却持续上涨这一问题提供一个新的理论解释。

关于农村户籍劳动力的二次跨区流动。该部分通过比较分析农村户籍劳动力的城乡流动和二次跨区流动决策，分析了农村户籍劳动力二次跨区流动的特点和规律，并检验了农村户籍劳动力的二次跨区流动是不是一种人力资本投资行为。该研究的目的是找出农村户籍劳动力二次流动的特征和规律，理解农村户籍劳动力非农劳动供给的行为和方式，进而更好地理解户籍制度对农村户籍劳动力非农劳动供给的影响。

关于工资歧视与农村户籍劳动力非农劳动力供给研究。该部分首先根据 Mincer 方程和 Heckman 两步估计，分别估计了不同性别、年龄、教育水平、工作经验群体的工资情况，并计算了不同时期内农村劳动力的非农劳动参与工资弹性；其次，对比城市户籍劳动力和农村户籍劳动力的工资水平差异，并采用 Oaxaca-Blinder 分解对不同时期内城市户籍和农村户籍劳动力工资差异进行分解；最后，根据农村劳动力非农劳动参与弹性和工资差异分解的结果来估算无歧视情况下潜在的农村户籍劳动力非农劳动供给相对于实际劳动力供给的数量。该研究旨在分析农村户籍劳动供给与户籍歧视的程度，并借此测算农村剩余劳动力非农劳动供给的情况，为促进农村剩余劳动力的非农劳动的供给提供有益的政策建议。

关于基于企业性质的农村户籍劳动力与城镇户籍劳动力的工资差距。该部分首先利用 CHNS 数据考察了农村户籍劳动力和城镇户籍劳动力在工资水平上和教育水平上存在的差异。其次，根据所有制性质将企业划分为四种所有制企业，采用 Mlogit 模型估计了相关解释变量对劳动力进入四种类型企业的影响，并估计了不同时期内城镇户籍劳动力和农村户籍劳动力的工资方程，比较分析了农村户籍变量在四种所有制企业内对工资水平的影响。最后，采用 Oaxaca-Blinder 分解对不同时期、不同所有制企业内农村户籍和城镇户籍劳动力的工资差异进行分解，以此来度量对农村户籍劳动力歧视的程度。另外，为了研究在国有企业中是否支付了相对于其他企业较高的工资，本书还分别估计了不同时期内国有企业变量对农村户籍劳动力和城市户籍劳动力工资水平的影响。该研究的目的是度量城镇劳动力市场中对农村户籍劳动力歧视的程度，找出歧视的来源，并以此分析企业经营绩效存在差异的原因。

基于以上研究内容和目的，本书主要的观点有：

（1）从理论上看，通过引入户籍变量，改变了农村家庭的生产约束，进而发现户籍对农村劳动力的外出务工决策产生了影响，且对于不同婚姻状况或孩子数量的家庭劳动力，户籍变量的影响是有差异的。具体而言，婚姻对农村劳动力的非农劳动参与有显著影响，相比未婚劳动力群体，已婚劳动力群体的非农劳动参与率更低；对于已婚家庭而言，家庭孩子数量会影响农村劳动力的非农劳动参与决策，孩子数量越多，家庭父母的非农劳动参与决策率就越低；对已婚且有孩子的家庭而言，相对于未婚劳动力群体，已婚劳动力群体的保留工资更高，为了吸引该群体就业，必须要有更高的劳动力工资水平。因此，由于户籍制度增加了农村劳动力参与非农就业的成本，并使得农村劳动力群体中有相当比例群体退出了非农劳动供给的队伍，这会使农村户籍劳动力工资持续上涨和“民工荒”现象可以同时存在，但并非意味着农村剩余劳动力资源的枯竭。

（2）从实证检验来看，农村户籍劳动力的非农劳动参与弹性为1.702，且随时间变化，该弹性是逐渐下降的；另外城镇户籍劳动力的非农劳动参与弹性为2.141，该弹性随时间变化也是逐渐下降的，但均高于农村户籍劳动力相对应的参与弹性；另外，农村劳动力群体中已婚群体的非农劳动力参与弹性要低于未婚群体，家庭中有孩子的劳动力非农劳动参与弹性要低于家庭中没有孩子的群体。由于农村户籍劳动力的非农劳动参与弹性要远小于城镇户籍劳动力，且非农就业群体中已婚群体占据了主要部分，因此，工资水平的提高对农村户籍劳动力非农劳动供给的影响是有限的。

（3）外出务工的农村户籍劳动力二次跨区流动比较频繁，64.0%的农村户籍劳动力有二次跨区流动经历；农村户籍劳动力的二次跨区流动与一次乡城流动存在较大差异，比如年龄偏大和人力资本拥有量偏低的农村户籍劳动力更容易进行二次跨区流动，主要原因是中国的户籍制度以及驱动农村户籍劳动力乡城流动与二次跨区流动的动力有差异；在考虑选择性偏差性的情况下，二次跨区流动能够帮助农村户籍劳动力提升19.2%的工资水平。

(4) 通过对潜在劳动力供给的测算，可以发现如果消除对农村户籍劳动力的工资歧视，那么农村户籍劳动力的实际劳动力供给会提高18.56%—39.7%之间，尽管该结果只是粗略的测算，但从数量来看，消除对农村劳动力的户籍歧视对农村劳动力非农劳动供给的影响是比较明显的。

(5) 在国有企业中，不论是劳动力的教育回报率还是经验回报率，城镇户籍劳动力均明显高于农村户籍劳动力，尽管在其他所有制类型中也有差别，但差距没有在国有企业中那么大。这指出了在城市劳动力市场上对农村户籍劳动力的歧视来源；从工资差距的分解情况来看，在中国城镇劳动力市场上的确存在着对农村户籍劳动力的歧视，且城镇户籍劳动力与农村户籍劳动力工资差异中不可以解释的部分占总差异的比重在国有企业最高，在民营企业中最低；由于对农村户籍劳动力的歧视是以牺牲企业经营效率为代价的，因此对农村户籍劳动力的歧视程度的差别是导致不同所有制企业在经营绩效上存在差异的原因之一。

(6) 国有企业支付给劳动力的工资要显著高于非国有企业，相比城镇户籍劳动力，农村户籍劳动力在国有企业得到的工资溢价比较低，且不同户籍劳动力在国有企业中工资溢价的差距随时间变化的趋势是逐渐增大的。

相比较该领域内的研究，本书在以下几个方面做了一定程度的改进：

(1) 本书将户籍制度引入传统的家庭劳动供给理论当中，从理论分析了户籍制度变量对于农村户籍劳动力非农劳动供给的影响途径和方式，从理论的角度解释了当前中国劳动力市场上农村户籍劳动力供给的特征和规律，为进一步促进农村劳动力供给提供了有益的理论参考。

(2) 本书分析了农村户籍劳动力二次跨区流动的特点和规律，认为二次跨区流动是一种人力资本投资行为，为更好理解户籍制度下农村户籍劳动力非农劳动供给的方式提供了科学依据。

(3) 结合了二元劳动力市场中对农村户籍劳动力的歧视测量和农村户籍劳动力非农劳动参与弹性的估计，估算了无歧视情况下农村户籍劳动力的相对供给数量，为认识当前农村剩余劳动力供给的特征和形势提供了比较新的思路。

(4) 本书进一步指出了城镇劳动力市场上对农村户籍劳动力歧视的来源，不仅可以进一步深化对该领域的认识，也有助于约束有歧视性雇主的行为以促进劳动力市场的公平。另外，由于雇主对农村户籍劳动力的歧视是需要以降低企业经营绩效为代价的，这也为理解不同所有制企业间经营绩效存在差别的原因提供了新的角度。

目　录

第一章
绪　论

第一节　研究背景和实际意义

在中国改革开放的历程中，农村丰富廉价的劳动力资源为中国经济的增长起到了十分关键的作用，农村劳动力的城乡流动和非农就业已经成为中国经济和社会领域内十分重要的现象。从经济学的角度来看，中国农村剩余劳动力的转移不仅提高了农村居民的收入，促进了中国城镇化和工业化进程，而且使劳动力资源配置逐步科学合理，提高了劳动生产率，加快了经济的增长速度。根据国家统计局发布的2013年《全国农民工监测调查报告》的统计数据，农村进城务工人员规模自2008年22 542万人上升到2013年的26 894万人，5年间规模增长了0.193倍，其中外出务工的农村劳动力数量由2008年的14 041万人增长到2013年的16 610万人，劳动力增长率为18.3%。

尽管丰富的农村居民劳动力供给提高了农村居民收入，对中国经济的发展产生了重要影响，但中国固有的户籍制度对劳动力流动影响却日益凸显。自2004年以来，中国东部沿海地区就频发“民工荒”现象，农村居民的非农劳动供给变得相对不足。与此同时，中国人口统计特征显示劳动力人口数量开始下降，劳动力增长率逐渐下降，根据《经济和发展统计公报》[1]的调查数据，2013 年全国 16—59 周岁适龄劳动人口数量为 91 954 万人，占总人口比重为 67.6%，而 2012 年劳动适龄人口数量为 94 072 万人，占总人口比重为 69.8%，2013 年较 2012 年，劳动适龄人口比重下降了 2.2%。在劳动力人口比重下降、农村剩余劳动力供给相对不足的情况下，农村劳动力的非农劳动力供给对经济增长的限制就逐渐凸显出来(赵忠，2004；蔡昉，2005；郭继强，2005；丁守海，2011)。如何进一步释放人口红利，提高农村居民的非农劳动供给，对于中国的城镇化建设和经济的持续发展具有重要的现实意义。

从户籍制度的起源和发展来看，户籍制度本身目的便是限制农村户籍劳动力向城市流动[2]，根据户籍制度的相关规定，与城市户籍居民相比，农村户籍劳动力在城市就业的企业进入、工资和福利待遇、社会保障等方面存在大量不公平对待，大量农村劳动力均处于“迁而不移”的状态，尽管他们进入城市常年工作，但户口却无法迁入，这无疑会大大提高其在城市工作和生活的成本，因此，很多农村家庭不得不承受“留守儿童”和“留守老人”等问题带来的痛苦，大大打击了农村居民在城市工作和生活的积极性(蔡昉，2007；蔡昉，2010；约翰·奈特、邓曲恒、李实，2011)。尽管大量的研究一直关注户籍制度给农村居民带来的不公平问题，但对户籍制度本身对农村劳动力非农劳动供给的影响的研究还比较少，厘清户籍制度对于劳动力供给乃至经济增长的影响，对于理解中国劳动力市场的特征、农村劳动力供给的特点是十分必要的。

从现有文献来看，很多研究均认为户籍制度对农村劳动力城乡流动是不利的，对经济增长的影响也是负面的，但是很少有研究从理论层次上考察户籍制度对农村居民非农劳动供给的影响：如何影响家庭生产约束，影响的群体，户籍变量影响劳动力流动的机制和效应。因此，应用现代经济学的理论和实证研究的方法考察户籍制度变量对农村居民非农劳动供给的影响不仅有助于进一步丰富劳动供给理论，即结合中国特有的制度变量从理论上考察劳动力供给的特点，而且可以帮助我们认识中国特有的劳动力市场的发展特点，比如为何近年来劳动力工资水平的持续上涨对缓解"民工荒"并未有明显效果；在农村劳动力剩余的情况下，为什么劳动力回流和返乡现象却日益明显；中国是否面临"刘易斯拐点"[3]等问题。从理论和实践的角度来看，本书的研究将为如何进一步促进农村居民的非农劳动供给提供有意义的参考和决策依据。

户籍制度对农村居民的非农劳动供给产生了不利的影响，这种对劳动力城乡流动的限制会逐渐成为经济发展的瓶颈。首先，户籍制度限制了农村户籍劳动力流动，增加了劳动力流动成本，以预期收益最大化的农村居民向城市流动就业的可能性就变小，从而导致劳动力剩余条件下的劳动力供给不足现象；其次，在城市劳动力市场上，流动的农村户籍劳动力为了寻求更好的职业或者更高的收入，将不断变更流动的城市和地域，从而表现出与城镇户籍劳动力不一样的流动特点；农村劳动力非农劳动供给的减少会使得企业的雇佣成本上升，对尚未完成工业化和现代化的中国经济而言，将产生十分不利的影响，尤其是对劳动力依赖较为严重的东部省份和地区；第三，由于户籍制度使得农村劳动力在企业进入、工资待遇和社会保障方面不能获得与城市户籍劳动力相同的待遇，造成了城市劳动力市场的二元分割，很多研究（韩秀华、陈雪松，2008；乔明睿、钱雪亚、姚先国，2009；张昭时、钱雪亚，2009）均认为中国劳动力市场存在着典型的二元分割，且对农村户籍劳动力的歧视现象是普遍存在的，农村户籍劳动力遭受到了歧视性的工资待遇（Maurer-Fazio et al.，2004；邢春冰、罗楚亮，2009；Meng et al.，2001；王美艳，2005）。从经济学的角度来看，对劳动力的歧视是有成本的[4]，歧视不仅会降低企业的经济绩效，而且有损宏观经济的运行效率，那么在城市劳动力市场中到底是哪种所有制企业实施了对农村户籍劳动力的歧视？歧视的程度有多大？随时间变化的趋势是什么样的？研究这些问题将有助于找到不同企业经营绩效存在差别的原因，为消除劳动力市场的歧视，打破二元市场的流动性障碍提供有益的启示。

劳动力供给一直以来便是劳动经济学领域内研究的重要课题，而对于中国而言，农村户籍劳动力的非农劳动供给成为了中国经济发展历程中十分关键和重要的因素，然而随着经济的发展、人口老龄化和居民收入水平不断提高，农村剩余劳动力的相对供给不足逐渐成为了制约中国经济进一步发展的障碍，产生这一障碍的最重要原因是由于中国所特有的户籍制度以及围绕户籍制度展开的一系列制度性规定。研究户籍制度下中国农村户籍劳动力的非农劳动供给行为不仅可以在理论上丰富劳动供给理论的相关内容，在实证上考察中国劳动力发展的程度和劳动力供给的特点，而且对如何提高农村劳动力的非农劳动供给、如何使得中国经济进一步平稳增长提供有益的建议。

本书基于传统的家庭生产模型，将户籍制度变量纳入模型中去，考察与户籍制度相关的解释变量对农村户籍劳动力非农劳动供给的影响，进而归纳户籍制度对不同户籍劳动力的具体影响，总结了农村劳动力供给的特征和规律，解释了当前劳动力市场上为何在工资上涨的同时会出现农村劳动力供给相对不足的情况[5]；并基于人力资本投资理论考察了农村户籍劳动力二次跨区流动的特征，检验了二次跨区流动是一种人力资本投资行为；并根据农村劳动力的非农劳动供给弹性和劳动力市场中对农村户籍劳动力的歧视程度，估算了无歧视的情况下中国农村户籍劳动力供给的相对数量；另外，基于劳动力歧视理论和对歧视度量的计量方法考察了劳动力市场中不同所有制企业对农村户籍劳动力的歧视问题，度量了歧视的程度，找出了歧视的来源。

第二节　相关概念及研究内容

一、 相关概念界定

本书所研究的内容中包含了一些常见且容易混淆的概念，所以有必要对其中的主要概念进行相应的解释。

非农就业：指区别于农业的就业类型，农业就业人员一般指农民、渔民和猎人等从事初级生产的人员，非农就业人员指除农业就业之外其他一切有正规职位且拥有合法工资收入的人员。根据就业群体来划分，非农就业包含城镇居民非农就业和农村居民非农就业；从就业职位上划分，非农就业包含了专业技术职位、高层管理职位、办公室一般工作职位、技术熟练和非技术工种、军官、服务人员等等各类型和各层次职位；从企业类别上划分，非农就业包括农村的乡镇企业、城市国有企业、非国有企业、股份制企业、集体所有制企业，等等。

关于农村劳动力非农就业的形式，可以包含在当地农村从事非农产业生产，也可以包含流动到城市中从事各类非农工作，在本书中并不严格区分在当地还是流动到城市的非农就业。目前的研究一般认为农村劳动力从事非农生产主要形式是流动到城镇或进入城市劳动力市场中从事非农业行业的工作，还有部分农民劳动力会在当地乡镇企业从事非农劳动生产。

农村户籍劳动力：指按照户籍制度的规定，具有农村户籍且为劳动力的适龄群体。农村户籍劳动力不依赖于居住地和工作地。农村户籍劳动力包含在城市常年工作的劳动力、在农村从事农业生产的劳动力以及暂时性或间歇性流动的劳动群体。

劳动力非农劳动参与率:指在劳动力群体中进入劳动力市场且提供非农劳动的比率。比如农村户籍劳动力的非农劳动参与率是指在所有农村户籍劳动力中,非农劳动就业的劳动者占总体农村户籍劳动力的比重。

农村劳动力非农劳动保留工资:是指在农村户籍劳动力群体中,有外出参与非农劳动意愿所需要支付的最低工资水平。如果劳动力市场支付的工资水平高于保留工资,则劳动力会外出提供非农劳动,而如果低于保留工资,则劳动力不会选择外出就业。

农村户籍劳动力二次跨区流动:在城市从事非农劳动的农村户籍劳动力,因寻求更好的工作或者提高收入水平等原因,变换务工城市的求职过程,或者可以称之为"变换工作城市流动"。

二、研究内容

本书主要围绕户籍变量,考察劳动力市场内部和农村家庭劳动供给决策中户籍变量对劳动供给的直接和间接影响。图 1.1 描述了本书所要研究的主要框架和内容,同时标注了各个内容之间的逻辑关系。

从逻辑关系上来看,本书主要基于两个角度进行研究:基于农村居民家庭的非农劳动参与决策以及城市劳动力市场中的歧视分析。首先,基于家庭劳动供给模型,由于户籍制度提高了农村劳动力外出务工的成本,因此户籍变量会影响家庭生产约束,尤其是对已婚或者有孩子需要照顾的家庭,由于外出流动会面临更高的成本,所以不利于农村劳动力的非农劳动供给。其次,由于户籍制度约束和不同户籍劳动力在人力资本素质上的差异导致了中国劳动力市场表现出典型的二元分割，对农村户籍劳动力的歧视也是广泛存在的，农村外出劳动力在城市劳动力市场上的二次跨区流动与城镇户籍劳动力存在很大差异，他们为了谋求更好的工作或获取更高的工资，需要不断变化工作城市进行人力资本投资；第三，农村户籍劳动力在城镇劳动力市场上遭遇歧视，使得相对工资水平下降，反馈到家庭劳动供给模型中则会进一步限制了劳动力的外出流动。最后，在微观层面上歧视会对企业的经营绩效产生不利的影响，在宏观层面上对缩小城乡收入差距和经济增长也是不利的，歧视表现在工资上形成工资差异，使得农村户籍劳动力承担了更高的成本，降低了劳动力的收入，打击了农村劳动力在城市继续工作和生活的积极性，使得劳动力回流返乡的情况逐步增加，同样不利于劳动力供给。

从本书内容结构来看，主要研究以下几个问题：

（一）中国农村劳动力非农劳动供给的典型特征。中国农村户籍劳动力与中国城镇户籍劳动力在非农劳动供给方面存在着巨大差异，比如非农就业的年龄结构、婚姻状况、教育情况、就业歧视等方面。围绕户籍制度的一系列规定是造成这些差异的最重要的原因，而且经典的劳动力供给理论由于没有考虑到户籍制度对劳动力供给的影响，所以也难以用传统理论来解释这些差异。本书将主要对农村户籍劳动力和城镇户籍劳动力在非农劳动力参与率、性别结构、年龄结构、教育水平、工资情况等方面进行分析对比，以总结出中国农村户籍劳动力供给的特征和规律。

（二）户籍制度对农村劳动力非农劳动供给的影响分析。传统的家庭劳动供给理论认为家庭劳动力供给会在有报酬的非农工作和无报酬的家庭生产之间进行选择。这一劳动理论是广泛适用的，对农村家庭的劳动决策也是如此，但中国特有的户籍制度造就了农村家庭劳动供给有不一样的特点，即户籍制度改变了农村家庭的约束条件，进而影响了家庭的非农劳动参与决策。具体而言，户籍制度增加了农村劳动力非农劳动供给的成本，由于他们就业实际上处于“迁而不移”的状态，劳动力外出流动就业必须要面临与家庭成员的分离、子女教育问题、对儿童的抚养、社会保障的城乡分割，等等，这些成本会对劳动力供给决策产生十分不利的影响；另外，城市的劳动力市场是典型的二元劳动力市场，户籍制度对农村劳动力就业的限制促使了农村劳动力只能进入次级劳动力市场，由于次级劳动力市场的过分拥挤，导致了工资水平的进一步下降，劳动力工资水平下降会进一步限制农村劳动力非农就业；最后，由于户籍制度使得农村劳动力在城市无法享受到与城市居民相同的福利待遇，所以增加了农村劳动力在城市定居生活的成本，而这一成本的上升同样会阻碍农村户籍劳动力的流动。因此基于户籍制度对农村劳动力非农就业产生的抑制影响，本书将构建户籍制度下农村家庭劳动力供给模型，考察户籍制度如何改变了家庭的生产约束，探讨与户籍相关的成本对农村劳动力非农劳动参与的影响。

（三）户籍制度对农村户籍劳动力非农劳动供给影响的实证检验。基于理论上对户籍制度变量对农村户籍劳动力供给影响的分析，采用中国营养健康调查数据（CHNS）对理论上的结论进行检验，并比较分析农村户籍和城镇户籍劳动力样本数据表现出的差异。

（四）农村户籍劳动力二次跨区流动的决策分析以及检验农民工二次跨区流动是否是一种人力资本投资行为。

（五）综合户籍制度对农村家庭非农劳动参与决策的影响分析和在劳动力市场上对农村户籍劳动力歧视的考察，来测算在无歧视情况下，潜在的农村劳动力非农劳动供给相对于现有农村劳动力非农劳动供给的数量，进而为进一步促进劳动力的城乡转移，增加劳动力市场的非农劳动供给，为经济的持续增长提供有价值的决策依据。

（六）不同所有制企业对农村户籍劳动力的歧视分析。户籍制度和不同户籍劳动力在人力资本水平上的差异造成了劳动力市场的二元分割，农村户籍劳动力大多跻身工资水平低、工作条件差、工作环境不稳定的次级劳动力市场上，对农村户籍劳动力的歧视是存在的，而对劳动力的歧视对企业的经营绩效也是有影响的。这部分的研究内容主要包含估计农村户籍劳动力和城市户籍劳动力在教育水平上的差异，并采用工资差异的分解方法对农村户籍劳动力和城镇户籍劳动力的工资差异进行分解，以考察工资差异中有多少是来源于人力资本水平的差异，有多少是来源于歧视。另外，在劳动力市场

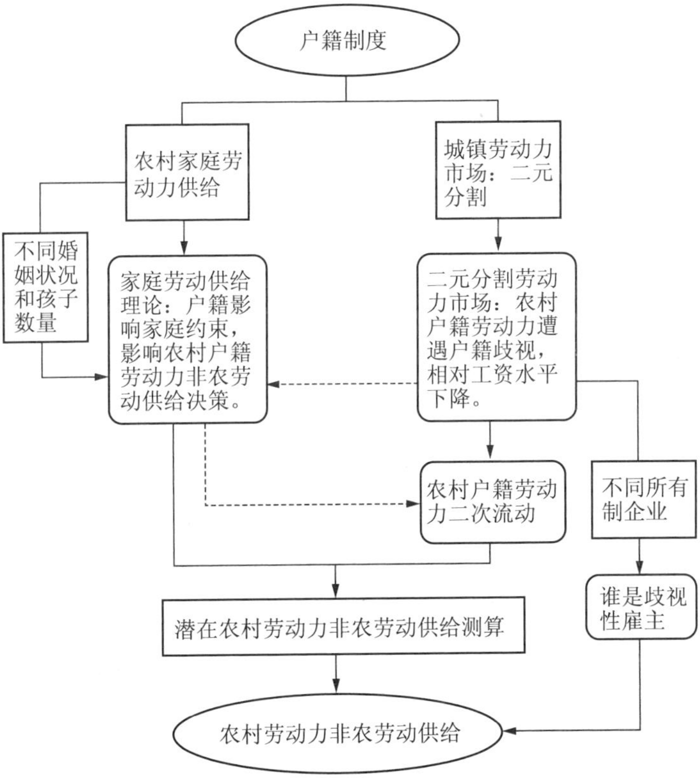

图 1.1　研究内容和逻辑思路

上，根据所有制类别对企业进行分类，考察每一类企业中农村户籍劳动所遭受的歧视的程度，在对劳动力的歧视上比较不同企业类别间的差别，找出劳动力市场上的歧视性雇主，进而了解劳动力市场上对农村户籍劳动力歧视的来源，分析不同所有制企业在经营绩效上存在差距的原因。

第三节　研究方法和相关数据

一、研究方法

结合本书研究的内容，总体而言，本书主要采取理论模型和实证分析相结合、定性与定量相互补充的研究方法。本书将首先采用相关数据对劳动力市场中农村户籍劳动力和城市户籍劳动力的人口统计学特征进行归纳，以此总结出农村户籍劳动非农劳动供给的特征和规律，根据当前劳动力市场的劳动供给特点来引出包含户籍制度变量在内的家庭劳动供给模型，以具体考察户籍制度对非农劳动供给的影响；其次，在二元劳动力市场上，分析了影响农村户籍劳动力二次跨区流动的因素，并以人力资本投资的角度考察了他们二次跨区流动是否是一种人力资本投资行为；第三，综合农村家庭劳动供给理论和参与弹性的估计以及劳动力市场中对农村户籍劳动力的歧视测量，估计在无歧视情况下潜在的农村户籍劳动力非农劳动供给的数量；最后，在城镇劳动力市场上，通过数据考察不同户籍劳动力的人力资本回报率的差异，进而根据工资差异的分解方法对总体样本和不同所有制企业分样本进行工资差异的分解，以考察对农村户籍劳动力歧视的情况，找出歧视性的雇主。

具体而言，在农村户籍家庭劳动供给模型中，本书将采用经典的模型设定，效用函数和约束条件均遵循传统模型的基本设定，另外，根据户籍变量对农村劳动力流动所带来的高额机会成本，论文在模型中加入了户籍变量 R，该变量是指农村劳动力留守在家所带来的额外效用，具体指夫妻或家庭成员团聚、照顾儿童、关心孩子教育等所获得的好处，这一效用是劳动力流动到城镇参加非农就业所必须放弃的，该部分重点将从理论上证明随工资水平提高，R 的变化对农村户籍劳动力供给的影响。在实证上，采用描述性统计和计量模型估计的方法，为了避免家庭劳动力决策自选性带来的内生性问题，本书采用 Mincer 方程和 Heckman 两阶段估计模型来考察与户籍相关的变量对农村户籍劳动力非农劳动供给决策的影响。在考察农村户籍劳动力二次跨区流动决策过程中，采用 Probit 模型来估计劳动力个体和家庭等因素对农村户籍劳动力二次跨区流动的影响，并按照 Heckman 样本选择模型对农村户籍劳动力的二次跨区流动是否为一种人力资本投资行为进行检验；关于无歧视情况下潜在的农村户籍劳动力非农劳动供给数量的估算，结合了农村户籍劳动力非农劳动参与弹性估计和对农村户籍劳动力歧视程度估计来估算潜在的农村户籍劳动力非农劳动供给的数量；在对农村户籍劳动力歧视性研究上，本书采用使用广泛的工资方程估计和工资差异分解方法，工资方程仍采用 Mincer 方程的形式，为了估计户籍制度变量对农村劳动力在人力资本报酬上的不利影响，在方程中控制住户籍与主要变量的交叉项，并分别考察不同所有制企业农村户籍劳动力工资方程的形式。关于工资差异分解，采用使用最为广泛的 Oaxaca-Blinder 分解，对不同时期内分样本和不同所有制企业分样本进行工作差异分解，以具体考察对农村户籍劳动力的歧视程度。

二、 数据

本书研究的主要内容是考察户籍制度对农村户籍劳动力非农劳

动力供给的影响，因此需要相对应的数据对本书的研究内容进行充分的检验和分析。本书将主要采用中国家庭营养与健康调查数据(China Health and Nutrition Survey，CHNS)，该数据是由中国疾病防控中心与美国北卡罗来纳大学自 1989 年开始对中国 9 个省份的城市和农村地区合作追踪调查整理的；数据到目前已经包含 1989 年、1991 年、1993 年、2000 年、2004 年、2006 年、2009 年以及 2011 年共 8 年数据，数据包含的时间尺度较长，方便对不同时期内农村户籍劳动力非农劳动供给的趋势进行分析。调查的内容涉及了人口特征、健康情况、家庭环境、金融发展和社区资源等方面的指标，调查内容较广泛，且对户籍和非农就业的调查较为详尽，符合文章研究内容的要求。调查的方法采用多阶段、分层次、整群随机抽样的方法，具体为：首先在中国随机选取 9 个省份作为随机抽样的样本，其次按照收入的大小对各省各县进行排序，按照权重对农村地区和城镇地区随机选取被调查的村落和城市，最后根据选取的样本从中随机抽取被调查的社区；该调查共获得了农村和城镇用户的样本 4 400 多个，个人样本 19 000 多个。

关于农村户籍劳动力二次跨区流动的实证检验，本书采用了上海财经大学 2013 年度“千村调查”数据，该数据主要针对农村劳动力的城乡迁移情况对全国范围的农村家庭进行了随机抽样定点调查，调研采用了多阶段系统规模成比例不等概率的抽样方法，赋予了每个初级抽样单元与农村人口规模成比例的抽样概率，在全国范围内随机抽取了 21 个省级行政区中的 30 个县级行政区，共有 30 个调查队走访了这些行政区的 120 个行政村，总共调查了 6 203 户家庭，收集到了 28 840 位家庭成员的相关数据。

第四节 研究的创新点和难点

一、创新点

（一）本书基于传统的家庭劳动供给模型[6]，将户籍制度纳入模型中去，根据户籍制度对劳动力流动的定性分析，构建了户籍变量，通过改变了家庭生产约束，论证了户籍变量对农村户籍劳动力非农劳动参与决策的影响。这一研究在一定程度上是对经典的家庭劳动供给理论在中国户籍条件下的扩展和完善，旨在更好地解释当前市场环境下中国农村劳动力非农劳动供给的特征和规律，有助于更好地认识中国农村劳动力非农劳动供给的特殊性，为进一步促进农村居民非农劳动供给的政策提供有价值的依据。

（二）本书基于劳动者流动模型，考察了农村户籍劳动力二次跨区流动的影响因素，并基于人力资本投资理论检验了农村劳动力的二次跨区流动是一种人力资本投资行为，旨在分析农村户籍劳动力二次流动的特征和规律，为更好地理解农村户籍劳动力与城镇户籍劳动力在流动形式上的差异提供解释，进而为理解户籍制度对农村居民非农劳动供给的影响提供新的视角。

（三）本书根据户籍制度下农村户籍劳动力非农劳动参与弹性的估计和城市劳动力市场上对农村劳动力歧视的测量，估计了无歧视情况下潜在的农村户籍劳动力非农劳动供给相对于实际非农劳动供给的相对数量。现有文献中对农村潜在劳动力供给研究一般基于宏观数据和模拟的方法来测量，而这部分研究为测算农村潜在劳动力供给提供了一种新的角度和方法，为更好地理解和认识当前农村劳动力供给的潜力和形势提供了有益的参考。

（四）本书依据所有制性质，考察了城市劳动力市场上的企业对劳动力的歧视问题。尽管大量的研究都认为中国城市劳动力市场上存在着对农村劳动力的歧视问题，有些研究也考察了不同的企业部门对农村户籍劳动力的歧视，但系统地考察多种所有制企业对农村户籍劳动力的歧视研究还比较少，本书同时考察了四种所有制企业，通过工资方程研究了农村户籍劳动力在人力资本报酬上面临的不平等待遇，同时利用了工资差异分解方法测量了对农村户籍劳动力的歧视程度。该研究有助于解释当前劳动力市场上对农村户籍劳动力歧视的来源，为更好地理解劳动力市场分割以及对企业在经营绩效上的差异提供了很好的角度。

二、 难点和不足

（一）本书虽然在静态的家庭劳动力供给模型中考察了户籍变量对农村户籍劳动力非农劳动决策的影响，但并未具体地考察户籍变量的动态变化对农村户籍劳动力非农劳动供给决策的影响，原因是考察动态家庭劳动供给模型会更加复杂，作者限于研究水平和时间的限制，还未能对这一问题有较好的把握。

（二）本书虽然考察了农村户籍劳动力的二次跨区流动问题，但并未更具体地考察农村户籍劳动的回流、循环流动等问题。原因是作者对该问题的研究还不够深入，未来还需要更多的时间来具体地分析农村劳动力非农劳动供给的几种模式。

（三）本书虽然考察了户籍制度对农村家庭非农劳动力供给决策的影响以及分析了劳动力市场对农村户籍劳动力的歧视问题，但并未进一步考察户籍制度对农村居民非农劳动供给的影响效应对宏观经济所产生的不利影响。因为，宏观经济的发展会反过来影响户籍制度的改革，也会反作用于城市劳动力市场，进而会影响农村户籍劳动力的供给。一个原因是户籍制度对宏观经济影响这一研究比较宽泛，作者还未厘清该从哪个角度进行具体分析；另一个是该研究所涉及的经济学内容较广，在当前的研究层次上，作者还不能很好地驾驭该研究问题。

第五节　本书结构

本书的主要内容和结构安排如下：

第二章是国内外相关理论和实证研究的文献综述。首先，将简要介绍几种常见的劳动力供给理论；其次，总结归纳有关中国户籍制度的起源、发展、现状，整理当前文献中关于户籍制度对农村劳动力供给影响的研究；最后是关于劳动力市场分割和工资歧视的文献梳理。

第三章从理论上和实证上阐述和检验户籍制度下农村居民非农劳动供给行为。首先，对农村劳动力参与决策因素进行分析，构建家庭劳动力供给模型，并通过引入户籍制度变量考察对农村劳动力非农劳动供给的影响；其次，通过 Heckman 两步估计方法来检验户籍制度相关变量对农村劳动力非农劳动参与决策的影响，并估计出非农劳动工资参与弹性。

第四章是基于人力资本投资理论，考察农村户籍劳动力的二次跨区流动决策，并检验农村户籍劳动力的二次跨区流动是否是一种人力资本投资行为。

第五章是工资歧视与农村户籍劳动力非农劳动供给问题，即结合之前对农村户籍劳动力非农劳动参与弹性的估计以及劳动力市场上对农村户籍劳动力歧视的测量，估计在无歧视情况下农村户籍劳动力潜在的非农劳动供给相对于实际劳动力供给的数量。

第六章是基于企业的所有制性质考察农村户籍与城镇户籍劳动

力的工资差异问题，即进一步分析对农村户籍劳动力的歧视问题，解释户籍歧视的相关经济后果。

第七章是综合本书的主要结论，阐述了农村户籍劳动力非农劳动供给的主要特征和规律，为促进农村劳动力供给的政策提供有益的建议，并指出本书需要讨论的问题和下一步的研究方向。

注　释

[1] 该统计公报每年会对全国总人口、城镇和乡村人口、男性和女性人口、各年龄段人口的数量和在总人口中所占比重进行统计。

[2] 赵忠(2004)认为，早期的户籍制度设计是为了方便政府的管理，控制人口的流动，使得流动的农村人口在城市无法维持生存，保障了城市居民的社会福利不被农村居民所分享。

[3] 蔡昉(2007)提出了中国即将面临刘易斯拐点，引起了很大争论，多数经济学家并不赞同目前中国即将出现刘易斯拐点，但蔡昉(2010)同时强调了目前中国的农村剩余劳动力并未枯竭。

[4] Becker, G. S. (1957), *The Economics of Discrimination*, University of Chicago Press.

[5] 丁守海(2011)通过农村家庭保留工资的角度，利用家庭劳动供给模型对这一现象进行了解释。

[6] 关于传统的家庭劳动供给模型，在第一章文献综述部分有较为详尽的介绍。

第二章
国内外文献综述

为了更好地分析农村户籍劳动力的劳动供给行为，整理出农村劳动力供给的影响因素和户籍制度的具体影响，本章对劳动供给领域内的相关理论研究和实证研究做了简单梳理。结合本书研究的内容和研究目的，本章依次对劳动力供给理论、国内户籍制度及对劳动力供给的影响、中国的二元劳动市场分割理论、歧视与工资差异分解等理论与实证的研究进行综述。

第一节　劳动力供给理论

现代经济学关于劳动力供给理论的研究基本上均是基于新古典的劳动和闲暇选择模型展开的。自从马歇尔通过边际分析方法讨论劳动力供给开始，劳动供给理论的发展一方面通过大量复杂的估计模型替代以前简单的个体劳动供给的理论，逐步拓展新古典经济学对劳动供给理论的研究范畴，另一方面则开始逐步将研究扩展到微观层次，结合家庭经济学、行为经济学和实验经济学的研究，具体分析与劳动供给相关行为决策问题。

一、 经典劳动供给理论

新古典经济学的劳动供给理论假设了劳动者的效用可以通过享受消费品和闲暇来表达，消费者通过提供劳动来获取工资，并通过花费工资来购买消费品，满足消费的需求；另一方面，劳动者在劳动之余，可以享受闲暇带来的效用，而且闲暇的长短依赖于提供劳动时间的长短。在劳动力市场上，劳动者依赖于劳动的价格—工资进行劳动供给的决策，当工资水平提高时，劳动者通过工资的替代效应和收入效应来做出自己效用最大化的选择。

假设劳动者的效用函数为：

$$U(C,\ L) \tag{2.1}$$

其中，C 代表消费，L 代表闲暇，则劳动者为追求该效用最大化需要满足预算约束：

$$C + wL = Y + wT \tag{2.2}$$

其中，w 代表劳动市场的工资水平，Y 代表非劳动收入，T 为劳动者所有的时间禀赋（包含工作和闲暇）。式(2.2)通常被称为完全收入。

在以上模型设定下，劳动者根据最优化条件选择劳动和闲暇的组合。经典的劳动供给模型虽然非常简单，但可以直观地看出个体劳动者对市场工资变化的反映。如果考察以家庭为单位的劳动供给决策或者整个生命周期内每个时期劳动供给的动态变化，则需要对经典的劳动供给模型进行扩展，以 Becker(1965)、Gronau(1973, 1977)、Chiappori(1988, 1992)、Apps 和 Rees(1988)、Mincer(1970)等为代表形成的劳动供给模型构成了当前劳动供给领域的主流理论。

二、 家庭劳动供给理论

家庭的劳动供给模型与经典劳动供给模型的最主要区别是家庭

劳动参与决策可以包含不参与劳动且预算约束可以为非凸集合。由于家庭劳动供给是家庭内所有劳动个体集体参与的结果，且家庭劳动供给要满足以整个家庭效用最大化为前提，所以家庭劳动供给理论要比单个劳动者劳动供给理论丰富得多。

（一）单一型家庭劳动供给模型

考察在一个家庭中存在两个劳动力的劳动供给行为，假设家庭总消费为 C，两个家庭劳动力的闲暇时间为 L_1 和 L_2，两个劳动者均可以选择工作和不工作，则家庭的联合效用函数为：

$$U(C, L_1, L_2) \tag{2.3}$$

则此时家庭的预算约束可以表示为：

$$C + w_1 L_1 + w_2 L_2 = Y + (w_1 + w_2) T \tag{2.4}$$

根据最优化的一阶条件，可以得出：

$$U_{L1} = \lambda w_1 \text{ 且 } U_{L2} \geqslant \lambda w_2 \tag{2.5}$$

$$U_C = \lambda \tag{2.6}$$

在此一阶条件下，家庭两个劳动力的劳动参与决策为：

（1）两个劳动力均参加劳动，即 $T - L_1 > 0$ 且 $T - L_2 > 0$。

（2）其中一个劳动力参加劳动，另一个不参加，即 $T - L_1 > 0$，且 $T - L_2 = 0$；或者 $T - L_1 = 0$，且 $T - L_2 > 0$。

单一型家庭劳动供给模型最大的特点是假设家庭劳动力的劳动供给是可分的，每个家庭成员的劳动供给决策就如单个劳动者劳动供给那样是完全可以选择的。但家庭劳动力劳动供给的可分性在家庭生产模型中往往得不到满足，是一个很强的假设。

单一家庭劳动供给理论中除了包含两个劳动者的模型外，还包含多个家庭成员的劳动供给模型，Becker（1965）提出了一般性的单一型家庭劳动供给模型，假设家庭除了消费外还进行家庭生产活动，具体为：

假设家庭生产方程为：

$$Y_i = f(Q_i, T_i^q) \tag{2.7}$$

其中，Y_i 为第 i 种商品，Q_i 和 T_i^q 分别代表第 i 种商品的要素向量和时间向量。家庭效用函数为：

$$U = U(Q_1, Q_2, \cdots, Q_n, T_1^q, T_2^q, \cdots, T_n^q) \tag{2.8}$$

家庭预算约束为：

$$\sum_{i=1}^{n} p_i q_i Y_i + \sum_{i=1}^{n} t_i \alpha Y_i = I + wT \tag{2.9}$$

其中，p_i 为产品价格；q_i 为第 i 种商品的要素投入量；t_i 为第 i 种商品的时间投入量；α 为与产出 Y 无关的常数；I 为家庭的非劳动收入；w 为劳动市场的工资水平且与 Y 无关。

基于以上模型的设定，家庭效用最大化的一阶条件为：

$$U_{Y_i} = \lambda(p_i q_i + L_i) \tag{2.10}$$

$$L_i = L_{Y_i} = L_{T_i} \cdot T_{Y_i} + L_{Q_i} \cdot Q_{Y_i} \tag{2.11}$$

以上一阶条件表明家庭劳动供给量是商品价格、家庭生产能力、工资水平因素所共同决定的。

（二）集体家庭劳动供给模型

单一家庭劳动供给模型暗含了家庭劳动者的对称性和家庭收入集中化的前提，将一个家庭视为单一的决策单位，然而当家庭成员间在收入分配中并非是完全对称的，那么就需要考察另一类家庭劳动供给模型——集体劳动供给模型。

假设包含两个劳动力的家庭，劳动者的消费分别为 C_1 和 C_2，劳

动者闲暇为 L_1 和 L_2，两个劳动者的效用函数分别为：

$$U(C_1, L_1) \text{ 和 } U(C_2, L_2) \tag{2.12}$$

其中，两个劳动者在家庭中的角色是不一样的，家庭总效用以一定的权重依赖于两个劳动者的效用，假设家庭总效用为：

$$U(U_1, U_2) = \alpha \cdot U_1 + (1-\alpha) \cdot U_2 \tag{2.13}$$

其中，α 为第一个劳动者效用在家庭总效用中的比重，且 $\alpha \in (0, 1)$。此时，家庭预算约束为：

$$C_1 + w_1 \cdot L_1 + C_2 + w_2 \cdot L_2 = I + w_1 \cdot T_1 + w_2 \cdot T_2 \tag{2.14}$$

在家庭效用最大化的基础上，家庭劳动者的收入分配遵循一定的分享规则，假设第一个劳动者在家庭总收入中获得的收入额为：

$$I_1 = M - \phi(w_1, w_2, M) \tag{2.15}$$

其中，$\phi(w_1, w_2, M)$ 定义为收入分享原则，M 为式(2.14)中的完全收入。第二个劳动者的收入变为：

$$I_2 = M - I_1 \tag{2.16}$$

此时，在家庭效用函数最大化的前提下，家庭劳动者分享原则的需要满足以下条件：

$$\max U_1(C_1, L_1) \tag{2.17}$$

$$\text{s.t. } C_1 + w_1 \cdot L_1 = M - \phi(w_1, w_2, M) \tag{2.18}$$

集体家庭劳动供给模型与单一型家庭劳动供给模型相比，除了满足家庭效用最大化之外，前者更加强调了家庭成员间的效用差异和收入分配的情况。在集体家庭劳动供给领域内，Manser 和 Brown (1980)、Mcelroy(1985)、Chiappori(1992, 1997)通过引入博弈论的相关理论，考察了家庭资源配置的帕累托解的情况。

在基本的集体家庭劳动供给模型中，还可以引入家庭生产条件，Apps 和 Rees(1988)通过引入家庭生产，考察了家庭成员内部进行生产、交换和消费的情况。具体地，假设一个包含多个劳动者的家庭，家庭劳动者 i 的效用函数为：

$$U_i = U(C_i, Y_i, L_i) \tag{2.19}$$

其中，C_i 为劳动者 i 的消费；Y_i 为劳动者 i 在家庭生产中获得的商品；L_i 为劳动者 i 享受的闲暇。假设家庭生产出的商品价格为 U_Y/U_C，劳动市场工资为 w，且家庭生产中：

$$Y_i = A_i t_i \tag{2.20}$$

其中，A_i 为第 i 个家庭成员的生产效率，t_i 为第 i 个家庭成员用于家庭生产的时间。则家庭预算约束条件为：

$$\sum_{i=1}^{n} C_i = \sum_{i=1}^{n} (w_i S_i + I_i) \tag{2.21}$$

$$L_i + t_i + S_i = T_i \tag{2.22}$$

$$\sum_{i=1}^{n} Y_i = \sum_{i=1}^{n} A_i t_i \tag{2.23}$$

其中，I_i 为第 i 个家庭劳动者的非劳动收入；S_i 为第 i 个家庭劳动者的劳动时间。式(2.21)、(2.22)和(2.23)分别代表了家庭的预算约束、时间约束和家庭产出预算。基于以上集体家庭劳动供给模型的设定，最优化家庭总效用的结果可能包含多种情况：(1)一部分家庭劳动者从事家庭生产，另一部分家庭劳动者提供市场劳动供给；(2)一部分家庭劳动者只从事市场劳动供给，另一部分家庭劳动者在从事家庭生产活动和市场劳动供给之间无差异；(3)所有家庭劳动者同时从事家庭生产和市场劳动供给。

三、 多期劳动供给模型

从生命周期的角度来看，由于在生命的每一阶段劳动者所拥有的时间禀赋和人力资本素质是不一样的，则在生命的每一阶段劳动者的劳动供给行为也是有差异的，比如：劳动者年轻的时候需要学习进行人力资本素质投资，劳动供给量少，收入少；当完全投入工作后，劳动供给量达到最大，人力资本素质不断积累，劳动收入逐步积累；当劳动者老年时，积累了一定的财富，闲暇对于劳动者的边际效用变得越来越高，越来越偏好闲暇，减少劳动供给并做出退休计划便成为劳动者的劳动供给决策。关于多期劳动供给模型，可以简单地划分为确定性的劳动供给模型和非确定的劳动供给模型。

（一）确定性劳动供给模型

所谓确定性劳动供给，即在生命周期的开始，劳动者便知道了未来时期内的工资水平是多少，关于未来收入的信息是完全的，消费者只需要在每一期做出效用最大化的劳动决策即可。

假设劳动者在时间 t 开始进行消费和劳动的选择，劳动者的效用函数可以表示为：

$$U=U(C_t, L_t, C_{t+1}, L_{t+1}, \cdots, C_{t+n}, L_{t+n}) \tag{2.24}$$

其中，劳动者共生活了 n 期，每一期劳动者面临消费 C 和闲暇 L 的最优化选择，则消费者的生命周期的效用函数是关于每一期消费和闲暇的函数。假设劳动者的跨期约束为：

$$W_{t+1}=(1+r_{t+1})(W_t+I_t+w_tS_t-C_t) \tag{2.25}$$

其中，W_{t+1} 为劳动者 $t+1$ 期的财富值；r_{t+1} 为财富从 t 期到 $t+1$ 期资产收益率；I_t 为劳动者 t 期的非劳动收入；w 为劳动者在市场上的工资水平；S_t 为劳动者在 t 期的劳动供给量；C_t 为劳动者在 t 期的消费。

在以上模型设定下，劳动者效用最大化条件需要满足：

$$MRS = U_L / U_C \tag{2.26}$$

通过动态规划最优化方法，求解最优化一阶条件：

$$V(w_t, t) = \max[U(C_t, L_t) + \phi V(w_{t+1}, t+1)] \tag{2.27}$$

其中，ϕ 为劳动者效用的贴现因子。由式(2.27)、(2.25)和(2.26)得出：

$$U_C(C_t, L_t) = \lambda_t \tag{2.28}$$

$$U_L(C_t, L_t) \geqslant \lambda_t w_t \tag{2.29}$$

$$\lambda_t = \phi(1 + r_{t+1})\lambda_{t+1} \tag{2.30}$$

以上最优化的一阶条件表明了未来的财富水平、工资同当前的财富和工资，以及对当前的消费和劳动供给的决策产生影响，劳动者要以整个生命周期的视角来决定每一期的消费和劳动供给行为。

（二）不确定性劳动供给模型

所谓不确定性劳动供给是指基于当前劳动者的收入和工资水平，劳动者无法得出未来时期消费和收入的情况，劳动者只能根据当前的和历史的情况进行考察，对未来的收入和工资水平进行理性的预期，即关于未来工资和收入的信息是不完全的。

与确定性劳动供给模型相似，假设劳动者的效用函数为：

$$U = U(C_t, L_t, C_{t+1}, L_{t+1}, \cdots, C_{t+n}, L_{t+n}) \tag{2.31}$$

此时，劳动者跨期预算约束变为：

$$E_t\left(\frac{1}{1+r_{t+1}} W_{t+1}\right) = (W_t + I_t + w_t S_t - C_t) \tag{2.32}$$

相对应的动态优化的条件变为：

$$V(w_t, t) = \max\{U(C_t, L_t) + \phi E_t[V(w_{t+1}, t+1)]\} \quad (2.33)$$

求解最优化的一阶条件式(2.30)变为：

$$\lambda_t = \phi E_t[(1 + r_{t+1})\lambda_{t+1}] \quad (2.34)$$

在不确定性劳动供给模型中，消费者不仅要同确定性劳动供给一样，根据当前收入和工资的情况进行决策，还需要根据当前的财富和收入制定相应的储蓄计划，以修正信息的不完全所引起的对未来收入和工资预期的偏差，以达到整体效用的最优化。

四、 劳动供给与工资变动

在劳动供给模型分析中，最为关键和重要的变量是劳动的价格——工资水平，工资水平的变动势必会影响到劳动者对消费和闲暇的取舍，引起劳动供给的变动，Robbins(1930)首先对这一问题进行了规范的分析，将工资水平的变动对劳动供给的影响划分为工资的替代效应和收入效应。比如，当劳动价格提高时，劳动者享受闲暇的价格就变得昂贵了，因为享受闲暇所放弃的劳动收入是增加的，所以消费品变得相对比较便宜，理性的消费者会倾向于消费更多比较廉价的商品——消费品，而同时减少比较昂贵的商品——闲暇的消费，替代效应会使得劳动者增加劳动供给；另一方面，工资提高时，意味着劳动者提高一单位劳动所获得的收入水平是提高的，如果消费者提高与之前相当的劳动量，则劳动者整体的财富水平是增加的，如果消费品和闲暇均为正常商品，收入水平的提高，理性消费者会增加消费品和闲暇的消费，增加闲暇的消费则意味着劳动供给的减少，因此工资的收入效应会减少劳动者的劳动供给。工资水平的变动可以通过分解的替代效应和收入效应对劳动供给产生影响，由于两种效应对劳动供给的影响方向是相反的，该分析方法可以来解释各种类型劳动供给曲线随工资变动的情形。

目前，国内外关于劳动供给研究一般认为劳动供给曲线随工资增长的变化是向后弯曲的(Blundell & Macurdy，1999；Douglas，1934；Killingsworth，1983)。当工资水平较低时，随工资水平上涨，替代效应对劳动供给的影响大于收入效应，因此劳动供给是增加的，此时劳动供给曲线是向右上方倾斜的；然而当工资水平较高时，收入效应对劳动供给的影响超过了替代效应，则在这种情况下，随工资水平的上升，劳动供给表现出随工资上升逐渐减少的趋势，所以整体的劳动供给曲线表现为向后弯曲。

当然，国外大量的实证分析通过对不同样本劳动供给行为的考察发现了劳动力供给与工资水平上涨呈反方向变动的趋势。Huang(1976)通过研究马来西亚劳动供给的情况，发现该地区劳动力供给与工资变动是呈反方向变化的，整体劳动供给曲线是向右下方倾斜的。Dunn(1978)通过研究美国低收入不同群体分样本劳动供给的规律，发现不同子样本劳动供给曲线均是向右下方倾斜的，工资变动与劳动供给的变动方向相反。Sharif(1991)通过研究印度农民劳动供给的规律，发现劳动供给曲线同样呈现向右下方倾斜的特征，在工资水平较低时，工资的替代效应对劳动供给的影响占据了主导。大量关于世界贫困地区和低收入地区劳动供给曲线的研究，发现劳动供给曲线的形状是向右下方倾斜的，即使当工资水平较低时，劳动力供给随工资上涨变化的趋势是相反的。Berg(1961)通过研究非洲劳动力劳动供给行为时发现，如果劳动者满足了一个低水平的生存的需要，那么随市场工资水平的提高，劳动者会降低自身的劳动供给，享受更多的闲暇，劳动力供给曲线是向后弯曲的。

中国是典型的二元经济结构的国家，所特有的户籍制度使得农村劳动力向城市流动表现出特有的规律。罗小兰(2007)利用了中国健康和营养调查数据(CHNS),考察了中国农村流动劳动力劳动供给随工资变化的趋势,发现不论是采用全部样本数据还是男性或女性分样本数据,劳动力的供给均表现出向右下方倾斜的趋势,即当工资水平提高时,劳动力的供给反而会下降;工资水平降低,劳动力供给反而会增加。郭继强(2005)通过在经典的劳动供给模型中引入最低支出约束,发现农村流动劳动力供给存在着供给拐点:当工资水平在低于工资拐点区域时,随工资水平的上涨,劳动力供给曲线是向右下方倾斜的,即劳动供给与工资变化呈反方向变动;当工资水平达到工资拐点之上时,随工资水平的提高,劳动力供给与工资水平是呈正方向变动的,劳动力供给曲线向右上方倾斜。丁守海(2011)通过引入家庭劳动供给模型分析了中国农村劳动力供给的特点,丁认为中国农村劳动力供给对工资的反应是不连续的,家庭劳动供给决策的核心是考察务工工资与保留工资的大小比较,随着工资水平的上涨,农村家庭劳动力外出务工的保留工资水平也不断提高,当农村劳动力保留工资上涨速度超过工资上涨时,劳动力供给便呈现出向右下方倾斜的特征。

基于劳动供给理论考察劳动力供给在理论和实证上对了解中国当前劳动力供给的现状都有重要意义的。了解中国劳动力供给对城市劳动力市场工资的反馈机制(尤其是农村剩余劳动力的供给机制)不仅对当前缓解劳动力供给不足、缓解"民工荒"现象有重要的启示,而且对未来中国经济的持续增长和进一步发展有重要的参考价值。

第二节　户籍制度与农村劳动力流动研究

中国特有的户籍制度保护了城市居民的各种权利和社会福利,同时将农村户籍居民牢牢地限制在了农村地区,由于农村户籍流动劳动力无法享受与城镇居民相同的社会保障，诸如住房、养老、教育、医疗等福利待遇，在法律上不承认农村流动人口在城市居住的权利，大大限制和阻碍了农村户籍劳动力进入城市提供劳动和生活，无疑对于中国劳动力供给的影响是巨大的，尤其是在城乡收入差距、城镇化建设和经济发展方面的问题亟待解决。

一、 户籍制度的起源、发展和现状

赵忠(2004)研究认为户籍制度起源于 1951 年的《城市户口管理暂行条例》，起初的制度并非主要用于控制人口流动，主要为了维护社会治安的需要。Wu(1994)和 Zhao(2000)认为 20 世纪 60 年代的严重自然灾害和大跃进造成了大量人口丧生，各地食物变得匮乏，为了加强户口管理，控制人口流动，户籍制度便进一步细化。林毅夫、蔡昉、李周(1994)认为即使食物的匮乏可能是导致户籍制度产生的因素，但保证工业优先发展、农业辅助工业的经济政策以及相联系的二元经济结构才是户籍制度产生的最为根本的原因。1958 年 1 月 9 日全国人大会议通过并颁布了《中华人民共和国户口登记条例》，标志着中国户籍制度的正式确立。户籍制度规定了城市和农村是严格区分开的，农村户籍居民只能够享有与户籍地相关的权利和社会福利，即使流入城市长期生活也不能享有与城镇户籍居民相同的福利待遇，除非得到当地政府的批准，将原来的农村户口变为现在的城市户口，而更换户籍需要经历繁琐的程序、花费相当高的经济成本和接受严格的审批要求，一般而言，长期生活在城市的农村户籍居民也无法获取城市户口。

户籍制度产生的原因可以归结为中国依附重工业优先发展的经济战略。在改革开放之前，中国政府经济发展的方针政策是围绕重工业优先发展，发展工业和农业并重展开的。由于重工业属于资本密集型行业，相比农业对人力投入的需求要小得多，因此，为了有利于重工业的发展，限制农村劳动力进入城市当中，户籍制度便应运而生。Lipton(1977)和Bates(1981)认为在发展中国家，由于城市阶层和农村阶层在政治权利上对比悬殊，所以往往容易形成对农村阶级的歧视现象。在中国的户籍改革中，城市户籍居民享受了福利分房、医疗保险和就业、养老保险等福利待遇，何英华(2004)对比了当地户口居民和非当地户口移民的福利比较：在政治权利方面，非当地户口居民只能部分享有；在社会保障方面，非当地户口居民不能享受当地的社会保障，而特殊就业单位的非当地户口移民可以享受部分的社会保障；在就业方面，非当地户口移民只能在一般的、临时的、非正式部门工作或自我雇佣；在工资待遇方面，非当地户口移民的工资报酬要低于相同工作的城市户籍劳动力；在缴纳税费方面，当地居民只需要缴纳法定税费即可，而非当地户口移民则除了缴纳法定税费外，还需要缴纳暂住费、赞助费等其他税费；在家庭儿童受教育方面，当地居民享有规定的受教育权利，而非当地户口移民则需要缴纳借读费、赞助费等才能入学；在政治权利方面，当地居民享有完全的政治权利，而非当地户口移民则基本不享有，无法参加社区的公共管理事务。相比农村户籍居民而言，城市户籍居民是制度的受益者，而农村劳动力向城市的转移流动无疑会对城镇居民产生一种压力和排斥的诉求，以法律形式呈现的户籍制度彻底打消了城市户籍居民的担忧，切实维护了城市户籍居民的利益。Downs(1957)认为各级地方政府是寻求政治利益最大化的，因此均会首要保护当地居民的政治权利。城市外来流入劳动力不是当地政府首要关系的社会群体，因而不会积极主动地维护流动群体的权利和福利。因而城市地方政府会积极维护户籍政策，排斥外来流动农村劳动力，阻碍农村劳动力流入城市，最终会加剧中国城乡二元劳动力市场的形成(蔡昉、都阳、王美艳,2001)。

赵忠(2004)认为在1978年以前人民公社和户籍制度是控制城乡流动最为重要的两个制度:人民公社制度限制了公社成员,使其必须依赖于公社的集体活动,公社对每一个成员的任务安排都有严格的要求,成员的日常生活和政治权利取决于其在公社活动中参与的情况,因此,居民迁移流动而离开公社是很困难的;户籍制度严格区分了农村户籍和城市户籍的权利和义务,农村户籍居民迁徙到城市是无法享受城市户籍的福利待遇的。按照赵忠(2004)的统计,中国1949—1985年之间的平均迁移率为0.24,远低于世界平均水平1.84。Zhao(2000)总结了1978年之前城乡迁移的三种途径,第一种是与家庭亲人团聚;第二种是城市单位的招工迁移;第三种是考进大学和参军迁移,这三种迁移对农村居民而言是十分困难的。另外,1978年之前,影响中国城乡流动率的,除了人民公社制度和户籍制度之外,在1958—1962年严重自然灾害之后,曾受雇于城市工作的两千多万农村居民被遣送回家,而且在1966—1976年"文化大革命"期间,大批城市户籍学生被送到农村接受贫下中农再教育,阻止了农村户籍劳动力的流动。在1978年之后,中国开始实施改革开放政策,在农村开始实行家庭联产承包责任制,在城市设立经济特区和发展非国有制经济,随着农业生产效率的提高,农村地区出现了大量剩余劳动力,而城市由于经济发展的需要,对劳动力的需求越来越大,根据赵忠(2004)统计,从数量上看,1989年农村移民数量为887.5万人,到了1998年农村移民数量变为2 666.6万人,数量增加了2倍多;从地域上看,从中部地区向东部地区的移民数量是最多的,其次是从西部地区向东部地区的移民数量。

当然,户籍制度并非是一成不变的,随着经济的发展,农村流动劳动力对经济影响的作用凸显,社会化、民主化和城镇化进程的加快，各级地方政府也逐步对当地的户籍制度进行了调整。根据何英华(2004)对户籍制度的分解标准，户籍制度可以分解为两个层次，一个是当地地方政府制定的发放户口标准；另一个是当地地方政府对流动的非当地户口居民的移民政策。

Huang 和 Pieke(2003)将 1979—1998 年的户籍改革划分为四个阶段：1979—1983 年为第一阶段，在这一阶段，政府依然严令禁止人口流动，户籍制度改革幅度最小；1984—1988 年为第二个阶段，政府开始放宽人口迁移政策，准许农村户籍居民在自己解决口粮的情况下进入城市；1989—1991 年为第三个阶段，在 1989 年春节前夕，中国各大交通枢纽开始告急，大量的移民对中国交通造成了巨大压力，中国首次出现大量农村移民，政府开始准备对农村居民的流动进行限制和管理；1992 年之后是户籍改革的第四个阶段，为了经济发展的需要，政府开始放宽农村居民迁移的条件，在一定程度上鼓励农村劳动力流动，但从 1995 年开始，中国政府开始在各地方强制实行经济体制改革，对经营亏损了的国有企业和集体企业进行破产和解体处理，对未亏损企业进行改制，因此造成了中国城市大范围的失业问题，政府开始对劳动力流动进一步加强了控制。自 1998 年开始，户籍制度改革又慢慢进一步推行，1998 年 6 月 23 日国务院批准发布《关于解决当前户口管理工作中几个突出问题的意见》，明确规定了要以控制大城市规模、合理控制发展中小城市为原则，逐步改革和适时调整当前的户籍制度，有效地促进人口科学合理的流动、促进经济健康发展和社会不断进步，中国各省逐步开始实施适合当地经济社会发展的户籍政策，例如 2003 年 3 月湖北省武汉市实施城乡统一的居民户口管理制度，取消了城市户口和农业户口的区分，将所有类型户口统一归类为湖北居民户口，实施户口一元化政策，使得全市所有居民享有平等的教育、医疗、社会保障、就业和养老保险等福利待遇；

2004年9月山东省出台深化户籍改革意见，规定在全省范围内开始取消农业户口和非农业户口的区别，努力实现户口管理的一体化，对于外来就业人员酌情放宽落户政策，逐步实现城乡户籍一体化；2004年起广东省开始实施户籍改革政策，将逐步取消“农转非”计划，并陆续取消经济发展成熟地区农业户口和非农业户口的限制，实现户口的一元化等。综合全国户口改革的政策和规定，改革的对象主要包含四个方面的内容：(1)针对在当地就业的高层次人才的户口政策：对迁入当地工作的大学本科毕业以上学历获得者、中青年专家、学者、海外留学人员、获得省市及以上荣誉的先进个体及家庭成员给予相应的落户政策，并酌情放宽落户标准；(2)针对当地常住户口：实施准入制政策，对有固定工作、居住所和稳定合法收入来源的外来人员根据其教育、婚姻、年龄、社会保障等条件做出允许其迁入并申请常住户口的决定；(3)针对当地农业户口和非农业户口居民：逐步取消农业户口和非农业户口的限制，消除城市户籍、农村户籍和其他类型户籍管理上的差异，实施户籍管理登记一元化，实施统一的居民户口制度；(4)针对非当地户口移民的准入政策与当地户口居民一元化管理共同实施。孙文凯、白重恩、谢沛初(2011)通过研究中国1988—2006年中国各省市户籍改革制度与中国劳动力流动之间的关系，发现户籍改革对农村户籍劳动力流动的影响极为有限，即使各级地方政府颁布政策要取消城市户籍与农村户籍之间在社会福利方面的巨大差异，但现实生活中非当地流动农村劳动力仍然无法享受与城市户籍居民平等的对待，户籍改革对农村劳动力流动和供给的影响是不明显的，这反映了中国户籍改革的难度和艰巨性，户籍改革不可能是一蹴而就的，而是需要一揽子与改革相关的配套政策与户籍改革政策一起逐步取消固有的户籍制度。何英华(2004)通过建立户籍制度与迁徙决策模型考察了个人户口取得因素对移民迁徙决策的影响，结果发现教育水平与户籍获取之间有紧密的关系，受教育水平越高，迁出或迁入城市户口的需求就越大；此外，如果迁移者人力资本素质越高，年龄越小，政府准许迁入户口的可能性就越大；通过对中国各省市户籍制度的考察，发现上海市的户籍制度是最紧的，外来移民落户的难度最大，而青海省和宁夏自治区的户籍制度是最松的，外来移民落户的难度相对最小。

二、 户籍制度下农村劳动力流动研究

农业部门劳动力向城市工业部门的转移是二元经济发展所必须经历的阶段，在中国户籍制度下，农村户籍劳动力向城市非农行业的转移不仅大大促进了中国经济的发展，提高了农村家庭的收入水平、提高了农业部门的劳动生产率、推进了城市化进程，而且对于政治稳定和社会进步具有重要的意义。目前，国内外有大量文献研究了农村劳动力转移和流动问题。

（一）农村劳动力城乡流动因素理论分析

Lewis(1954)认为从二元经济结构向现代经济结构转变的过程中，伴随着农业部门劳动力向城市工业部分转移的现象。二元经济结构包含农业、手工业在内的农业部门和城市工业部门。起初，农业部门的劳动生产率为零或者很低，工业部门劳动生产率较高，工资水平也较高，这时候工业部门向农业部门劳动力支付比农业生产保持高一点点的工资水平时，农业部门劳动力就会源源不断地向工业部门流动，农业部门劳动力向工业部门的劳动供给是无限的，这是农业部门劳动力流动的第一阶段；随着农业部门劳动力向城市的不断流动，农业部门的劳动力数量也不断下降，相比起初大量的农业劳动力供给，农业部门的劳动生产率不断提高，农业产出不断下降，农产品价格水平也不断上升，资本开始进入农业部门，规模化和机械化生产

开始出现，此时工业部门为了满足劳动力的需求，工资水平也不断提高，这是农业部门劳动力流动的第二阶段；随着农业部门和工业部门的发展，农业部门有限的剩余劳动力被工业部门完全吸收，两个部门的劳动生产率可以趋于平衡，农业部门和工业部门的工资差距不断消失，经济达到一体化发展。刘易斯二元经济模型认为，当农业部门存在大量剩余劳动力时，高于农业部门生产的工资便可以弥补劳动力向城市转移的成本，劳动力的供给是无限的。

J.Fei 和 G.Ranins(1961)发展了刘易斯二元经济理论，他们将劳动力供给划分为零值剩余和隐蔽失业两个阶段。J.Fei 和 G.Ranins 认为，当农业部门生产率很低接近于零时，农业部门总产出并不会因为大量劳动力向工业部门的转移而减少，劳动力的转移不会受到影响，这是劳动力供给的零值剩余阶段；在隐蔽失业阶段，农业部门劳动生产率开始逐渐提高，但仍低于工业生产部门的工资水平，农业部门劳动力流动开始引发工业部门工资水平的上涨；而当农业部门的劳动生产率上升到工业部门的工资水平时，工业部门的工资水平必须高于或等于农业部门生产率进行扩大再生产。J.Fei 和 G.Ranins 的理论强调了劳动生产率的提高在农村劳动力流动中的重要性，认为只有农业部门的生产能力提高了，农业剩余增加了才能使农业部门劳动力向城市工业部门的流动变得可能。

Jorgensen(1967)在刘易斯模型的基础上引入了厂商利润最大化和经济性的劳动力市场，进一步扩展了刘易斯二元经济理论，Jorgensen的研究认为农业部门和非农业部门不同主要体现在生产关系和组织关系的差异上，农业部门的发展需要资本的投入和竞争性的市场机制，只有当农业部门发展到有生产剩余的时候才能实现农业部门劳动力向城市工业部门的转移。Jorgensen 的理论强调了农业生产剩余的重要性，认为只有通过降低人口增长率和技术进步实现了农业生产剩余，才可能在农业部门实现资本积累和农村劳动力的转移。

Harris 和 Todaro（1969）根据刘易斯模型的两个问题考察了农业部门劳动力向城市工业部门转移的决定因素。Harris 和 Todaro 认为在城市工业部门是存在失业或隐蔽失业的，农业部门劳动力向城市工业部门的转移是否考虑到了这种失业危险？研究发现农业流动劳动力进入城市并非一开始就能进入现代部门工作，而是首先在城市传统部门临时就业，然后进入城市工业部门就业，那么对于一开始在城市没有找到工作的农村劳动力而言，他们也不愿意离开城市回到农村从事农业生产，因为流动劳动力在流动之前权衡了流动成本和流动收益的大小，并考虑到了在城市找到工作的可能性，之所以作出流动决策是因为农村劳动力发现在流入城市并找到工作的期望收益要大于流动的成本，即农村劳动力根据期望的城乡收入差距作出是否流动到城市的决策。

此外，国外有大量的研究解释补充了农业劳动力转移的决定因素。Gillis（1989）认为农业部门中的人口数量对农业部门的发展至关重要，劳动力数量增加则意味着农业产出的增加，劳动力流出则意味着农业产出的减少，为了保证农业部门的增长，为了获取更多的农业剩余，农业生产能力必须要按一定的速度增长。Stark 和 Taylor（1991）通过考察各个国家农业劳动力转移的数据发现除了预期的城乡收入差距决定了劳动力是否转移，劳动者在流入地根据期望生活标准是否感到相对贫困同样决定了劳动力是否迁移，即劳动者通过对流入城市的感受对维持自身生存有一个期望的相对收入水平，如果劳动者迁徙到城市感到期望的收入无法达到相对收入，会感到相对贫困，则会阻止劳动者作出流动到城市的决定。Schultz（1961）认为劳动者通过在流入城市自身人力资本回报的概率分布以及流动到城市的成本进行权衡比较，根据最大化的收入差距作出流动的决策。Khandker 和 Rashid(1994)认为在城市失业存在的情况下，对劳动者的工资补贴会提升农业劳动力失业的概率。Brueckner 和 Zenou (1999)则认为随着经济的发展、城市工业部门的发展壮大、农业劳动力不断向工业部门的流入会提高农业部门的劳动生产率，从而会使得土地的租金上升，即流动到城市的机会成本会增加，因此降低了农业劳动力流动到城市的期望收入差距，不利于劳动力的进一步流动。

（二）中国农村劳动力城乡流动因素分析

中国特有的政治制度和经济发展的情况决定了当前中国的二元经济结构，从历史的角度来看，改革开放之后农村劳动力向城市劳动力市场的转移是中国重要的社会现象，大大地促进了中国经济的发展和社会进步。中国农村劳动力的流动在当前乃至未来相当长的一段时期内仍然会对中国经济的持续增长起到至关重要的影响。[1] 国内已有大量研究阐述了中国农村剩余劳动力向城市转移的机制和规律。

从经济发展的眼光来看。改革开放之后，中国的城乡收入差距就一直保持在较高的水平上，尤其是从 20 世纪 90 年代开始，中国城乡收入差距就一直不断扩大(李实等，1998；Kanbur et al.，1999；Lin et al.，2002；Yao et al.，2004)。中国的城乡收入差距或农村劳动力在城市得到的高于农业生产的工资水平成为了农村户籍劳动力流动的关键因素。蔡昉(1996)通过研究当地农村的人均收入与全国农村的人均收入的差距对农村劳动力流动的影响发现当地农村人均收入水平的提高会降低农村劳动力流动的可能性。Zhu(2002)利用微观调查数据研究了中国的城乡收入差距对城乡移民的影响，发现城乡收入差距对城乡移民的影响是十分显著的，且随着城市收入差距的扩大，男性劳动力流动对城乡收入差距的反应要比女性劳动力的反应要弱。赵忠(2004)研究了中国农村劳动力城乡迁移的原因，发现中国的城乡收入差距是很大的，绝大多数农村劳动力的迁移均是从收入水平较低的中西部地区迁入收入水平较高的东部地区。

除了城乡收入差距是影响中国农村劳动力城乡流动的关键因素之外，还有大量研究分析了其他宏观经济因素、个体特征和家庭因素、制度性因素对农村劳动力流动的影响。

从宏观经济发展的角度来看。吴仁红、邹正清(1989)研究了1979—1988年中国农村剩余劳动力高速向城市非农部门转移的原因，认为中国农村劳动力向城市非农部门转移的速度过快，原因是由于货币供给的过快增长，由于长期依赖于信用的扩张来弥补资本的供给不足，农村劳动力过快地向城市非农部门转移可能引发通货膨胀的危险。吴敬琏(1995)分析了二元经济结构理论与中国剩余劳动力转移的关系，认为要保证农村剩余劳动力的顺利转移和城市非农部门职位的需求，必须要依靠大量的对非农产业的投资，保证各种投入的生产要素生产率水平不断提高。

从农村劳动者个体特征的角度来看。赵耀辉(1997)利用了四川省的数据研究了劳动力的教育对农村劳动力流动的影响，发现教育程度有利于农村劳动力向城市的迁徙流动，但对外出流动的影响很小，受教育水平较高的农村劳动力可能并不非常期望流动到城市中寻找工作，另外，男性、未婚和年纪较轻均有利于劳动者流动到城市中工作。Hare和Denise(1999)利用了中国流动和回流的农村劳动力样本数据研究了中国农村劳动力迁徙的性别差异，研究发现男性群体样本比女性样本在相同的条件下向城市流动的概率可以提高30%。封进、张涛(2012)利用了CHNS数据研究了中国农村劳动力的非农劳动参与决策问题，通过对劳动参与模型的估计发现男性样本较女性有更高的非农劳动参与，且年纪越轻、受教育水平越高越有利于农村劳动力流动到城市劳动力市场提供非农劳动供给。和丕禅、郭金丰(2004)利用了江西省农村移民的微观调查数据,研究了农村居民的受教育年限、医疗保险对农村劳动力流动的影响,发现受教育程度越高、外出流动时间越长越有利于劳动力迁徙到城市,而是否享受社会保障对劳动力的流动没有显著影响。另外,还有大量的文献研究了农村劳动力教育水平对劳动力迁移流动的影响(马忠东、吕智浩、叶孔嘉,2010;约翰·奈特、邓曲恒、李实,2011;张世伟、郭凤鸣,2010)。魏众(2004)利用了 CHNS 微观数据研究了农村劳动力的健康状况对非农就业参与率的影响,研究发现健康对劳动力参与有显著的影响,然而在不同行业,健康状况对农村劳动力非农劳动参与的影响是不确定的。王一兵(2009)利用中国营养健康调查数据研究了农村劳动力的健康状况与预防性劳动力供给的关系,研究发现农村劳动力拥有医疗保险可以显著抑制预防性劳动力供给。而王秋实(2013)认为劳动力健康状况越好越有利于劳动力参与率的提高。刘晓昀、Terry Sicular、辛贤(2003)利用 CHNS 微观数据研究了中国农村劳动力非农就业问题,发现农村户籍劳动力已婚群体的非农劳动参与率要低于未婚群体,且婚姻状况对于男性和女性群体的影响是有差异的。约翰·奈特、邓曲恒、李实(2011)通过 CHIPS 数据研究了中国农村户籍劳动力的流动问题,得出已婚不利于农村劳动力的非农劳动供给。王子成、赵忠(2013)利用 RUMIC 调查数据,研究了劳动力流动和回流问题,已婚不利于农村户籍劳动力外出务工,有利于农民工回流,同时对他们的再迁徙没有显著影响。

从农村劳动力家庭的角度来看。李实(2001)通过利用 1996 年山西省农村样本的调查数据研究了农村妇女非农劳动就业的情况,研究发现在家庭中女性劳动力分担了绝大部分的农业劳动和家务劳动,与男性相比,女性外出务工的机会相对较少,在城市劳动力市场上农村女性劳动力的工资水平也要低于农村男性劳动力,对农村女性劳动力的歧视是存在的。蔡昉、王美艳(2004)通过城市微观调查数据分析了家庭孩子数量对劳动力供给的影响,发现家庭中拥有16岁以下孩子不利于家庭劳动力流入城市非农劳动部门,且孩子数量越多对非农劳动参与阻碍效应越强。约翰·奈特、邓曲恒、李实(2011)利用CHIPS数据研究了农村劳动力的流动问题,研究发现已婚且有孩子劳动力的非农劳动参与率要低于未婚群体或没有孩子的群体。刘婧(2008)利用CHNS数据研究了儿童健康、母亲对子女的照顾与非农劳动参与之间的关系,研究发现家庭女性劳动力参与非农劳动能够增加家庭收入水平,但母亲非农劳动时间与家庭孩子健康状况之间的关系是显著为负的,对孩子的照料阻碍了家庭母亲劳动力的非农劳动参与。

(三)户籍制度约束对农村劳动力城乡流动和供给模型的影响

农村劳动力的城乡迁移是二元经济结构转变的必然阶段,是经济发展所必须经历的,然而中国特有的户籍制度使得农村劳动力的城乡流动表现出与其他发展中国家人口流动很大的不同,这引起了国内学者对户籍制度的广泛关注,尤其是当前农村劳动力供给对经济增长影响越来越明显时,对户籍制度下农村劳动力城乡流动的规律进行总结和分析就变得非常有意义。李培林(1996)认为中国的制度约束使得农村流动劳动力表现出“离土不离乡、进厂不进城”特征,他们在城市的经济收入水平、社会关系、职业类型都处于非常差的层次,而农村劳动力因为无法享受城市居民的社会保障等福利待遇,对在城市生活存在很大的不满情绪。另外,研究还发现他们在城乡流动的过程中重要的信息来源、获取工作的途径和方式、在城市生活的行为方式等都依赖于亲缘和地缘的社会纽带网络。赵忠(2004)详细阐述了中国户籍制度的起源、发展和现状,总结了中国农村劳动力城乡流动的相关研究的结论,认为中国特有的户籍制度使得中国的农村劳动力流动表现出独有的特点。郭继强(2005)通过在主流的劳动供给研究中引入劳动者最低生存的必须约束条件解释了当前中国劳动供给曲线向右下方倾斜的特征,即当市场的工资水平低于劳动者的最低必需支出时,随工资水平的下降,由于劳动者只追求生存的第一层次,劳动供给呈现出随工资变动负反馈的特征,劳动供给曲线向右下方倾斜;而当市场工资水平高于劳动者最低必需支出时,劳动者追求的是生存的第二层次,随着工资水平的变化,劳动供给曲线表现出正反馈的特征,劳动供给曲线向后弯曲。丁守海(2011)基于家庭劳动供给理论研究了中国农村劳动力剩余条件下供给不足和工资上涨的问题,认为农村劳动力的供给决策是基于家庭作出的,劳动力供给的非农劳动时间不是无限可分的,即劳动力要么作出迁徙流动的决策,选择最优的劳动供给时间,要么留守在家享受家庭生产的效用,随劳动力市场工资水平的不断提高,劳动供给量的逐渐增加,农业生产劳动力外出务工的保留工资水平也不断上涨,且上涨幅度超过了城市劳动力的工资上涨,因而即使工资上涨,农村劳动力的非农劳动供给并不能增加,因此才出现了中国农村劳动力剩余条件下的供给不足的现象,因此劳动力的供给不足并非意味着劳动力资源的枯竭,刘易斯拐点并未到来。钟笑寒(2006)研究了城乡收入差距与农村劳动力流动之间的关系,发现农村流动劳动力与城镇劳动力在人力资本素质上存在差距,而城市劳动力市场上农村户籍劳动力只能跻身工资水平低、工作环境较差的次级劳动力市场上,这解释了城市外来劳动力与本地城市劳动力在工资和职位上的区别。白南生、李靖(2008)利用了北京市对农村户籍劳动力调查的微观数据,研究了他们的就业流动原因和结果,发现他们进城后流动较为频繁,但逐渐会趋于稳定,且他们流动的主要原因是谋取高工资,但由于对工作条件和待遇的不满而离职的现象也逐渐增多。洪小良(2007)利用了北京市流动人口的调查数据对农村户籍劳动力家庭的迁移进行了研究，发现中国农村户籍劳动力的流动逐渐呈现出家庭流动的特点，而由于户籍等制度壁垒，限制了基于自由理性行动者理论对农村户籍劳动力流动的解释能力。约翰·奈特、邓曲恒、李实(2011)利用全国住户的调查数据研究了农村户籍劳动力的流动因素，并估算了他们潜在的规模，研究发现在户籍制度下，“民工荒”和农村剩余劳动力是可以同时存在的，通过对潜在农村户籍劳动力数量的估算发现在未来时期内农村户籍劳动力数量会迅速增加，而农村剩余劳动力数量会迅速降低。

除了对农村户籍劳动力城乡流动的研究之外，有大量研究分析了农村劳动力流动的具体形式，其中包含农村户籍劳动力二次流动、回流和再流动问题。

关于农村户籍劳动力的二次流动，Knight 等人(2004)认为中国城市劳动力市场上的农村户籍劳动力是个流动非常频繁的群体，职业的稳定性不高。通过对中国整体劳动力的流动性考察并与国外进行了横向比较，发现中国农村户籍劳动力的流动性显著高于城市劳动者，同时也高于发达国家。上海财经大学“千村调查”课题组(2014)的数据研究表明，相比城镇户籍劳动力，农村户籍劳动力具有较高的流动性，在调查样本中有 66.01%的农村户籍劳动力曾经在外务工期间变换过工作城市。梁雄军(2007)将农村户籍劳动力的二次流动划分为“变换地区流动”和“变换企业流动”两个维度，统计研究了他们二次流动的特点和影响因素，发现他们二次流动主要原因是由于争取和维护权益，而“民工荒”现象是由于他们权益意识增强了，进而促进了劳动流动性所产生的。白南生、李靖等(2008)利用北京市 700 多名农村户籍劳动力微观调查数据，分析了他们进城后的就业流动状态、原因和结果，研究结果发现他们的就业流动非常频繁，收入低是他们就业流动的主要原因，但是影响流动的原因日益多样。

除了对农村户籍劳动力二次流动的研究之外，大量的文献研究了农村户籍劳动力的回流和再流动问题。“农民流动与乡村发展”课题组(1999)利用了山东省737名流动人口的调查数据研究了农村户籍劳动力回流问题，研究发现他们外出流动提高了自身的人力资本素质，回流之后在农村地区创业，对农村经济的发展具有重要意义，农村户籍劳动力的外出流动，不仅促进了他们自身素质的发展，而且促进了当地农村的开放，为农村地区引入了新的信息和资金。白南生、何宇鹏(2002)利用安徽省和四川省的回流民工样本分析了农村户籍劳动力外出和回流的特征，发现外出农村户籍劳动力和未外出群体在性别、年龄、婚姻状况、教育等方面存在显著差异，而回流劳动力在人口学特征方面与未外出群体是比较相似的，另外，在农村户籍劳动力回流的原因当中，由于在外地就业困难而回流的呈现上升的态势，而由于家庭或个人原因而回流的呈现下降的态势。韩俊、崔传义、金三林(2009)利用国务院发展研究中心搜集的农村调查数据统计分析了农村户籍劳动力就业和流动的特点，发现中国农民劳动力是过剩的，农村户籍劳动力就业主要集中于建筑业，而服务业从业人员的比重也不断提高，另外，在调查中完全脱产农业且全家外出的农村户籍劳动力仅占农村户籍劳动力总数的19.95%，农村户籍劳动力的循环流动在样本中所占比重是最高的。王子成、赵忠(2013)利用中国城乡流动的调查数据研究了农村户籍劳动力流动的三种模式，即外出、回流、再迁徙，研究发现劳动者的人口特征对农村户籍劳动力外出流动和回流均有显著影响，外出持续时间等务工特征对农村户籍劳动力的再迁移有显著影响，且外出务工收入在家庭总收入中所占比重与再迁徙的概率是正相关的，回流失败的劳动力再迁徙的概率较低，此外，研究还发现农村户籍劳动力常年外出是流动的主要模型，而农村户籍劳动力的回流是暂时性的现象，在回流人群中再迁徙的概率是比较高的。

第三节　劳动力市场分割研究

劳动力市场分割是由于外在的经济政治制度或内在的经济因素使得劳动力市场可以划分为两个或多个具有不同结构和不同规律的劳动力市场，每个劳动力市场在劳动雇佣、工资机制、福利待遇等方面存在显著差异，劳动力市场的劳动者很难在不同的劳动力市场之间进行流动。中国特有的户籍制度与劳动力市场分割是息息相关的，厘清劳动力市场分割理论对于了解户籍制度对劳动力市场的影响是非常有意义的。

一、劳动力市场分割理论

Clark Kerr(1954)借鉴了约翰·穆勒和凯恩斯关于市场非竞争性的理论观点首次将劳动力市场划分为内部和外部劳动力市场两个层次，不同劳动力市场的分割导致了劳动者之间的工资差异，成为最早的阐述劳动力市场分割和企业内部劳动力市场的理论。Doeringer和Piore(1971)利用了美国波士顿劳动者的调查数据，研究了高工资群体、低工资群体和失业者之间的差异，认为竞争性的市场理论和人力资本理论无法来解释不同劳动者群体之间的差异，提出了二元结构的劳动力市场模型，即一级劳动力市场和次级劳动力市场。在一级劳动力市场上，劳动者的工作环境好、工资水平高、就业稳定且升迁和培训的机会多、福利待遇好；而在次级劳动力市场上工作环境差、工资水平低、就业不稳定且升迁和培训的机会少、福利待遇差。在市场运行机制方面，次级劳动力市场基本为竞争性的，劳动力的供求受到工资水平的制衡，市场趋于均衡，而在一级劳动力市场上，工资水平往往高于竞争性的工资水平，一级劳动力市场上的劳动者享有市场“内部人”的特权，并能够阻止和避免次级劳动力市场的劳动者对一级劳动力市场职工在福利待遇方面构成的威胁。劳动者在两个劳动力市场之间的流动是非常有限的，一级劳动力市场中的职工宁可失业也不愿进入次级劳动力市场中，而二级劳动力市场中的职工则不易被一级劳动力市场所接纳，两个劳动力市场具有相对的独立性。二元劳动力市场理论强调了市场需求和制度性约束对市场的影响。

尽管二元劳动力市场分割理论受到了学者的广泛批判，认为理论的提出缺乏现实的检验，且两种类型劳动力市场的划分也并不尽合理。此后，Piore(1975)发展了二元劳动力市场理论，对一级劳动力市场又进行了细分，划分为市场的主要部门和次要部门，且提出了“流动链”概念，解释了劳动力市场内部的关系和社会分层的状态。Freedman(1976)和Buchele(1976)认为劳动力市场是由多个子区域所组成的。Hicks(1970)认为城市的劳动力可以被划分为三个层次：高级、中间级和低级，每个层次都设置了市场障碍，劳动力在不同层次间的流动是非常困难的。Carnoy(1980)认为劳动力市场分割将劳动者划分为状态稳定的不同群体，且不同群体具备了相对永久性的特征。Reich, Gordon和Edwards(1973)认为资本主义尤其是垄断资本主义的发展是劳动力市场分割产生的重要原因，因为随着经济的发展，劳动者追求个性化的要求，必然导致劳资矛盾不断加深，垄断厂商为了解决矛盾，就将劳动力市场分配为多个不同的子市场，而在不同的子市场中对劳动者的歧视、差别化的管理和控制便开始出现了，进而造就了劳动力市场的分割。Thurow(1970)提出了职位竞争或排队理论，该理论认为特定职位的归属是由两个条件来决定的：一个是在供给方面，即劳动者的人力资本素质和人口特征，比如年龄、性别、受教育程度、经验等决定了雇主雇佣的成本；另一个条件是在需求方面，雇主对劳动者存在的主观上的偏好，比如雇主会偏好男性劳动力，或者偏好于白色人种的劳动力。两个条件决定了职位的归属，同时造就了不同层次或处于不同市场层次的劳动者。

劳动力市场分割理论解释了存在于劳动力市场内部的有差异的劳动者薪酬决策机制、工作环境和福利待遇等方面的问题，讨论了制度性约束和经济性约束对劳动力市场的影响。大量理论和实证的研究也都证实了不同国家和地区劳动力市场分割的存在（Hodson，1978；Dickens & Lang，1985；Dickens & Lang，1988；Telles，1993；Hiebert，1999；Reid & Rubin，2003）。

二、 国内劳动力市场分割理论

国内关于劳动力市场分割的研究一般都认为中国的劳动力市场分割是客观存在的，制度性因素和经济条件共同决定了劳动力市场的分割。王德文、吴要武、蔡昉(2004)利用了第五次人口普查数据研究了中国劳动力市场分割与农村劳动力失业率的关系，研究发现户籍制度及其相关的城市就业体制是中国劳动力市场分割最重要的原因，劳动力市场的分割对农村劳动力的流动和就业是不利的，而且不利于城市的就业创造机能。因此，改革以户籍制度为核心的医疗、养老、子女教育和住房等制度和政策，才能促进农村劳动力的流动，实现劳动力市场的一体化。李芝倩(2007)基于中国宏观经济数据研究了劳动力市场分割与劳动力流动之间的关系，认为中国劳动力市场除了由于户籍制度产生的市场分割外，还存在由于人力资本的差异所产生的市场分割，为了消除劳动力市场的分割，促进农村劳动力的流动，深化户籍改革的同时加大对农村地区的教育投入，建立健全农村居民的社会保障机制，弱化土地社会保障的功能是必要的。韩秀华、陈雪松(2008)讨论了中国劳动力市场分割的现状和成因,认为中国劳动力市场存在多元分割的情况,而城乡分割是其中最为严格且最不易消除的一种情形,通过对劳动力市场分割的原因分析,两位作者认为户籍制度及相关的一系列配套体制是最重要的原因,另外,对农村劳动力的文化歧视、非正式的制度歧视以及农村劳动力的人力资本素质和对城市生活的不适共同造就了中国劳动力市场的城乡分割。乔明睿、钱雪亚、姚先国(2009)通过利用 2006 年 CHNS 数据检验了中国城市劳动力市场分割的存在并分析了劳动力市场分割的原因,研究发现中国劳动力市场的二元分割是存在的,而户籍制度是造就劳动力市场分割最重要的原因,城市户籍劳动力不仅垄断了主要劳动力市场上的就业,而且在次要劳动力市场上也具有就业优势。张昭时、钱雪亚(2009)分析了中国劳动力市场存在两重"二元性"分割,认为中国的城乡隔离是以户籍制度为标志,中国劳动力市场不仅存在着城乡二元性而且是在城镇劳动力市场内部—外部劳动力二元市场中的二级市场中形成的,劳动力市场的双重二元性根源在于农村劳动力和城镇劳动力在权利上存在着巨大的差异。

劳动力市场分割不仅不利于农村劳动力的流动,阻碍了劳动力资源在不同行业和不同部门有效的劳动力配给,而且不利于缩小城乡收入差距和城镇化进程,对中国宏观经济的影响也是不利的。

赖德胜(1996)认为中国劳动力市场具有制度性的特性,劳动力市场分割对社会和经济产生了诸多不利的影响:首先,进一步恶化了收入分配,扩大了城乡收入差距;其次,由于劳动力资源配置的无效率,减低了经济运行的效率;第三,会造成产量和就业量的下降。顾建平(2002)认为劳动力市场分割会使得农村流动劳动力过度拥挤,在一定程度上会替代当地劳动力,而农村流动劳动力所创造的财富会集中到少数城市人手中,社会发展的成本过多地转嫁给了农村劳动力身上。李建民(2002)通过分析劳动力市场的分割对劳动力市场的影响发现劳动力市场的分割加剧了社会的不公平,且劳动力市场分割影响了经济发展的效率。李实、丁赛(2003)分析了中国城镇劳动力市场的教育回报率,模型估计的结果显示不同行业部门、企业、地区和不同所有制企业的教育收益率存在显著的差异,这意味着中国城市劳动力市场上存在着分割。罗楚亮(2008)利用居民收入分配微观数据讨论了就业稳定与工资收入差距的关系,研究发现不同劳动力市场就业的稳定性逐渐成为市场分割的一个重要因素,随着时间的推移,劳动力市场分割的程度并没有减轻,而是逐渐加重,且劳动力市场的分割特性会使得稳定就业中的低端收入群体受益。盖庆恩、朱喜、史清华(2013)通过引入两部门经济模型,研究了劳动力市场扭曲与经济增长的关系,认为中国的制度性约束阻碍了农村剩余劳动力向城市劳动力市场的转移,增加了劳动力市场的扭曲程度,通过实证模拟的结果发现如果消除劳动力市场的扭曲,农业部门劳动力占比下降,中国劳动力人均产出会增长 19.53%。袁志刚、解栋栋(2011)借鉴了二元经济理论的观点,通过引入两部门经济模型研究了劳动力错配对 TFP 影响的效应,研究发现劳动力的错配对全要素生产率的影响是不利的,由于二元经济结构引起的劳动力流动障碍对经济增长产生的损失效应达到了−8%,为了进一步促进经济增长,消除农村劳动力向城市劳动力市场转移的流动性障碍是十分重要的。

第四节　歧视与工资差异分解

劳动力市场歧视自古有之,世界各地的劳动力市场上,歧视是普遍存在的,按照经济学理论的观点,劳动力市场的歧视损害了被歧视者的权利和经济利益，不仅不利于经济的发展而且不利于社会的公平正义。所谓劳动力市场歧视，概括而言是指在劳动力市场上，依据劳动者的性别、种族、肤色、年龄、宗教信仰、社会出身等因素产生的针对特定群体的排斥、优待或区分，使得被歧视者遭受在工作上和就业机会上的损害或不公平待遇。

一、 劳动力市场歧视理论研究

Bekcer(1957)首次提出了市场歧视系数的概念，指出该系数为无歧视与有歧视时无歧视群体与歧视群体的工资率之比的差额，将歧视的类型划分为雇主歧视、雇员歧视和顾客歧视，并通过构建开放经济模型分析了歧视对经济的影响，得出在有歧视的情况下，一方对另一方的歧视不仅会降低被歧视群体的收益，而且会降低歧视群体的收益，而之后如果被歧视群体采取报复性行为，则会进一步降低双方的收益，损害双方的利益。根据 Becker 歧视模型，在完全竞争市场上，歧视性雇主最终会被淘汰出市场，最终歧视会消失。在 Becker 模型之后，大量的理论研究（K.J. Arrow，1972，1973；G.Akerlof，1985；K.M. Kahn，1991；Thurow，1969）扩展了歧视模型，从不同的角度延伸了歧视性理论。

K.J. Arrow(1972)构建了雇员歧视模型，考察了劳动力的不完全可替代和可调节成本情况下劳动力歧视和工资差距之间的关系，研究发现如果劳动力不完全可替代且存在劳动力调整成本，那么不同群体间的工资差距会长期存在或很难消除，且对劳动力的歧视强度和劳动力调整成本共同决定了企业雇佣不同劳动力群体的方式。与 Becker 的歧视模型相比，Arrow 的歧视模型更好地解释了当现实中存在劳动力调整成本即辞退和雇佣是有成本的以及劳动力是不完全替代的两个条件下，歧视性工资仍然长期存在的情况。

G.Akerlof(1985)在 Becker 歧视模型的基础上引入了更加稳定的歧视性偏好模型，指出了如果歧视是行业中存在的一种习俗，那么打破这种习俗也不一定会获得更多的收益，因为与完全竞争市场不同，市场上的交易是在较小的范围内进行的，每一个厂商会面临有限的交易商，只有买卖方同时存在时，交易才会产生，如果购买者具有较高的歧视欲望，那么厂商打破歧视习俗很可能会失去该购买者，丧失潜在的需求，所以尽管打破歧视习俗可以降低企业的雇佣成本，但同时会增加企业交易的成本，所以最终歧视习俗不一定会被打破。

K.M. Kahn(1991)进一步扩展了顾客歧视模型，提出了在规模报酬不变和存在非歧视雇主假设下，即使被雇主歧视的群体可以逃脱歧视，进入非歧视部门，但顾客歧视仍然可能存在，那么在这种情况下，不同群体的工资差异可以长期存在。

Thurow(1969)对 Becker 歧视模型中歧视性雇主因歧视特定群体而受到损失提出了异议，认为歧视性雇主因为歧视而受到损失是不确定的，这取决于劳动力需求弹性和劳动力供给弹性的大小。

以上歧视性理论可以统称为竞争性歧视理论，该理论强调以偏好和经济动机在市场机制中产生的影响来阐述歧视理论，与此对应，非竞争性歧视理论强调市场为非竞争性的，厂商有能力影响劳动者的工资水平，不同劳动力群体中的个体也非完全一样，不同的人力资本素质开始纳入工资决策机制当中。

Lester C.Thurow(1969, 1975)认为劳动力市场歧视只会发生在一个经济市场当中，而不是像竞争性歧视模型一样存在于可以自由进行国际贸易的两个市场中，经济中的厂商是垄断性的，占垄断地位的群体处于支配地位，控制着交易的权利，而其他厂商则需要从属于垄断厂商，受垄断厂商的支配和领导，且在经济中存在七种歧视，多种歧视类型在一起会使经济压力变得更小，各种歧视在经济中也相互促进，无歧视一方也并未从歧视中遭受很大损失，而终止歧视的经济压力也不是很大。

Bergmann(1971)研究了黑人和白人的歧视性问题，研究发现由于消除职业隔离或歧视不利于低学历水平白人的利益，所以种族主义歧视在低收入群体中是比较常见的，白人群体为了避免与黑人在职位上的竞争，会对黑人群体产生雇员歧视以获取自身的经济利益。

Doringer 和 Piore(1971)研究了双重劳动力市场中的歧视问题，作者将劳动力市场划分为两个市场：一级劳动力市场和二级劳动力市场。在一级市场中，劳动力的工资水平较高、工作条件较好、职位培训和晋升的机会较多；而在二级劳动力市场中，劳动者的工资水平较低、工资条件差、职位培训和晋升的机会较少。在一级劳动力市场中，工资水平的制定是由制度性因素来决定的，市场机制在其中起到的作用很小；而在二级劳动力市场中，工资水平的制定是依赖于市场机制来决定的。双重劳动力市场加大了监督和管理的难度，不同劳动力市场的差别待遇便形成了对二级劳动力市场中劳动者的歧视。

综合劳动力市场歧视理论，歧视产生的原因可以通过供给和需求两个方面考察：在供给方面，存在着雇佣者的主观偏好，同时企业的垄断性也使厂商具备了歧视的能力；在需求方面，劳动者特有的人口统计学特征是不可以改变的，比如性别、年龄、宗教信仰、户籍，等等，且劳动者的人力资本特征如教育、工作经验、培训等和家庭因素的差距也可以引发对劳动者的歧视。

二、 中国劳动力市场中的歧视研究

歧视性理论为研究中国劳动力市场的歧视问题提供了很好的参考，中国特有的户籍制度造成了劳动力市场分割，分割的劳动力市场引发了各种对劳动力歧视的现象，国内有大量文献研究了劳动力市场的各种歧视问题。

张兴华(2000)分析了外来务工的政策歧视问题,认为劳动力歧视不仅不利于社会的公平正义,也不利于经济运行的效率,通过对外来务工人员的歧视尽管可以增加城市劳动力的福利,但对外来劳动力、企业和整个社会的福利是不利的。姚先国、赖普清(2004)利用城市农村户籍劳动力的微观调查数据考察了中国劳资关系中的户籍歧视问题,认为城乡工人在劳资关系中的巨大差异来源于两个原因,一个是农村户籍劳动力在人力资本水平上以及就业单位上与城市劳动力存在差距,一个是农村户籍劳动力遭受了户籍歧视,他们在就业上的工资、社会保险和工会参与等方面均遭受了户籍歧视。杜鑫(2010)研究了中国竞争性行业和垄断性行业的收入差距问题,研究发现对农村劳动力的户籍歧视是造成行业间收入差距的一个重要原因。王美艳(2007)分析了劳动力市场歧视的来源、表现以及和劳动力市场发育水平之间的关系,认为中国劳动力市场上对农村劳动力的歧视主要是雇主歧视、统计性歧视、拥挤性歧视、制度性歧视以及反馈效应歧视,具体分析:首先,户籍制度限制了农村劳动力在城市生活的权利和福利,具有垄断性的企业部门对农村劳动力给予了较差的工资待遇;其次,处于保护当地居民就业的目的,当地政府对流动农村劳动力进入企业规定了非常严格的要求,这无形之中增加了企业雇佣农村劳动力的成本,同时大量的农村劳动力只能栖身于工资水平低、工作环境差、工作不稳定的次级劳动力市场上,劳动者所获得的工资和福利待遇变得更差;再次,由于农村劳动力在人力资本素质方面比城市劳动力表现得要差一些,在信息不完全的情况下,企业雇主倾向于认为农村劳动力的技能水平较差,因此给予农村劳动力更低水平的工资,通过对五大城市微观数据的检验,发现中国劳动力市场歧视的程度是随时间逐渐下降的。章元、王昊(2011)通过对城市劳动力微观调查数据研究了流动工人和农民的户籍歧视和地域歧视问题，研究结果发现农村劳动力受到的总歧视是56.5%，通过对工资方程的估计发现总歧视中26%是地域歧视，剩下的30.5%是户籍歧视，户籍歧视在总歧视中占据了主要部分。孙文杰(2014)研究了中国劳动力市场的进入歧视问题，认为由于户籍制度，中国劳动力市场呈现出体制内部和体制外部的差异，在部分垄断性企业中大量存在着劳动力进入的障碍和限制，为了消除该障碍，政府应该实施相应的措施打破户籍制度的限制，优化人力资本定价机制，缓解不同行业和企业间的收入差距问题。

围绕着户籍制度对农村户籍劳动力的歧视是存在的，且对中国城乡收入分配、城镇化建设和经济增长均产生了不利的影响，那么在经济学上如何去测量劳动力市场上的歧视程度便成为了与劳动力歧视息息相关的重要问题。

三、 劳动力市场歧视的测量

目前，劳动经济学领域关于劳动力市场歧视问题的测量研究可以归纳为两种方法，一种是回归方程法，另一种是工资差异分解方法。回归方程方法，简单来讲就是以劳动者的工资或者是就业作为被解释变量，控制住包含教育、经验等变量后考察性别、种族、年龄等与歧视有关变量前的系数；基于回归方程发展的另一种测量劳动力市场歧视的方法是工资差异分解，该测量方法是目前劳动经济学领域使用最为广泛的测量歧视的方法，归纳整理工资差异分解的理论和实证研究对于分析和认识当前中国劳动力市场歧视的种类和程度是十分必要的。

(一) 工资差异分解的理论研究

Oaxaca(1973)和Blinder(1973)分别针对男性/女性和黑人/白

人两个不同群体的工资差异提出了极为相似的分解方法，后来发展为使用最为广泛和经典的 Oaxaca-Blinder 分解。Oaxaca-Blinder 分解的主要形式为：假设有工资差异的两个组群男性群体(M)和女性群体(F)，两个群体的工资水平分别为 $wage_M$ 和 $wage_F$，两个群体样本的个体特征分别为 X_M 和 X_F，以工资水平作为被解释变量，控制住样本的个体特征，采用半对数模型来估计工资方程，男性群体和女性群体的工资方程分别表示为：

$$\ln wage_M = X_M\beta_M + \varepsilon_M \tag{2.35}$$

$$\ln wage_F = X_F\beta_F + \varepsilon_F \tag{2.36}$$

两个群体的工资差距可以表示为：

$$\begin{aligned} & E[\ln(wage_M)] - E[\ln(wage_F)] \\ = & [E(X_M) - E(X_F)]\hat{\beta}_F + E(X_M)(\hat{\beta}_M - \hat{\beta}_F) \end{aligned} \tag{2.37}$$

式(2.37)左边代表男性群体和女性群体的平均工资差距；右边第一项代表无歧视情况下男性群体和女性群体的工资差异，该部分是由于劳动者的个体特征差异所决定的，是可以由市场解释的部分；右边第二项代表了有歧视情况下男性和女性间工资差异与无歧视情况下男性和女性间工资差异的差额，该部分是由男性和女性间工资结构的差异引起的，是市场无法解释的部分，或者说是由于对女性的歧视所引起的工资差异。除了式(2.37)的表示外，Oaxaca-Blinder 分解还可以表示为：

$$\begin{aligned} & E[\ln(wage_M)] - E[\ln(wage_F)] \\ = & [E(X_M) - E(X_F)]\hat{\beta}_M + E(X_F)(\hat{\beta}_M - \hat{\beta}_F) \end{aligned} \tag{2.38}$$

对于测算劳动力市场的歧视，Oaxaca-Blinder 分解方法是非常简单的，但也引发了一些争论性的问题，比如分解中到底采取何种形式，选择不同的基准组可能对分解的结果产生影响，另外，当模型中的解释变量为内生的情况下，采用 Oaxaca-Blinder 分解对歧视程度的测算可能是有偏的。在 Oaxaca-Blinder 分解的基础上，大量研究又对分解模型进行了扩展，形成了大量适用于不同范围和内容的分解方法。

Cotton(1988)认为 Oaxaca-Blinder 分解的形式适用于单纯的对一组劳动者的歧视，或对另一种群体的单纯的偏好。Cotton 认为歧视和偏好行为可以是同时发生的，在歧视某一群体的同时，也可以同时偏好于另一群体，假设在无歧视状态下，男性组群和女性组群的工资结构收敛于一个没有歧视的工资结构 β_0，那么男性和女性群体的平均工资差异可以表示为：

$$
\begin{aligned}
&E[\ln(wage_M)] - E[\ln(wage_F)] \\
&= [E(X_M) - E(X_F)]\beta_0 + E(X_M)(\hat{\beta}_M - \beta_0) + E(X_F)(\beta_0 - \hat{\beta}_F)
\end{aligned}
\tag{2.39}
$$

与 Oaxaca-Blinder 分解相似，式(2.39)等号右边第一项代表了在无歧视情况下男性和女性群体工资差异，该部分是可以由市场解释的；等号右边第二项代表了男性群体被偏好情况下，男性劳动力所获得的工资收益，该部分是高出男性劳动力价值的部分，是对男性反向歧视的结果；等号右边第三项代表了女性群体被歧视情况下，女性劳动力所遭受的工资损失，该部分是低于女性劳动力价值的部分，是对女性歧视的结果。

Neumark(1988)认为无歧视情况下的工资结构应该与歧视理论相符，通过对 Arrow 歧视模型和 Becker 歧视模型的推导，Neumark 得出了无歧视情况下的工资结构：

$$\beta_0 = (X'X)^{-1}X'Y \tag{2.40}$$

其中，X 包括男性和女性群体的所有可以观察的特征向量，Y 为劳动者的工资对数，如果设定 $\Lambda=(X'X)^{-1}X_M'X_M$ 为加权矩阵，其中 X_M 为某一群体的特征向量，则无歧视情况下的工资结构可以表示为：

$$\beta_0=\Lambda\beta_M+(1-\Lambda)\beta_L \tag{2.41}$$

在得到无歧视状态下的工资结构之后，同 Cotton 分解的形式一样，男性群体和女性群体的工资差异可以表示为无歧视状态下男性和女性群体的工资差异、男性群体受偏好的工资收益和女性群体受歧视的工资损失三部分。

Brown 等（1980）认为在工资差异分解中，职业隔离对工资差异是有影响的，即劳动者进入不同职业本身就可能存在歧视问题，所以在工资差异分解中不能把职业作为外生的解释变量对工资差异进行分解。简单而言，Brown 分解的形式可以表示为：

$$\begin{aligned}&E[\ln(wage)^M]-E[\ln(wage)^F]\\&=\sum_{j=1}^{J}P_j^F\widehat{\beta_j^M}\left[E(X_j^M)-E(X_j^F)\right]+\sum_{j=1}^{J}P_j^FE(X_j^F)(\widehat{\beta_j^M}-\widehat{\beta_j^F})\\&\quad+\sum_{j=1}^{J}E(X_j^M)(P_j^M-\widehat{P_j^F})+\sum_{j=1}^{J}E(X_j^M)(\widehat{P_j^F}-P_j^F)\end{aligned} \tag{2.42}$$

其中，P_j^F 是女性群体进入第 j 类职业的概率；$\widehat{\beta_j^M}$ 和 $\widehat{\beta_j^F}$ 分别指工资方程估计的解释变量前的系数；$\widehat{P_j^F}$ 是反事实的概率估计，指对于女性群体来说，如果她们的工资决定机制与男性群体的完全一致（在劳动力市场上与男性群体享受相同的待遇），则她们进入第 j 类职业的概率。式(2.42)左边代表了男性群体和女性群体的平均工资差异；式(2.42)右边第一项代表了在同一职业内，由于男性群体与女性群体自然禀赋的差异，或者说是由于两个群体看得见的差异所造成的工资差异，这部分是职业内工资差异可解释的部分；式(2.42)右边的第二项代表了在同一职业内，男性群体与女性群体禀赋差异导致了估计的工资方程的系数产生差异，这种系数的差异所导致的工资差异，这部分是职业内工资差异不可以解释的部分；式(2.42)右边第三项代表了如果女性群体受到了与男性群体相同的待遇，男性群体与女性群体在职业分布上的差异所导致的工资差异，这部分是职业间工资差异可以解释的部分；式(2.42)右边第四项是指女性群体在职业进入上受到与男性群体相同待遇与未受到相同待遇的差别所导致的工资差异，这部分是职业工资差异中不能解释的部分。那么职业内可以解释的部分与职业间可以解释的部分是工资差异中可以由市场机制决定的，而职业内不可以解释的部分与职业间不可以解释的部分是不能用市场机制决定的，这一部分被统称为歧视。而职业隔离指的是职业间不可以解释的部分，即由于对女性群体的歧视所导致的男性群体和女性群体在职业进入上存在的差距。

那么除了以上四种主要的工资差异分解理论之外，还有 Appleton 分解(Appleton et al., 1999)、JMP1991 分解(Juhn et al., 1991)、JMP1993 分解(Juhn et al., 1993)、FL1998 分解(Fortin & Lemieux, 1998)等多种分解方法，每一种分解方法均是对之前某一类分解方法的扩展和延伸，适用的歧视种类和侧重点也存在差异，在研究劳动力市场歧视问题时选择正确的差异分解方法是非常重要的。

（二）中国劳动力市场歧视度量研究

目前，国内有大量实证研究分析测度了中国劳动力市场的工资歧视问题，使用最为广泛和普遍的是 Oaxaca-Blinder 分解。

关于流动人口和城镇居民的工资差异。Maurer-Fazio 等(2004)利用中国 1999—2000 年城市企业的微观调查数据，通过 Oaxaca-Blinder 方法研究了城市居民和流动人口的工资差距问题，他们认为教育的回报率在不断上升，教育水平仍然是解释中国城市居民与流入人口工资差距的一个重要的原因，并且有24.89%的工资差距是由对流动人口的歧视造成的。邢春冰、罗楚亮（2009）利用2005年人口普查数据，通过Oaxaca-Blinder分解研究了农村户籍劳动力和城镇职工的收入差距，结果发现教育水平是造成两者收入差距的最主要原因，而工资差异的90%是由劳动者特征所造成的。Meng等（2001）利用上海市微观调查数据，采用Oaxaca-Blinder、Cotton和Brown分解方法研究了城市居民和流动人口的工资差异，他们发现有49.18%的工资差距是由歧视因素造成的。王美艳（2005）通过第五次人口普查和五个城市抽样调查数据，通过Brown分解的方法研究了本地和外来劳动力所面临的就业机会和报酬，结果发现工资差异的43%是由歧视等不可解释的因素造成的。

关于性别工资差异。张丹丹（2004）利用CHNS数据，采用Oaxaca-Blinder分解方法研究了性别工资差异的变动趋势，通过工资差异的分解结果发现随着市场化水平的提高和经济的发展，性别工资差异逐渐变大，对女性群体的歧视现象也越来越严重。王震（2010）利用五大城市的微观调查数据，采用Neumark分解和分位数分解方法研究了农村户籍劳动力的性别工资差异问题，研究发现男性的人力资本回报率高于女性，性别工资差异中有53.02%是由于歧视所造成的，分位数分解的结果显示性别工资差异中歧视所导致的工资差异表现为“天花板效应”，即在工资分布的高端，性别工资差异表现为逐渐缩小趋势。亓寿伟、刘智强（2009）利用CHNS数据，采用分位数分解的方法研究了国有企业和非国有企业中的性别工资差异，结果显示性别工资差异表现为“地板效应”，即在收入分配的低端，性别工资差异表现为扩大趋势，且工资差异分解的结果显示，歧视所导致的工资差异占到了总工资差异的主要部分，相比较国有企业，非国有企业的性别工资差异更大，歧视所导致的工资差异在总差异中所占的比重更高。

关于不同企业或部门的工资差异。薛欣欣(2009)利用微观数据研究了国有部门与非国有部门的工资差异,分析结果显示,随时间变化,国有企业和事业单位的人力资本回报率是逐渐提高的,国有部门由于制度化因素使得企业内部存在同工不同酬的现象,工资差异的分解结果显示,随人力资本素质的提高,国有部门的工资溢价逐渐降低。张车伟、薛欣欣(2008)利用 PSFD 数据,采用 Oaxaca(2003)分解的方法分析了国有企业和非国有企业的工资差异,结果发现人力资本素质的差异在总工资差异中占到了 80%以上的比例,而工资差异分布分解的结果显示随工资由低端向高端的移动,人力资本溢价逐渐下降,且人力资本差异所解释的部分在总差异中所占比重随工资由低端到高端的移动表现为逐渐升高。刘瑶(2012)利用 CHNS 数据,采用工资差异的分位数分解研究了国有企业、私营企业、集体企业和外资企业的工资差异,分析结果发现教育和经验回报率在非国有企业部门比国有企业部门要高,不同所有制企业的工资差异是存在的,但随时间变化,工资差异的变化趋势是逐渐缩小的,工资差异的分解结果显示不可以解释部分在总工资差异中所占比重为 45%。

工资差异分解理论和实证研究为准确度量中国劳动力市场的户籍歧视问题提供了非常好的参考和借鉴,分析和测度劳动力市场上对农村户籍劳动力的歧视不仅可以认清劳动力市场的发展程度,而且有助于为中国农村劳动力的供给提供动因解释,为中国未来时期的经济增长提供有益的政策建议。

第五节　对现有文献的简要评述

以上大量的理论和实证研究丰富了我们对户籍制度的认识以及

帮助我们理解了户籍制度对劳动力供给产生的影响，不过为了更深入了解户籍制度本身可能对农村劳动力供给的影响，本书认为还应该从以下几个方面进行更深入的研究：

首先，关于户籍制度对农村劳动力的供给，现有文献均认为围绕户籍制度的一系列规定和约束限制了农村劳动力的流动，不利于农村居民收入水平的提高，妨碍了中国的城镇化建设，而且二元劳动力市场的不合理配置导致了劳动力资源的分配扭曲，严重制约了中国经济的进一步增长和发展，但很少有文献分析户籍制度本身对农村劳动力供给的影响，比如在农民家庭中，劳动力非农供给是一个家庭决策，户籍制度本身如何改变了家庭的约束条件，进而影响了劳动力外出流动和返乡回流的决策。从理论上和实证上分析户籍制度对于农村劳动力非农劳动供给的决策机制不仅可以帮助理解当前农村劳动力市场的供给的特征和规律，比如中国农村劳动力非农劳动供给中为何是以年轻人为主？为何在劳动力人力资本素质较高的情况下却逐渐退出劳动力市场？为何中国会持续存在民工荒现象？中国到达了刘易斯拐点了吗？而且在当前人口老龄化、人口红利逐渐下降、劳动力供给相对不足的情况下，深入地研究这一问题将有助于认识未来劳动力供给的方向和趋势，进而为将来时期的劳动力供给提供相关的政策参考。

其次，关于城市劳动力市场上对农村户籍劳动力二次流动的分析，少量文献总结了农村劳动力二次流动的特征和与城镇户籍劳动力流动的区别，但较少有规范的实证研究分析农村户籍劳动力个人、家庭和社会因素对农村户籍劳动力二次跨区流动的影响，由于在城市劳动力市场上农村户籍劳动力与城镇劳动力在二次跨区流动上的差异是户籍制度对非农劳动供给影响的一个重要表现，从而有必要进一步分析农村户籍劳动力二次跨区流动的特征以及是否是一种人力资本投资行为，即二次跨区流动对劳动者的工资收入是否有显著影响。

第三，当前关于农村劳动力供给的测算往往依据宏观经济数据估计和测度劳动力供给的潜力和规模，依据微观数据系统考察劳动力供给数量的研究还较少。在农村家庭劳动供给模型中，农村劳动力根据外出务工预期的期望收益和成本作出非农劳动力供给的决策，在城市劳动力市场上，由于劳动力市场分割和歧视的存在，农村户籍劳动力的供给又表现出二次流动、返乡和回流的特征，那么综合考察家庭劳动供给和劳动力市场上对农村户籍劳动力的歧视将有助于更好地理解农村户籍劳动力供给的规模和形势。

最后，在农村内部农村劳动力根据预期收益和成本的权衡作出是否外出流动的劳动力供给决策，而在城市劳动力市场上，由于户籍制度、劳动力人力资本素质等方面的因素，农村劳动力只能就职于次级劳动力市场上，对农村户籍劳动力的歧视是普遍存在的，那么对于农民户籍劳动力而言，歧视对劳动力供给的影响又是什么？到底是哪种所有制企业实施了对农村户籍劳动力的歧视？这种歧视随时间变化的趋势又是什么样的？根据经济学的理论，对农村户籍劳动力的歧视很显然是不利于社会福利最大化的，对企业经营绩效的影响也是不利的[2]，不利于整体宏观经济的增长，所以研究城市劳动力市场上对农村户籍劳动力的歧视问题，尤其是根据企业的所有制性质找出对劳动力歧视的规律和趋势，不仅有助于理解农村户籍劳动力的供给规律，而且对企业经营乃至宏观经济的影响均是有利的。

在本书中，将在传统家庭劳动供给模型的基础上，具体考察户籍制度这一变量对家庭生产约束产生的影响，进而分析对农村户籍劳动力非农劳动供给决策的影响。其次，基于人力资本投资理论，考察农村户籍劳动力二次跨区流动的特征和规律，并验证农村户籍劳动力的二次跨区流动是否为一种人力资本投资行为；另外，在城镇劳动力市场上，为了考察二元劳动力市场中对农村户籍劳动力的歧视问题，综合家庭劳动力非农劳动供给决策和劳动力市场的歧视研究，测算中国城市劳动力市场中农村户籍劳动力非农劳动供给量相对于潜在劳动力供给的情况；最后，本书将对农村户籍劳动力就业的企业根据所有制类型进行划分，以具体考察不同所有制企业内对农村户籍劳动力歧视的特点和随时间变化的趋势，以丰富对这一领域的研究。

注　释

[1] 约翰·奈特、邓曲恒、李实、杨穗(2011)：中国的民工荒与农村剩余劳动力，《管理世界》，(11)，12—27。

[2] Becker 歧视经济学理论中的雇主歧视模型和雇员歧视模型均指出：歧视对企业经营绩效的影响是不利的，而且在竞争性的市场中，歧视性企业最终会被市场淘汰。

第三章

户籍对农村居民非农劳动供给决策的影响：理论与实证

农村劳动力向城市的转移是中国自改革开放以来经济不断持续增长的重要原因（张广婷等，2010；张平，2010）。农村劳动力的流动不仅促进了中国劳动力资源的合理配置，提高了经济生产效率，而且有利于城镇化和工业化发展。根据《2013 年全国农民工监测调查报告》的数据，外出流动到户籍所在乡镇之外的农村户籍劳动力数量为 1.67 亿人，相比去年上涨 1.7%。然而，中国所特有的户籍制度逐渐成为农村劳动力进入城市工作的限制因素，有多项研究（蔡昉、王德文，2003；白南生、李靖，2008；封进、张涛，2012）的分析结果显示，户籍制度提高了农村户籍劳动力在城市生活的成本，使得他们无法享有与城镇居民平等的福利待遇，因此严重限制了农村劳动力的持续性供给，自 2004 年东部沿海城市开始出现"民工荒"现象以来，对农村劳动力非农劳动供给的关注一直是社会和学术界关心的热点问题。

农村户籍劳动力非农劳动供给与城镇户籍劳动力之间存在显著

差异，根据中国家庭营养与健康调查数据，中国农村户籍劳动力的非农劳动参与率为27.7%，而城镇户籍劳动力非农劳动参与率为90.3%；且通过比较农村户籍不同年龄阶段劳动力的非农劳动参与的数据发现，中国农村户籍劳动力在16—35岁期间非农劳动参与率达到最高，而在35岁之后非农劳动参与率却迅速下降，为何农村户籍劳动力在正值壮年且人力资本素质不断提高的时候会逐渐退出城市劳动力市场？图3.1为中国农村户籍劳动力1993—2011年月工资和小时工资（以2011年不变价格计算）的折线图，从图上可以看出不论是月工资还是小时工资都是随时间逐渐提高的。那么为何在农村剩余劳动力存在的情况下会出现实际工资水平的上涨？按照刘易斯劳动供给理论，当农村存在剩余劳动力的时候，只要支付给农村劳动力高于农业收入水平高一点的工资，农村劳动力就会出现劳动力无限供给的情形。那么到底是什么原因导致了中国劳动力市场上出现了与刘易斯劳动供给理论相违背的现象？国内外一些文献基于中国所特有的政治体制对以上现象从宏观上进行了解释。约翰·奈特等（2011）根据2002年和2007年全国住户微观数据考察了中国农村户籍劳动力的工资水平，分析了他们的流动因素，并估计了潜在农村户籍劳动力的数量，得出他们工资的快速上涨的同时，由于对他们需求的滞后反应，中国农村仍然存在大量的剩余劳动力，由于中国存在的制度约束导致了农村劳动力剩余和城市劳动力短缺共存的局面。白南生、李靖（2008）利用北京市的农村户籍劳动力数据分析了农村户籍劳动力就业流动的因素，得出他们流动的主要原因是获取更高的收入，由于流动原因日益多元，新生代农村户籍劳动力和老一代农村户籍劳动力表现出不一样的流动特点，老一代农村户籍劳动力更容易经历向下流动的过程。孙文凯等（2011）通过研究中国的户籍改革与农村劳动力的流动之间的关系得出户籍制度是阻碍农村户籍劳动力流动的障碍，而2003—2006年围绕户籍制度的改革并未对农村劳动力的流动起到明显的影响，户籍制度对农村劳动力流入城市的瓶颈效应仍然存在。蔡昉(2007)指出了中国的二元经济在计划经济时代对经济增长起到了重要的促进作用，然而随着中国人口向低出生率和低死亡率转变，人口红利势必会逐渐减少，户籍制度对劳动力流动的制约效应越来越凸显，中国将迎来刘易斯转折点，为了保持中国经济的持续性增长，对制度创新的需求也越来越紧迫。以上的研究均直接和间接地支持户籍制度或中国的制度性约束对农村劳动力流动的限制影响，表明了农村户籍劳动力流动到城市提供非农劳动对中国经济增长的重要性，但研究中大都从概念和理论上讨论户籍制度，均未直接从模型上和实证上研究户籍制度或制度性约束因素对劳动力流动的具体影响。

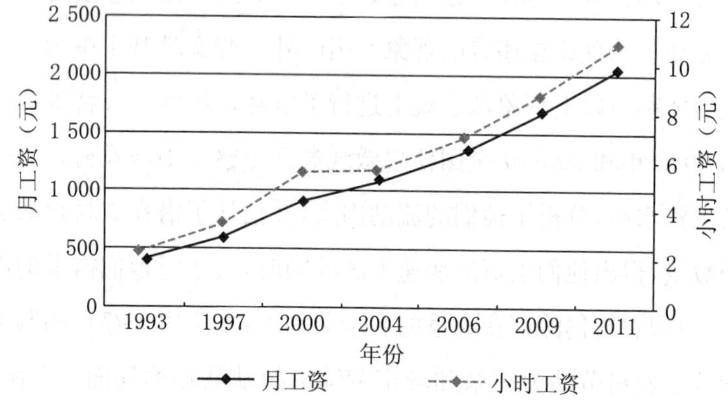

注：月工资和小时工资均为以2011年不变价格计算的平均值。
资料来源：CHNS数据和作者整理。

图3.1　非农就业月工资和小时工资趋势图

一些研究通过家庭劳动供给模型从微观上解释了农村户籍劳动力回流的原因：丁守海(2011)通过家庭分工模型讨论了农村劳动力的供给特点，解释了当前中国劳动力市场上出现的工资水平上升与农村户籍劳动力短期共存的现象，指出随着工资水平的不断上涨，他们的保留工资水平也不断提高，由于他们的劳动供给是非连续的，即他们要么选择流动进入城市提供劳动供给，要么留守在家，所以，只有当工资水平上升到超过保留工资水平时劳动力的供给才会增加，而当前农村劳动力在剩余条件下出现供给不足不能够证明刘易斯拐点的到来；郭继强(2005)通过在经典的劳动供给理论中引入最低必须支出约束，发现当工资水平较低时劳动力供给随工资水平的上升而逐渐减少，而当工资水平较高时劳动力供给随工资水平的上升而逐渐提高，即在工资拐点之前劳动力供给曲线向右下方倾斜，而在拐点之后劳动力供给曲线向右上方倾斜。该理论模型认为中国当前劳动力工资水平处于拐点之前，可以解释当前劳动力市场工资水平上升且农村户籍劳动力供给下降的现象。以上文献虽然从理论上解释了当前农村劳动力供给的特点，但并未从理论上讨论已婚农村劳动力在年龄处于壮年且工资水平较高、人力资本素质不断提高的情况下会退出劳动力市场。

本章从户籍制度入手，通过理论模型和实证检验考察户籍制度对农村劳动力非农劳动供给的影响。在理论模型上，以传统的家庭生产模型为基础，考察户籍制度对农村劳动力效用的影响机制，得出农村户籍已婚或者有孩子家庭数量的保留工资水平较高，进一步得出农村户籍劳动力供给相对不足的理论解释；在实证上，利用CHNS数据，考察与户籍制度有关的解释变量对农村户籍劳动力供给的影响以检验理论模型的结论。通过理论模型和实证考察，本章试图来解释为什么在当前农村存在大量劳动力剩余的情况下会出现工资上涨，以及为什么农村户籍劳动力会在年龄处于壮年、人力资本素质不断积累的情况下退出城市劳动力市场。

第一节 非农劳动参与决策理论分析:基于家庭劳动供给模型

经典的家庭劳动供给模型是在劳动供给、家庭消费和时间分配上的劳动供给和消费模型(Mincer, 1962; Becker, 1965; Gronau, 1977),本书参考传统的家庭生产模型,将户籍制度引入家庭劳动供给模型之中,具体考察户籍制度变量对农村户籍劳动力非农劳动供给的影响。

一、 户籍制度下农村劳动力供给决策基本模型

由于中国特有的户籍制度是传统家庭劳动供给模型中所不具备的,而户籍对于农村劳动力的供给又确实起到了十分关键的影响(白男生、李靖,2008;蔡昉,2010;张永丽、黄祖辉,2008;丁守海,2011),但相关研究并未将户籍制度模型化,绝大多数对户籍制度的考察仅限于描述性的理论解释,而将户籍制度模型化的研究还较少。本书在经典的劳动供给模型的基础上引入了农村户籍变量,以考察其对家庭劳动供给的具体影响。

(一) 传统的家庭劳动供给模型

新古典的劳动闲暇消费模型为: $U=f(c, l)$。其中,$f(c, l)$具有良好性状偏好,c 和 l 分别指消费和闲暇。

由于农村户籍劳动力要么选择离家提供非农劳动,要么选择停留在家提供家庭生产劳动和享受闲暇。因此,简单起见,假设农村户籍劳动力效用函数为: $U=f(Y, L)$,其中,Y 为总收入,包含劳动收入和非劳动收入 V, L 为家庭留守时间。

假设劳动力可供消费的总时间为 T, h 为非农劳动工作时间。

则 $T=h+L$。假设工资率为 w，则劳动力非农劳动收入 $Y=w*h+V=w*(T-L)+V$。

（二）户籍制度下农村户籍家庭劳动供给模型

传统的家庭生产模型并未考虑户籍制度可能对农村劳动力非农劳动供给的影响，假设农村劳动力可以自由分配劳动时间和享受的闲暇，但现实情况是由于户籍制度，农村户籍的劳动力要么选择家庭留守享受和夫妻团聚、孩子照料、和照顾老人等效用，要么选择离家进入城市劳动力市场提供非农劳动，但中国固有的户籍制度限制了农村流动劳动力进入城市生活和工作，与城镇户籍居民相比，农村劳动力无法享受城市的福利待遇、社会保障、医疗保险、子女教育服务等公共服务，所以农村劳动力在城市生活的成本较城镇居民大大提高了，这使得农村劳动力无法在城市稳定地生活，往往只能提供短暂的非农劳动。为了外出务工，农村户籍居民必须承担很高的机会成本，具体体现在：

(1) 与配偶分离和分居，由于农村户籍劳动力在城市生活的成本较高，往往很难将家庭迁移至城市，所以很多已婚的农村居民不得不承受与配偶分离的痛苦。另一方面，农村劳动力无法实现对家里老人的赡养义务，这都提高了农村户籍劳动力外出务工的难度。

(2) 对家庭孩子的照顾和子女教育的关注。由于农村劳动力迁移到城市中一般不会将孩子带到身边，因为城市不能提供农村居民孩子与城镇居民孩子平等的教育服务，这使得很多农村孩子变成“留守儿童”，这些“留守儿童”由于缺乏家人的关注，引发了一系列关于教育和孩子抚养的社会热点问题。由于照顾儿童和关心孩子教育的需要提高了农村户籍劳动力进入城市提供非农劳动的机会成本。

与传统的家庭劳动供给模型相比，农村劳动力停留在家从事家庭生产活动不仅可以享受闲暇还可以享受与家人团聚、照顾老人和儿童、关注孩子教育等等效用，这是农村户籍居民进入城市从事非农生产所不能享受的机会成本。当然，以上外出务工的机会成本对于农村户籍已婚且有孩子的家庭较高，而对于未婚或没有孩子的家庭则相对较低。因此根据农村户籍居民从事非农劳动的特点，本书对传统的家庭劳动供给模型进行了以下调整：

农村户籍劳动力效用函数为：$U=f(Y, L)=\alpha\ln Y+\beta\ln L$。

总资源约束条件为：$Y=W*h+V+R$，其中 R 指农村居民留守在家所享受的与配偶团聚、照顾老人和孩子、关注孩子教育等行为的收入化效用，它代表了户籍制度本身对农村户籍劳动力非农劳动供给的影响因素。

当 $h>0$ 时，$R=0$，总资源约束变为：$Y=W*h+V=W*(T-L)+V$。

当 $h=0$ 时，$R>0$，总资源约束变为：$Y=V+R$。

图 3.2 为描述了农村户籍劳动力非农劳动供给的最优决策，横轴代表时间，其中向右方向代表家庭留守时间越来越多，非农劳动参

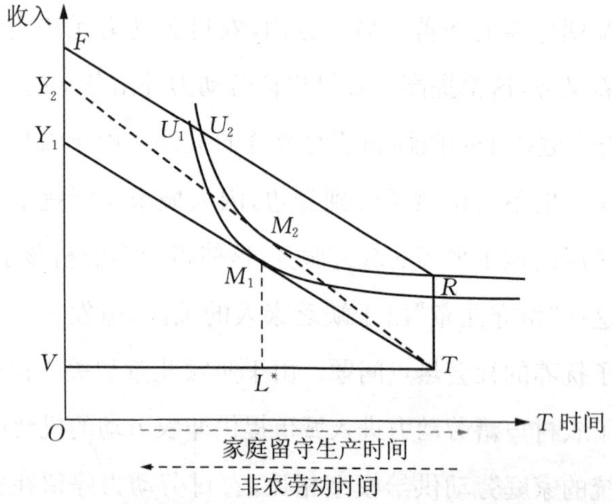

图 3.2　农村户籍劳动力非农劳动供给示意图

与时间越来越少；向左代表非农劳动参与时间越来越多，家庭留守时间越来越少。纵轴代表收入，向上代表收入越来越高。下面看农村户籍劳动力的最优化决策：

对于未婚群体，如果假设该群体的 $R=0$，则未婚群体会选择进入城市劳动力市场提供非农劳动，如果劳动者的预算约束用 TY_1 来表示，则劳动力会选择图 3.1 中的 M_1 点，用 U_1 表示外出务工劳动者所获得的最大化效用曲线，则劳动者的最大化效用为 U_1。

对于已婚或者有孩子家庭劳动力群体：

(1) 当 $h>0$ 时，$R=0$，如果劳动力面临的预算约束用 TY_1 来表示，则农村劳动力会提供 TL^* 单位的劳动，享受 VL^* 单位的闲暇，用 U_1 表示这时外出务工劳动者所得到的最大化效用曲线，则此时劳动者的效用为 U_1。

(2) 当 $h=0$ 时，即农村户籍已婚或者有孩子劳动力留守在家享受夫妻团聚、照顾老人和孩子、关注孩子教育的收入化效用，用 TR 来代表模型中的 R，这时消费者的经过 $(T, V+R)$ 这一点的最大化效用曲线为 U_2，即劳动者停留在家的效用为 U_2。

那么对于农村户籍劳动力而言所面临的选择是比较 U_1 和 U_2 的大小，进而作出是否外出提供非农劳动供给的决策。

二、户籍制度相关变量对农村劳动力非农劳动供给决策的影响

根据农村户籍劳动力非农劳动供给模型的设定，可以得出以下四点结论：

结论 1：对农村户籍劳动力而言，已婚群体的非农劳动参与率不高于未婚群体。在户籍制度下，婚姻会影响农村劳动力的非农劳动供给。

证明:假设农村户籍劳动力进入城市劳动力市场所面临的预算约束用 TY_1 来表示。对于未婚群体而言,由于 $R=0$,最优化决策是进入劳动力市场,那么此时效用最大化的选择是提供 TL^* 单位的非农劳动力,享受 VL^* 单位的闲暇,表现在预算约束上是选取 M_1 点,假设 U_1 为经过 M_1 的最大化效用,则该劳动力此时的效应为 U_1。

对于已婚或者有孩子的劳动力而言,由于留守在家可以享受 R 单位的收入化效用,如果这时经过(T, $V+R$)点的最大化效用为 U_2,则此时劳动力效应为 U_2。而如果劳动力进入城市劳动力市场,则会和未婚群体一样,选择最优化的劳动供给 TL^*,则最大化效用变为 U_1。

很显然,已婚群体劳动力要么选择留守在家提供 0 单位的非农劳动,要么和未婚群体一样,提供相同单位的非农劳动,所以已婚群体的非农劳动参与率不会高于未婚群体。

结论 2:对于农村户籍劳动力而言,家庭孩子数量越多的劳动力非农劳动参与率越低。在户籍制度下,家庭孩子数量会影响农村劳动力的非农劳动供给。

证明:假设家庭孩子数量不同的两个家庭,家庭 1 孩子数量少,家庭 2 孩子数量多。由于孩子数量越多,农村劳动力离家提供非农劳动的机会成本越高,即 $R_1 < R_2$,根据效用函数的性质,$U(V+R_1, T) < U(V+R_2, T)$。如果劳动力进入城市劳动力市场,则家庭 1 和家庭 2 劳动力的最优化决策是一致的,均为 $U(V+Y^*, L^*)$。则家庭 1 和家庭 2 劳动力的最优化决策为:

(1) 如果 $U(V+R_1, T) < U(V+R_2, T) < U(V+Y^*, L^*)$,则家庭 1 和家庭 2 劳动力均会离家选择提供非农劳动,此时 $L_1=L_2=L^*$。

(2) 如果 $U(V+R_1, T) < U(V+Y^*, L^*) < U(V+R_2, T)$,

则家庭 1 劳动力会选择离家提供非农劳动，而家庭 2 劳动力留守在家会获得更高效用所以会选择留守，此时 $L_1 = L^*$，$L_2 = T$。

(3) $U(V+Y^*, L^*) \leqslant U(V+R_1, T) < U(V+R_2, T)$，则家庭 1 和家庭 2 劳动力流失在家会获取更多的效用，所以均会选择流失，此时 $L_1 = L_2 = T$。

综合种种情况，家庭 1 劳动力的非农劳动供给不会低于家庭 2 劳动力，所以家庭孩子数量越多非农劳动参与率越低。

结论 3：对于农村劳动力而言，已婚或者有孩子家庭劳动力的保留工资要高于未婚群体，即相对于未婚群体，劳动力市场需要提供更高的工资才能吸引已婚或者有孩子家庭劳动力就业。

证明：结论 1 和结论 2 表明在一定的工资水平下，已婚或者有孩子家庭劳动力由于 $R > 0$，其非农劳动参与率要低于未婚群体，即相对于未婚群体已婚或者有孩子家庭劳动力的保留工资水平更高，因此要吸引这部分劳动力进入城市劳动力市场提供非农劳动，必须提供更高水平的工资。

结论 4：如果农民居民家庭的 R 随着城镇劳动力市场的非农工资水平 W 的提高而提高，那么为了促进农村居民的非农劳动供给，需要支付农村劳动力更高的工资水平，即城镇劳动力市场的工资对农村居民非农劳动供给的吸引是有限的，这一结论揭示了在农村剩余劳动力存在的情况下，城镇劳动力市场的工资水平持续上涨。

证明：对于农村家庭的已婚劳动力，其参与非农劳动的效用为：

$$f(Y, L) = \alpha\ln(V + WT) + \beta\ln(V/W + T) + \alpha\ln\left(\frac{\alpha}{\alpha+\beta}\right) + \beta\ln\left(\frac{\alpha}{\alpha+\beta}\right)$$

得出

$$\frac{\partial f(Y, L)}{\partial W}=\frac{\alpha WT-\beta V}{W(V+WT)}$$

对于已婚劳动力，如果其留守在家，则效用函数为：

$$f(V+R, T)=\alpha\ln(V+R)+\beta\ln T$$

所以，对已婚劳动力而言，为了使其在非农就业和家庭留守之间无差异，则劳动力市场工资水平需要满足：

$$f(Y, L)=f(V+R, T)$$

因此，得出

$$R(W)=(V+WT)\left(T+\frac{V}{W}\right)^{\frac{\beta}{\alpha}}\frac{\alpha}{\alpha+\beta}\left(\frac{\beta}{W(\alpha+\beta)}\right)^{\frac{\beta}{\alpha}}-V$$

所以

$$\frac{\mathrm{d}R(W)}{\mathrm{d}W}=\left(\frac{\alpha}{\alpha+\beta}\right)\left(\frac{\beta}{\alpha+\beta}\right)^{\frac{\beta}{\alpha}}\left(T+\frac{V}{W}\right)^{\frac{\beta}{\alpha}}\left(T-\frac{\beta V}{\alpha W}\right)$$

因此，当 $W<\frac{\beta V}{\alpha T}$ 时，则 $\frac{\mathrm{d}R(W)}{\mathrm{d}W}<0$，即 R 随着工资水平的提高而下降，而当 $W>\frac{\beta V}{\alpha T}$ 时，则 $\frac{\mathrm{d}R(W)}{\mathrm{d}W}>0$，即 R 随着工资水平的提高而上升。

因为 α、β、V、T 可以假定是不变动的，所以 $\frac{\beta V}{\alpha T}$ 为固定的参数。因此，只要在城镇劳动力市场上，非农就业的工资水平高于一定的水平，则随着工资水平的上升，农村居民家庭的 R 也是提高的，在这种情况下，工资上涨对农村劳动力非农就业的吸引是有限的，为了促进更多的农村劳动力参与非农就业，就必须支付更高的工资水平，这也就导致了在农村劳动力剩余的情况下，城镇劳动力市场上工资水平不断上升的情形，这也和刘易斯理论中劳动力剩余情况下的劳动力无限供给的图景是不一致的。

对于农村居民家庭的 R 随工资提高而下降的情形，即随着城镇劳动力市场工资水平提高的情况下，农村劳动力的劳动参与率会显著提高，这一情况可以参考郭继强（2005）对家庭劳动力供给的分析，该文认为当存在最低支出约束的情况下，劳动力供给曲线会存在拐点，在拐点之前即在满足最低支出约束之前，随着劳动力市场工资的上升，农村户籍劳动力的劳动供给是提高的，劳动供给曲线是向右上方倾斜的。

三、农村户籍劳动力个体和家庭特征对非农劳动供给决策的影响

从国内外劳动供给理论研究的相关结论来看，劳动者的年龄、婚姻状况、性别、教育水平、工作经验等有关劳动力的个体特征和相关家庭特征变量已经成为研究者研究劳动力劳动供给和劳动参与的主要解释变量。结合中国劳动力市场的特点，尤其是考虑到中国所特有的户籍制度对劳动力供给的影响，本书主要参考了以下国外和国内关于劳动力供给的相关研究成果。

综合国内外研究的成果，劳动者的个体因素，如性别、年龄、教育情况、健康状况、婚姻状况，和劳动者家庭因素，如家庭孩子数量、家庭经济条件，对劳动者供给和参与的影响是比较明显的。综合相关研究的结果来看：

（1）从性别的角度来看。由于在家庭分工中女性和男性分担的角色是不一样的，一般而言男性劳动者的劳动参与率要高于女性，且从劳动供给时间来看女性劳动力的劳动供给时间也要低于男性。Heckman（1993）通过构建劳动供给模型研究了 20 年来劳动力供给的趋势，得出了和 MaCurdy 等（1990）一致的结论，女性容易受到家

庭男性劳动力收入和家庭照料责任的影响，往往在劳动力供给方面表现出低工资水平和低劳动参与弹性，但 Heckman(1993)同时也发现女性劳动力的参与弹性是随时间逐渐提高的。李旻、赵连阁和谭洪波(2007)研究了辽宁省农村女性劳动力的非农劳动参与行为，发现女性的非农劳动参与率随时间变化是逐渐提高的，但在数量上与男性相比仍然有一定差距。张世伟、周闯(2010)利用微观数据分析了劳动力市场上女性和男性劳动力劳动参与工资弹性的大小，得出了女性的劳动参与收入弹性要高于男性的结论。而封进、张涛(2012)利用了微观数据计算了农村户籍劳动力不同性别子样本的非农劳动参与弹性，得出了女性的非农劳动参与弹性要低于男性的结论。

(2) 从年龄的角度来看。封进、张涛(2012)利用 CHNS 数据研究了农村劳动力劳动供给弹性，得出了老一代群体的非农劳动参与率要高于年轻一代群体的结论。郭瑜(2013)分析了中国宏观劳动力供给量与人口老龄化之间的关系，认为人口的老龄化不利于农村劳动力向城市的转移，劳动力人口老龄化对劳动力供给产生了一定的负面影响。王立军、马文秀(2012)研究了中国人口老龄化对劳动供给的影响，认为人口老龄化会对中国整体的劳动力供给产生一定的影响，但在相当长的一段时期内才会对劳动力市场产生比较显著的影响。

(3) 从教育的角度来看。和丕禅、郭金丰(2005)利用江西省农村外出务工人员微观调查数据研究了在制度约束下农村户籍劳动力外出流动的倾向，认为较高的教育水平有利于农村户籍劳动力流入城市中参加工作。马忠东、吕智浩、叶孔嘉(2010)通过分析 1980—2005 年中国劳动参与率与宏观经济增长之间的关系中发现接受较高教育是有利于劳动力参与的，尤其是接受高中以上的教育，而且女性群体教育对劳动参与的影响比男性更加明显。张世伟、郭凤鸣(2010)利用了CHNS数据,发现随着教育程度的提高女性和男性劳动力的参与率均是逐渐提高的。张世伟、周闯、贾朋(2010)通过分析东北地区城镇家庭劳动力的供给行为,发现受教育年限均对男性和女性劳动力群体的非农劳动参与率有正向影响。封进、张涛(2012)利用CHNS微观数据计算了中国农村劳动力较低教育和较高教育群体的非农劳动参与收入弹性,认为接受较低教育的群体非农劳动力参与收入弹性要高于接受较高教育的群体,此外通过对农村户籍劳动力流动因素的分析发现接受正规教育是有利于农村户籍劳动力流动的。

(4) 从健康状况来看。魏众(2004)利用了1993年的CHNS数据分析了劳动力的健康状况对非农就业参与率的影响,研究发现健康对劳动力参与有显著的影响,然而在种植业领域,健康状况并非非农劳动参与的决定因素。王一兵(2009)通过CHNS微观数据研究了劳动力的健康状况与预防性劳动力供给的关系,认为在健康不确定的状况下,劳动力拥有医疗保险可以显著抑制预防性劳动力供给。王秋实(2013)认为劳动力健康状况越好越有利于劳动力参与率的提高。

(5) 从婚姻角度来看。刘晓昀、Terry Sicular、辛贤(2003)利用CHNS微观数据考察了中国农村劳动力非农就业的因素,发现农村户籍劳动力已婚群体的非农劳动参与率要低于未婚群体,且婚姻状况对于男性和女性群体的影响是不一样的,已婚对男性非农就业的影响不明显,却能够显著降低女性群体的非农劳动参与率。赵耀辉(2002)通过分析农村劳动力回流的因素,发现已婚有利于农村户籍劳动力回流到农村,不利于农村劳动力的非农劳动供给。约翰·奈特、邓曲恒、李实(2011)通过对CHIPS数据的考察研究了中国农村户籍劳动力的流动问题,得出劳动力已婚降低了农村劳动力外出的概率。王子成、赵忠(2013)通过分析农村户籍劳动力迁徙外出的影响因素,发现劳动力已婚群体不利于他们外出务工,有利于他们回流,同时对他们的再迁徙没有显著影响。

(6) 从家庭孩子数量的角度来看。Maureen 和 Hawley(1986)、Juhn 和 Murph(1997)认为家庭孩子数量不利于已婚女性群体的非农劳动供给。蔡昉、王美艳(2004)通过城市微观调查数据分析了劳动力供给的决策因素,得出了拥有 16 岁以下孩子数量的家庭劳动力不利于其非农劳动参与率,且孩子数量越多对非农劳动参与的影响越大。约翰·奈特、邓曲恒、李实(2011)通过对 CHIPS 数据的考察研究了中国农村户籍劳动力的流动问题,得出已婚且有孩子劳动力的非农劳动参与率要低于未婚群体或没有孩子的群体。

针对于劳动者个体因素和家庭因素的考察来分析农村户籍劳动力非农劳动参与决策的影响在理论和实证上均是可行的,相关理论和实证分析的结论检验了一些相关的结论,那么在具体的实证分析中与农村户籍相关的解释变量对农村户籍劳动力非农劳动参与决策的影响到底是否与理论模型预测的一致?是否与相关实证研究的结果一致?还需要具体地对农村户籍劳动力非农劳动参与决策进行相应的检验。

第二节　户籍制度下非农劳动参与决策的实证检验

一、数据和变量解释

本书采用的是家庭营养与健康调查数据(CHNS, China Health and Nutrition Survey),该数据是由中国疾病防控中心与美国北卡罗来纳大学合作追踪调查整理的。调查开始于 1989 年,到目前已经包含 1989 年、1991 年、1993 年、2000 年、2004 年、2006 年、2009 年以及 2011 年共 8 年数据;调查范围覆盖了辽宁、黑龙江、江苏等 9 个省份的城市和农村地区；调查的内容涉及了人口特征、健康情况、家庭环境、金融发展和社区资源等方面的指标；调查的方法采用多阶段、分层次、整群随机抽样的方法，具体为：首先在中国随机选取 9 个省份作为随机抽样的样本，其次按照收入的大小对各省各县进行排序，按照权重对农村地区和城镇地区随机选取被调查的村落和城市，最后根据选取的样本从中随机抽取被调查的社区；该调查共获得了农村和城镇用户的样本 4 400 多个，个人样本 19 000 多个。

由于在 1991 年之前的 CHNS 数据中没有关于户籍这一变量的调查，因此本书选取了 1993—2011 年期间的数据。考虑到中国法定的关于退休年龄的规定，本书选取了男性 16—60 岁以及女性 16—55 岁的样本。

关于非农劳动，本书把调查问卷中从事“主要职业为农民、渔民、猎人”的劳动定义为农业劳动，而将其他类别且同时包含工资性收入的劳动定义为非农劳动，根据非农劳动的定义，本书定义了 0/1 型非农劳动变量；关于工资水平，本书整理了月工资和小时工资两类工资，其中月工资为工作获取的工资收入、各种补贴和奖金三部分之和，同时为了剔除掉通货膨胀的因素，本书用 2011 年不变价格的通胀指数计算了实际工资收入；在月工资的基础上，本书统计了小时工资，即首先根据劳动者每周工作小时数×4 得到每月工作小时数，然后利用月工资除以每月工作小时数计算出小时工资；此外，本书在数据中剔除了职业类别、工资缺失的数据，并按照月工资和小时工资剔除掉极端值上下 1%的样本。

二、 非农劳动参与率和工资率统计描述

（一）农村和城镇户籍非农劳动参与率

数据中农村户籍样本数量为 23 954 个，城镇户籍样本数量为

37 743 个，分别占总样本的 38.8%和 61.2%。其中，从 1993—2011 年整体样本来看，农村户籍劳动力非农劳动参与率为 0.277，显著小于城镇户籍劳动力的 0.903；从时间趋势来看，农村户籍劳动力非农劳动参与率随时间逐渐增加，从 1993 年最小的 0.195 到 2011 年最高的 0.444，二者差距为 0.245，而城镇户籍劳动力非农劳动参与率在年与年之间变化不大，最低为 2000 年的 0.866，最高为 2006 年的 0.920；从性别上看，不论城镇户籍还是农村户籍的劳动力，男性的非农劳动参与率要显著高于农村户籍；从年龄上看，农村户籍劳动力非农劳动参与率随年龄增加逐渐降低，最高的为 16—25 岁的群体，非农劳动参与率为 0.389，最低的为 56—60 岁的群体，非农劳动参与率为 0.198，与农村户籍劳动力相比，城镇户籍劳动力非农劳动参与率在不同年龄群体间的差距不大；从教育年限上看，随着受教育年限的提高，不论城镇户籍劳动力还是农村户籍劳动力的平均非农劳动参与率是逐渐提高的；从婚姻情况上看，对于农村户籍劳动力，未婚群体的非农劳动参与率要高于已婚群体，而对于城镇户籍劳动力，未婚群体和已婚群体非农劳动参与率分别为 0.898 和 0.904，二者相差不大，详细结果见表 3.1。

表 3.1　各群体样本非农劳动参与率统计(均值,%)

		城镇户籍	农村户籍
全部样本		0.903	0.277
年　份	1993	0.895	0.195
	1997	0.897	0.205
	2000	0.866	0.255
	2004	0.909	0.288
	2006	0.920	0.307
	2009	0.917	0.350
	2011	0.921	0.444

（续表）

		城镇户籍	农村户籍
全部样本		0.903	0.277
性　别	男性	0.911	0.322
	女性	0.893	0.227
年　龄	16—25	0.893	0.389
	26—35	0.912	0.311
	36—45	0.906	0.267
	46—55	0.893	0.204
	56—60	0.907	0.198
教育年限	0—6	0.771	0.154
	7—12	0.911	0.372
	≥13	0.961	0.813
婚　姻	未婚	0.898	0.393
	已婚	0.904	0.253

通过比较城镇户籍和农村户籍劳动力非农劳动参与率，农村户籍样本和城镇户籍样本表现出很大的不同，户籍制度无疑是影响农村劳动力非农劳动参与的重要因素之一。通过比较不同年龄阶段农村户籍样本的非农劳动参与率，可以发现农村劳动力在人力资本积累（主要指工作经验）逐渐增加的过程中逐渐减少了非农劳动参与的比例，这一结论是和 2004 年以来出现的“民工荒”现象相吻合的，因为随着农村户籍劳动力工作经验的增加（年龄增加），非农劳动参与率降低意味着农村户籍劳动力回流的几率增加，约翰·奈特等（2011）指出了制度性的因素导致了农村户籍劳动力在城市里生活困难，增加了他们举家迁移的成本，提高了回流的程度，但文章中并未对制度性因素对他们回流的影响机制进行细致的分析和检验。

为了检验不同年份下，农村户籍劳动力样本非农劳动参与率随着年龄变化的趋势情况，表 3.2 统计了 1993—2011 年农村户籍劳动力非农劳动参与率的均值，从数值上可以看出：在任何一年，随着年龄逐渐增加，农村户籍劳动力的非农劳动参与率呈明显的下降趋势。

表 3.2　农村户籍劳动力历年分年龄段非农劳动参与率统计(%)

		1993	1997	2000	2004	2006	2009	2011
年龄	16—25	0.289	0.318	0.409	0.505	0.585	0.582	0.654
	26—35	0.191	0.194	0.273	0.396	0.411	0.473	0.614
	36—45	0.157	0.176	0.231	0.274	0.288	0.331	0.456
	46—55	0.129	0.129	0.146	0.182	0.221	0.267	0.341
	56—60	0.103	0.103	0.154	0.162	0.169	0.220	0.339

（二）农村和城镇户籍劳动力非农劳动工资水平

关于农村户籍和城镇户籍劳动力的工资情况，本书计算整理了月工资和小时工资两个指标。关于月工资，从 1993—2011 年整体样本看，农村户籍劳动力工资为 1 236 元，而城镇户籍样本为 1 467 元，高于农村户籍劳动力；从时间趋势看，不论农村户籍还是城镇户籍劳动力，其工资水平都随时间推移而逐渐增加，农村户籍劳动力从 1993 年最低的 438.3 元增加到 2011 年最高的 2 017 元，增加了 3.6 倍，城镇户籍劳动力从最低的 443.5 元增加到最高的 2 595 元，增加了 3.9 倍；从性别看，不论农村户籍还是城镇户籍劳动力，男性的工资要高于女性，农村户籍男性劳动力样本的平均工资为 1 374 元，女性样本为 1 027 元，差距为 347 元；从年龄看，随年龄增加，农村户籍和城镇户籍劳动力工资水平都逐渐提高，农村户籍劳动力最低工资为 16—25 岁群体的 939.8 元，最高为 46—55 岁群体的 1 382 元，二者相差 442.2 元；从教育年限看，不论农村户籍还是城镇户籍劳动力，随着受教育年限的提高，其工资水平逐渐增加，农村户籍劳动力受教育年限为 0—6 年群体的工资水平为 1 074 元，受教育年限为≥13 年群体的工资水平为 1 844 元，二者差距为 770 元；从婚姻情况上看，不论农村户籍还是城镇户籍劳动力，未婚群体工资水平要低于已婚群体工资水平，农村户籍劳动力未婚群体平均工资水平为 948.5 元，低于已婚群体的平均工资水平 1 326 元，详见表 3.3。

表 3.3　各群体样本非农劳动月工资统计(均值,单位:元)

		城镇户籍	农村户籍
全部样本		1 467	1 236
年　　份	1993	443.5	438.3
	1997	596.8	587.2
	2000	1 120	982.0
	2004	1 506	1 060
	2006	1 753	1 304
	2009	2 033	1 686
	2011	2 595	2 017
性　　别	男性	1 580	1 374
	女性	1 316	1 027
年　　龄	16—25	932.0	939.8
	26—35	1 393	1 246
	36—45	1 489	1 356
	46—55	1 646	1 382
	56—60	1 899	1 377
教育年限	0—6	967.0	1 074
	7—12	1 339	1 282
	≥13	2 338	1 844
婚　　姻	未婚	1 183	948.5
	已婚	1 516	1 326

为了检验不同年份下，农村户籍劳动力样本非农劳动月工资随着年龄变化的趋势情况，表 3.4 统计了 1993—2011 年农村户籍劳动

力非农劳动月工资的均值，从结果可以看出：在每一年月工资水平最低的群体均为16—25岁的劳动力，最高的群体均为26—45岁的劳动力。

表3.4 农村户籍劳动力历年分年龄段非农劳动月工资统计（均值，单位：元）

		1993	1997	2000	2004	2006	2009	2011
年龄	16—25	409.6	577.6	899.0	925.8	1 286	1 510	2 010
	26—35	451.7	628.1	1 022	1 061	1 361	1 766	2 032
	36—45	475.3	576.8	1 047	1 189	1 257	1 737	2 017
	46—55	434.6	576.4	994.9	1 039	1 353	1 720	2 023
	56—60	343.7	474.2	942.1	1 076	1 116	1 301	1 913

图3.3为1993—2011年农村户籍劳动力非农劳动参与率与非农劳动月工资水平分年龄段的折线图。从图上可以看出，随着农村户籍劳动力月工资水平逐渐提高，其非农劳动参与率逐渐下降，从人力资本的角度来看，非农劳动参与率下降意味着人力资本的巨大浪费。那么，为什么在劳动力市场上农村户籍劳动力实际工资不断上升的情况下，农村劳动力在人力资本不断提高的时候却逐渐退出劳动力市场？这需要从理论和实证层面进行深入探讨。

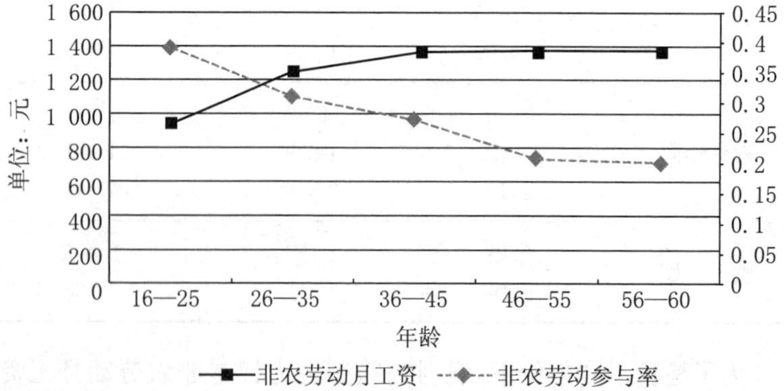

图3.3 农村户籍劳动力非农劳动参与率与月工资折线图

为了进一步比较城镇户籍劳动力与农村户籍劳动力在工资水平上的差距，本书剔除掉农村户籍劳动力工作时间对非农劳动工资的影响，考察了城镇户籍劳动力和农村户籍劳动力的小时工资。[1]具体见表3.5。

表3.5　各群体样本非农劳动小时工资统计(均值，单位：元)

		城镇户籍	农村户籍
年　份	1993	2.513	2.470
	1997	3.966	3.475
	2000	7.760	6.303
	2004	9.210	5.953
	2006	11.05	7.015
	2009	12.87	9.386
	2011	16.20	11.21
性　别	男性	9.923	7.802
	女性	8.436	5.824
年　龄	16—25	5.690	5.375
	26—35	8.730	7.150
	36—45	9.452	7.888
	46—55	10.54	7.456
	56—60	12.15	7.693
教育年限	0—6	6.198	6.071
	7—12	8.298	7.265
	⩾13	15.31	11.08
婚　姻	未婚	7.401	5.673
	已婚	9.616	7.438

表3.5中的小时工资仍然是以2011年不变价格折算的实际值。从全部样本来看，城镇户籍劳动力的小时工资9.283元要显著高于农村户籍劳动力的7.017元；从时间趋势来看，随着时间的推进，城镇户籍劳动力和农村户籍劳动力的工资水平均逐渐上升，城镇户籍

劳动力工资从1993年的2.531元上涨到2011年的16.20元，上涨了5.4倍，而农村户籍劳动力工资从1993年的2.470元上涨到2011年的11.21元，上涨了3.5倍，与城镇户籍劳动力工资相比，尽管农村户籍劳动力工资上涨的幅度相对较小，但从数量上看，上涨的程度是很大的；从性别上看，农村户籍劳动力和城镇户籍劳动力的男性群体的小时工资均高于女性，具体来看，城镇户籍劳动力男性工资是女性的1.18倍，而农村户籍男性工资是女性的1.34倍；从年龄来看，随着年龄的逐渐增大，城镇户籍劳动力的工资水平逐渐提高，从5.690元上升为12.15元，与城镇户籍劳动力相比，农村户籍劳动力的工资水平在16—25岁时最低为5.375元，在36—45岁时最高为7.888元；从教育水平来看，随着受教育年限的增加农村户籍劳动力和城镇户籍劳动力的工资水平均上升，农村户籍劳动力工资由最低的6.071元上升至最高的11.08元，增加了0.83倍，城镇户籍劳动力工资由最低的6.198元上升至最高的15.31元，增加了1.47倍；从婚姻情况上看，不论农村户籍劳动力还是城镇户籍劳动力，已婚群体的工资水平均要高于未婚群体，其中农村户籍劳动力已婚群体工资水平是未婚群体的1.131倍，城镇户籍劳动力已婚群体工资水平是未婚群体的1.30倍。

同样，为了检验不同年份下，农村户籍劳动力样本非农劳动月工资随着年龄变化的趋势情况，表3.6统计了1993—2011年农村户籍劳动力非农劳动小时工资的均值，从结果可以看出工资水平最高的群体为25—55岁的群体。

图3.4为1993—2011年农村户籍劳动力非农劳动参与率与非农劳动小时工资水平分年龄段的折线图。与图3.3相一致，随着农村户籍劳动力小时工资水平逐渐提高，其非农劳动参与率是逐渐下降的。

表 3.6　农村户籍劳动力历年分年龄段非农劳动小时工资统计(均值,单位:元)

		1993	1997	2000	2004	2006	2009	2011
年龄	16—25	2.208	3.449	5.951	4.677	6.131	7.756	10.27
	26—35	2.433	3.716	5.733	5.531	7.677	11.13	11.45
	36—45	2.811	3.254	8.005	7.740	6.631	9.370	11.32
	46—55	2.830	3.482	5.447	5.787	7.522	9.184	10.48
	56—60	1.514	3.463	4.928	5.930	6.341	6.680	10.95

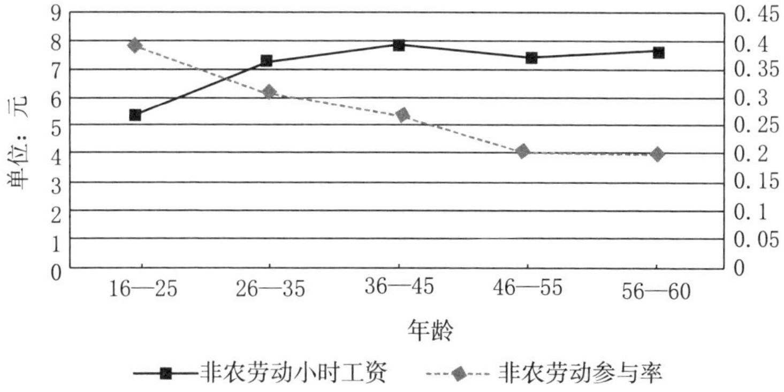

图 3.4　农村户籍劳动力非农劳动参与率与月工资折线图

图 3.3 和图 3.4 均显示农村户籍劳动力在随着年龄不断增长,人力资本素质不断提高,工资水平不断上涨的情况下却逐渐退出城市劳动力市场,即非农劳动参与率逐渐下降,相关理论和经验的研究并未对这一问题做出细致的分析。本书理论模型的结果显示,随着工资水平的上升,农村户籍劳动力尤其是已婚或者家庭有孩子的劳动群体外出务工的成本也不断提高,R 不断上涨,所以会引发农村户籍劳动者的回流返乡,造成劳动力市场上工资水平持续上涨和农村剩余劳动力供给相对不足的情况。

三、计量模型

对于农村户籍劳动者来说,是否选择离家进入城市劳动力市场提供非农劳动本身是一个自选的过程。从供给的角度来看，劳动者的家庭条件、经济状况和自身的人力资本素质都会影响劳动者的参与决策，劳动者要么选择停留在家，从事家庭生产，享受家人团聚和照顾父母儿童的效应，要么选择离家从事非农劳动供给，提高劳动力，享受一定水平的工资待遇。为了避免样本选择所产生的内生性，Blundell 和 Smith(1994)提出了利用预测工资来估计未外出劳动力工资的方法来保证选择样本的随机性，张世伟和周闯(2009)、封进和张涛(2012)分别采用了类似的方法估计了城镇劳动力和农村转移劳动力的供给弹性。根据理论模型的设定和参考相关文献的研究，本书采用 Heckman 两步估计模型，具体设定如下：

首先，农村户籍劳动力的非农劳动参与方程为：

$$p_i^* = S_i\alpha + u_i \tag{3.1}$$

$$p_i = \begin{cases} 1 & \text{如果 } P_i^* > 0 \\ 0 & \text{如果 } P_i^* \leqslant 0 \end{cases} \tag{3.2}$$

其中，式(3.1)为农村户籍劳动力非农劳动选择方程，$p_i=0$ 表示农村户籍劳动力参与非农就业，$p_i=1$ 表示农村户籍劳动力停留在家；S_i 不包含工资变量，为影响农村户籍劳动力参与非农劳动的解释变量，S_i 主要有关个体 i 的人力资本素质以及包含与 i 有关的家庭因素。

其次，根据农村户籍劳动力的非农劳动参与方程，利用 Probit 模型估计非农劳动参与：

$$\text{Probit}(p_i = 1) = \text{Prob}(S_i\alpha + u_i > 0) = \Phi(S_i\alpha) \tag{3.3}$$

其中，$\Phi(\cdot)$ 为标准正态分布函数，$\Phi(x) = \int_{-\infty}^{x} \phi(y)\mathrm{d}y$，$\phi(\cdot)$ 为标准正态密度函数。

第三，根据 Heckman 模型，引入选择性偏差项 λ_i，构建工资方程：

$$\ln wage_i = X_i\beta_1 + \beta_2\lambda_i + \varepsilon_i \tag{3.4}$$

其中，X_i 为影响非农就业工资水平的解释变量，选择性偏差项 λ_i 为逆米尔斯比率：

$$\lambda_{Li} = \frac{\varphi(S_i\alpha)}{\Phi(S_i\alpha)} \tag{3.5}$$

$$\lambda_{Ui} = \frac{\varphi(S_i\alpha)}{1-\Phi(S_i\alpha)} \tag{3.6}$$

λ_{Li} 对应于参与非农劳动的农村户籍劳动力，λ_{Ui} 对应于停留在家的农村户籍劳动力。

第四，根据式子(3.4)预测出所有农村户籍劳动力的工资水平，然后将其带入农村户籍劳动力非农劳动参与方程中重新进行估计，来得到工资水平对农村户籍劳动力非农劳动参与的影响。

$$\text{Probit}(p_i = 1) = \Phi(\gamma_1 \ln \widehat{wage} + S_i\alpha) \tag{3.7}$$

根据式子(3.7)，可以计算出农村户籍劳动力非农劳动参与的工资弹性：

$$\eta = \frac{\partial\Phi(\gamma_1 \ln \widehat{wage} + S_i\alpha)}{\partial \ln \widehat{wage} \ ^{*}\ \bar{p}} = \hat{\gamma}_1 \frac{\varphi}{\bar{p}} \tag{3.8}$$

其中，$\bar{p}$ 为农村户籍劳动力非农劳动参与率的均值。

四、变量选择

关于影响非农劳动参与变量的选取，国内外丰富的理论和实证研究为本书提供了丰富的参考：

(1) 从国外的研究来看：Jacob Mincer(1962)通过研究已婚妇女

在闲暇方面的偏好特点而产生的劳动供给行为，发现女性劳动力在劳动供给方面存在着不一样的特点，在闲暇方面的偏好使女性劳动力在不同年龄、教育、家庭孩子数量和对孩子的关心程度等方面产生不一样的劳动供给行为。Ehrenberg 和 Smith(1985)、John F. Cogaj (1980)通过固定成本的角度考察了不同性别、年龄、教育、收入差异的不同劳动力群体的劳动供给规律，得出性别、年龄、教育、培训等对劳动力供给起着十分关键的影响。Bowen 和 Finegan(1969)通过对劳动力进行年龄和孩子数量分组研究了劳动力的参与决策问题。Parsons(1980)通过研究了美国男性劳动力在劳动力市场上的参与决策发现:第二次世界大战结束之后美国男性劳动力劳动供给有持续性增长。Van Soest(1995)、Heim(2006)通过结构方程模型研究了家庭夫妻的联合劳动供给的行为。Jolser(1994)、Rajulton 和 Ravanera(1995)通过考察家庭孩子数量研究了家庭中男性和女性劳动力的劳动供给。Heckman(1993)、Stanley 和 Brue(2001)通过研究男性和女性劳动力的劳动供给分析了家庭劳动供给决策。John 和 Murphy(1997)通过分析丈夫工资的水平、劳动收入、家庭孩子数量和年龄因素研究了已婚女性劳动参与决策。

综合国外对劳动力供给研究的成果可以发现:个体特征如教育、性别、年龄、婚姻等因素对劳动力供给起到了十分关键的影响，而家庭特征如家庭孩子数量和家庭收入等也直接或间接地影响了劳动力的供给行为。

(2) 从国内的研究来看:蔡昉和王美艳(2004)通过对中国劳动力市场数据的分析，发现性别、年龄、教育、婚姻、家庭收入、孩子数量等因素对劳动力供给起到了十分显著的影响。姚先国和谭岚(2005)通过对国家统计局数据的分析，发现夫妻自身的特征如年龄、教育、孩子数量等因素对家庭夫妻劳动力供给的影响是显著的。洪小良

(2007)通过分析北京市外来农村户籍劳动力的迁徙决策得出除了劳动者的个体特征如性别、年龄、教育、婚姻状况外，家庭因素如家庭规模、家庭耕地面积、迁入地亲戚数量等对劳动力的迁徙同样起到了十分重要的影响。白南生、李靖(2008)利用了北京市的微观数据分析了农村户籍劳动力供给的行为，发现个体特征如年龄、性别、受教育程度对他们外出提供劳动力供给的影响是重要的。约翰·奈特、邓曲恒、李实(2011)通过对CHIPS数据的考察研究了中国农村户籍劳动力的流动问题，发现男性、婚姻状况、教育水平、健康状况、家庭人均耕地面积等对他们外出流动的影响非常显著。封进和张涛(2012)利用了CHNS数据分析了中国农村劳动力的供给决策，发现户主虚拟变量、家庭规模、年龄、性别、教育年限和健康状况显著地影响了农村劳动力的供给决策。王子成、赵忠(2013)利用了RUMIC数据分析了农村户籍劳动力迁徙决策，发现个体特征如性别、年龄、教育、婚姻和家庭因素如家庭规模、6岁以下儿童数量、家庭老人数量等变量是影响他们外出务工的因素。

综合国内对农村劳动力和城市劳动力供给的研究可以发现：和国外的研究相似，劳动者的个体特征和家庭因素是影响劳动力流动或供给的最为重要的因素。

尽管国内外的研究在研究方法、数据、具体考察的问题和研究结论等方面存在着明显的差别，但针对劳动力供给的研究思路是相一致的，均是通过考察劳动者个体特征如性别、年龄、教育、婚姻、健康等以及相关联的家庭因素如家庭孩子数量、家庭经济情况的特征对劳动者的供给行为进行考察的。

本书重点是考察户籍制度下农村劳动力非农劳动参与的决策，在式(3.1)中有关个体 i 的人力资本素质的变量包含是否已婚、是否男性、工龄、工龄平方、接受正规教育的年限；有关 i 家庭的因素包含孩子数量、家庭规模、家庭总支出和是否为户主变量，具体的各解释变量的含义为：

是否已婚：在 CHNS 数据中，关于婚姻情况的调查内容主要为未婚、在婚、离婚、丧偶、分居 5 类，本书将其中的未婚、离婚和丧偶归为未婚群体，将在婚和分居归为已婚群体。定义已婚虚拟变量，未婚群体取值为 0，已婚群体取值为 1。

是否男性：根据调查问卷中关于性别的调查，本书定义了男性虚拟变量。

接受正规教育的年份：根据 CHNS 数据中关于“你在正规学校里受过几年正规教育”的调查整理了劳动者接受正规教育的年份数据，对于没上过学的样本定义受教育年限为 0 年，对于接受 6 年大学或更多的样本定义受教育年限为 18 年。

工龄：工龄体现了劳动力工作经验和经历的情况，关于工龄变量，对于外出务工人员，定义工龄＝年龄－接受正规教育的年数－6。由于在劳动参与模型中考察了工龄变量，为了避免共线性，本书不再考察年龄变量对非农劳动参与的影响。

孩子数量：CHNS 数据中针对每一个家庭并没有直接调查每户家庭小于 16 岁的学龄孩子数量，本书根据每一个家庭代码下被调查者的年龄数据统计了小于 16 岁的孩子数量数据。

家庭规模：家庭规模即家庭总人口，CHNS 数据针对每户家庭都调查了包含被调查者自己在内的家庭总人口数量。

家庭总支出：度量了家庭经济负担方面的情况，本书按照 CHNS 数据中调查的各个省份不同年份的通胀指数，计算了以 2011 年不变价格折算的实际家庭总支出。

户主变量：是否为户主刻画了被调查者在整个家庭生活中所担任的角色情况，本书根据问卷中对被调查者家庭关系的调查定义了户主虚拟变量。

表 3.7 为各个解释变量的统计描述，从中可以看出农村户籍劳动力进入国有企业工作的比例是很低的，只占到所有适龄人口的 2.97%。

表 3.7　农村户籍样本相关变量的统计描述

变　量	样本量	均　值	标准差	最小值	最大值
年龄	34 646	37.80	11.99	16	60
受教育年限	33 555	7.053	3.390	0	18
是否已婚(0/1)	34 916	0.796	0.403	0	1
家庭总支出	35 834	24 917	30 766	64.09	862 628
工作经验	33 555	25.02	13.43	0	54
户主(0/1)	37 743	0.315	0.465	0	1
男性(0/1)	34 646	0.513	0.500	0	1
国有企业(0/1)	28 202	0.029 7	0.170	0	1

五、 实证结果

（一）非农劳动参与模型估计

采用 Heckman 的两步估计模型，表 3.8 估计了个人人力资本素质变量和家庭情况变量对农村户籍劳动力参与非农劳动供给的影响。从结果来看，各个解释变量对非农劳动参与的影响绝大多数是显著的，其中对于 1993—2011 年全部样本，预测工资对非农劳动参与有显著影响，工资水平越高将越有利于农村户籍劳动力的非农劳动参与，由于农村劳动力从事非农劳动供给的主要原因是获取劳动收入，非农劳动工资无疑是影响非农劳动参与最为重要的因素；与户籍变量有关的已婚和家庭孩子数量都不利于农村劳动力的非农劳动供给，这和模型的结论是一致的，因为对于已婚群体来说，停留在家可以享受与配偶团聚的欢乐，而家庭孩子数量越多，父母所面临的抚养负担越重，由于离家参与非农劳动所放弃的对孩子的照料以及对

表 3.8　农村户籍劳动力非农劳动参与估计结果

	全部样本	1993—2000	2004—2009	2011
预测工资	2.549***	3.386***	2.030***	1.781***
	(0.212)	(0.333)	(0.326)	(0.526)
已　婚	−0.145***	−0.116**	−0.192***	−0.239**
	(0.036 0)	(0.051 0)	(0.065 0)	(0.117)
孩子数量	−0.127***	−0.081 8***	−0.011 9	−0.078 2*
	(0.012 1)	(0.016 5)	(0.025 3)	(0.042 7)
教育年限	0.549***	0.641***	0.520***	0.489***
	(0.024 9)	(0.038 9)	(0.038 6)	(0.062 2)
男　性	0.299***	0.486***	0.152***	0.274***
	(0.030 8)	(0.045 7)	(0.050 9)	(0.081 0)
工作经验	−0.203***	−0.227***	−0.219***	−0.203***
	(0.008 53)	(0.013 4)	(0.013 3)	(0.021 5)
经验平方	0.001 19***	0.001 36***	0.001 46***	0.001 30***
	(0.000 085 7)	(0.000 133)	(0.000 139)	(0.000 218)
家庭规模	0.012 8*	0.015 2	−0.011 0	0.036 3**
	(0.006 89)	(0.010 6)	(0.011 3)	(0.017 4)
家庭总支出	0.000 001 96***	0.000 004 10***	0.000 001 13**	0.000 001 38
	(0.000 000 440)	(0.000 001 13)	(0.000 000 487)	(0.000 000 953)
户　主	0.022 8	0.186***	0.009 54	0.125*
	(0.028 5)	(0.042 6)	(0.047 7)	(0.074 1)
常数项	−29.11***	−33.47***	−25.60***	−24.59***
	(1.079)	(1.695)	(1.659)	(2.684)
样本量	25 961	13 525	9 148	3 288

注释：括号中的数字分别代表估计值的标准差。***、**、*分别表示估计值在1%、5%、10%水平下显著，回归中控制了省份、地域变量。

孩子教育关注的机会成本就越高，所以越不利于农村劳动力的非农劳动供给；与人力资本素质相关的变量，男性有助于增加农村户籍劳动力的非农劳动供给，接受正规教育年限越高越有利于农村劳动力从事非农劳动，这和相关文献研究（Zhao Y.，1999；Zhu N.，2002）的结论是一致的，而工作经验的提高则不利于农村户籍劳动力的非农劳动供给，通过前面的模型论文发现农村劳动力在人力资本素质逐渐提高且处于高水平的情况下由于返乡或回流到家可以享受更高的家庭效用，所以会逐渐退出城市劳动力市场；通过经验平方项的系数（显著为正）可以得出农村户籍劳动力由于工作经验提高而退出劳动力市场的效应是随着工作经验的提高而逐渐变慢的；农村家庭人口数量越多家庭劳动力离家参与非农劳动的可能性就越大，这是因为家庭人口数量越大意味着家庭负担越重，为了获取更高的收入农村户籍劳动力越有可能选择离家提供非农劳动供给；家庭总支出越高的农户越倾向于提供非农劳动来平衡家庭收支；而在估计中家庭户主这一角色对非农劳动参与的影响是不显著的。为了考察随着时间的变化，各个解释变量可能对非农劳动参与的影响的动态变化，本书分别选取1993—2000年、2004—2009年和2011年三个时期的子样本进行估计，从结果来看，各个解释变量对非农劳动参与的影响是一致的，这和采用1993—2011年全部样本进行估计的结果是一致的，与理论模型的结论也是相符合的。

为了比较户籍制度下农村户籍劳动力与城镇户籍劳动力在非农劳动供给方面的不同，本书对城镇户籍劳动力的非农劳动参与进行了估计，结果见表3.9。

表3.9 城镇户籍劳动力非农劳动参与估计

	全部样本	1993—2000	2004—2009	2011
预测工资	18.88***	19.93***	18.47***	10.95***
	(0.124)	(0.215)	(0.207)	(0.256)
已 婚	0.307***	0.405***	0.117	0.305**
	(0.059 8)	(0.093 1)	(0.103)	(0.136)
孩子数量	−0.118***	−0.134***	0.043 2	−0.208***
	(0.027 8)	(0.038 7)	(0.058 1)	(0.073 4)
教育年限	0.292***	0.401***	0.244***	0.208***
	(0.016 7)	(0.028 2)	(0.029 1)	(0.036 9)
男 性	0.141***	0.235***	0.153**	−0.046 0
	(0.040 1)	(0.062 6)	(0.070 3)	(0.084 4)

（续表）

	全部样本	1993—2000	2004—2009	2011
工作经验	0.104***	0.141***	0.083 4***	0.092 3***
	(0.008 09)	(0.013 2)	(0.013 6)	(0.018 2)
经验平方	−0.000 566***	−0.000 864***	−0.000 352	−0.000 749**
	(0.000 130)	(0.000 203)	(0.000 220)	(0.000 303)
家庭规模	0.005 94	0.005 14	−0.016 0	0.070 4*
	(0.014 1)	(0.021 3)	(0.023 5)	(0.036 1)
家庭总支出	−0.000 000 008 10	0.000 000 595	0.000 001 44	−0.000 001 25
	(0.000 000 600)	(0.000 001 61)	(0.000 001 27)	(0.000 000 841)
户　主	−0.050 9	−0.034 5	−0.008 66	−0.067 7
	(0.043 4)	(0.067 4)	(0.075 9)	(0.088 9)
常数项	−14.01***	−19.31***	−11.54***	−9.043***
	(0.642)	(1.109)	(1.058)	(1.323)
样本量	14 167	5 988	5 269	2 910

注：括号中的数字分别代表估计值的标准差。***、**、*分别表示估计值在1%、5%、10%水平下显著，回归中控制了省份、地域变量。

对于城镇户籍劳动力，对于1993—2011年的整体样本，工资水平的上升是有助于劳动力非农劳动参与的，这和农村户籍的情况是一样的，工资水平是影响劳动力市场上劳动参与的最重要的因素；与农村户籍劳动力不一样，已婚群体更倾向于提供非农劳动，这是因为城镇户籍劳动力居住生活在城市，已婚意味着家庭生活稳定，从而更有利于城镇户籍劳动力提供非农劳动，获取稳定的工资收入；家庭孩子数量越多同样不利于城镇户籍劳动力参与到非农劳动供给的队伍中；与农村户籍劳动力相一致，性别为男性或接受正规教育年限越长越有利于劳动力提高非农劳动参与率；而工作经验越长的城镇户籍劳动力越倾向于提供非农劳动，这和农村户籍劳动力的非农劳动参与是不同的，随着劳动力人力资本的积累，工资水平的提高，城镇户籍劳动力在劳动力市场上更具竞争力也更容易找到适合自己的工作，因而劳动参与率是随着经验的提高而逐渐提高的。对于1993—

2000年、2004—2009年、2011年的分时间样本来说，非农劳动参与模型估计的结果和整体样本估计的结果是一致的，各个解释变量对城镇户籍非农劳动参与的影响绝大多数是统计显著的。

通过比较农村户籍和城镇户籍劳动力非农劳动参与的不同表现，本书发现农村户籍劳动力在非农劳动供给方面表现出很大差异，尤其是在农村户籍劳动力人力资本素质不断提升、工资水平不断提高的情况下却选择回乡退出城市劳动力市场，这验证了理论模型的结论。而从另一个角度来看，由于农村户籍劳动力在壮年时期、人力资本素质和工资水平都不断提高的情况下选择回乡，那么这可以在一定程度上解释了为什么在农村存在劳动力剩余的情况下会出现劳动力工资水平不断提高的情况。

为了进一步考察各个解释变量对农村户籍劳动力不同子样本的非农劳动参与可能产生的不同影响，本书分别对农村户籍劳动力的婚姻情况和家庭孩子数量对农村户籍劳动力样本进行了划分，并针对每一子样本分别估计了各个解释变量对非农劳动参与的影响。

表3.10为农村户籍劳动力已婚群体非农劳动参与的Probit估计结果，对比表3.10和整体样本的估计结果（表3.8）可以发现预测工资、家庭孩子数量、教育年限、男性、工作经验、经验平方、家庭总支出变量前系数在符号和显著性水平上均保持了一致。对已婚分样本而言，理论模型的结论同样是成立的。

表3.10　农村户籍已婚劳动力非农劳动参与估计

	全部样本	1993—2000	2004—2009	2011
预测工资	1.812***	2.842***	1.258***	1.092***
	(0.243)	(0.419)	(0.348)	(0.260)
孩子数量	−0.131***	−0.074 8***	−0.019 9	−0.082 0*
	(0.013 2)	(0.019 3)	(0.026 1)	(0.043 6)

(续表)

	全部样本	1993—2000	2004—2009	2011
教育年限	0.586***	0.701***	0.551***	0.543***
	(0.028 5)	(0.048 9)	(0.041 2)	(0.070 6)
男　性	0.147***	0.244***	0.089 0	0.247***
	(0.037 5)	(0.063 6)	(0.056 4)	(0.088 9)
工作经验	−0.211***	−0.232***	−0.223***	−0.242***
	(0.010 1)	(0.017 4)	(0.014 7)	(0.024 7)
经验平方	0.001 21***	0.001 30***	0.001 44***	0.001 74***
	(0.000 105)	(0.000 182)	(0.000 158)	(0.000 248)
家庭规模	0.003 94	−0.001 06	−0.017 9	0.028 2
	(0.007 82)	(0.013 4)	(0.012 0)	(0.018 2)
家庭总支出	0.000 001 72***	0.000 002 51*	0.000 001 11**	0.000 001 72*
	(0.000 000 454)	(0.000 001 35)	(0.000 000 516)	(0.000 000 993)
户　主	−0.098 3***	−0.008 54	−0.049 1	0.062 9
	(0.032 7)	(0.053 3)	(0.051 5)	(0.078 0)
常数项	−30.31***	−36.04***	−26.59***	−26.67***
	(1.228)	(2.114)	(1.758)	(3.025)
样本量	21 971	10 524	8 373	3 074

注:括号中的数字分别代表估计值的标准差。***、**、*分别表示估计值在1%、5%、10%水平下显著,回归中控制了省份、地域变量。

通过对农村户籍劳动力整体样本和已婚分样本的考察,劳动力外出提供非农劳动力的实证结果与家庭劳动供给模型的结论是一致的;而且,分样本的实证结果进一步验证了农村户籍劳动力非农劳动参与估计结果的稳健性,预测工资、家庭孩子数量、教育水平、男性、工作经验、经验平方、家庭总支出前的系数前后均保持了一致。

表3.11为农村户籍劳动力未婚群体非农劳动参与的Probit估计结果,由于未婚群体中从未结婚和离婚群体中拥有孩子的样本数量很少,所以家庭孩子数量前的估计系数在分时间子样本估计下是不显著的。此外,预测工资、教育年限、男性、工作经验变量前的估计系数与用全部样本估计的系数在符号和显著性水平上基本保持了一致。

表 3.11　农村户籍未婚劳动力非农劳动参与估计

	全部样本	1993—2000	2004—2009	2011
预测工资	4.591***	5.368***	2.994***	2.460*
	(0.436)	(0.551)	(0.878)	(0.334)
孩子数量	−0.068 1**	−0.059 5	−0.161	−0.060 3
	(0.033 7)	(0.036 6)	(0.126)	(0.245)
教育年限	0.399***	0.500***	0.245**	0.244
	(0.052 0)	(0.065 2)	(0.108)	(0.167)
男　性	0.592***	0.688***	0.359***	0.865***
	(0.058 4)	(0.070 3)	(0.131)	(0.262)
工作经验	−0.134***	−0.158***	−0.121***	−0.046 5
	(0.017 8)	(0.022 8)	(0.036 3)	(0.054 8)
经验平方	0.000 290	0.000 234	0.000 455	−0.000 659
	(0.000 235)	(0.000 330)	(0.000 457)	(0.000 786)
家庭规模	−0.016 5	−0.011 9	−0.015 3	0.045 2
	(0.016 0)	(0.019 1)	(0.036 4)	(0.072 9)
家庭总支出	0.000 005 10***	0.000 009 26***	0.000 001 56	−0.000 007 29
	(0.000 001 64)	(0.000 002 40)	(0.000 001 74)	(0.000 005 60)
户　主	−0.183	−0.150	−0.086 7	0.627
	(0.126)	(0.177)	(0.217)	(0.469)
常数项	−24.29***	−28.23***	−15.43***	−13.06*
	(2.221)	(2.808)	(4.455)	(6.803)
样本量	3 990	3 001	775	214

注：括号中的数字分别代表估计值的标准差。***、**、* 分别表示估计值在 1%、5%、10%水平下显著，回归中控制了省份、地域变量。

表 3.12 为农村户籍家庭孩子数量至少为 1 个劳动力非农劳动参与的估计结果，从结果上看，预测工资、已婚、家庭孩子数量、教育年限、男性、工作经验前的估计系数与用整体样本估计的系数在符号和显著性水平上保持了一致。

表 3.12　农村户籍家庭孩子数量为至少 1 个劳动力非农劳动参与估计

	全部样本	1993—2000	2004—2009	2011
预测工资	1.549***	2.386***	1.030***	0.781***
	(0.212)	(0.333)	(0.326)	(0.226)
已　婚	−0.145***	−0.116**	−0.192***	−0.239**
	(0.036 0)	(0.051 0)	(0.065 0)	(0.117)
孩子数量	−0.127***	−0.081 8***	−0.011 9	−0.078 2*
	(0.012 1)	(0.016 5)	(0.025 3)	(0.042 7)
教育年限	0.549***	0.641***	0.520***	0.489***
	(0.024 9)	(0.038 9)	(0.038 6)	(0.062 2)
男　性	0.299***	0.486***	0.152***	0.274***
	(0.030 8)	(0.045 7)	(0.050 9)	(0.081 0)
工作经验	−0.203***	−0.227***	−0.219***	−0.203***
	(0.008 53)	(0.013 4)	(0.013 3)	(0.021 5)
经验平方	0.001 19***	0.001 36***	0.001 46***	0.001 30***
	(0.000 085 7)	(0.000 133)	(0.000 139)	(0.000 218)
家庭规模	0.012 8*	0.015 2	−0.011 0	0.036 3**
	(0.006 89)	(0.010 6)	(0.011 3)	(0.017 4)
家庭总支出	0.000 001 96***	0.000 004 10***	0.000 001 13**	0.000 001 38
	(0.000 000 440)	(0.000 001 13)	(0.000 000 487)	(0.000 000 953)
户　主	0.022 8	0.186***	0.009 54	0.125*
	(0.028 5)	(0.042 6)	(0.047 7)	(0.074 1)
常数项	−29.11***	−33.47***	−25.60***	−24.59***
	(1.079)	(1.695)	(1.659)	(2.684)
样本量	25 961	13 525	9 148	3 288

注:括号中的数字分别代表估计值的标准差。***、**、* 分别表示估计值在 1%、5%、10%水平下显著,回归中控制了省份、地域变量。

表 3.13 为农村户籍家庭孩子数量为 0 个劳动力非农劳动参与的估计结果,与采用整体样本估计的系数相比,核心解释变量(预测工资、已婚、男性、工作经验、经验平方、家庭总支出)前的估计系数在符号和显著性上保持了一致。

表 3.13 农村户籍家庭孩子数量为 0 个劳动力非农劳动参与估计

	全部样本	1993—2000	2004—2009	2011
预测工资	5.449***	6.725***	3.914***	3.169***
	(0.271)	(0.536)	(0.368)	(0.643)
已 婚	−0.221***	−0.064 9	−0.208***	−0.286**
	(0.044 1)	(0.069 1)	(0.073 5)	(0.134)
教育年限	0.538***	0.685***	0.508***	0.532***
	(0.031 9)	(0.062 6)	(0.043 8)	(0.075 9)
男 性	0.344***	0.554***	0.197***	0.410***
	(0.039 8)	(0.067 6)	(0.061 2)	(0.099 6)
工作经验	−0.212***	−0.249***	−0.217***	−0.219***
	(0.010 8)	(0.020 9)	(0.015 0)	(0.025 8)
经验平方	0.001 33***	0.001 58***	0.001 45***	0.001 40***
	(0.000 106)	(0.000 193)	(0.000 156)	(0.000 253)
家庭规模	−0.001 52	−0.025 2*	−0.027 2**	0.025 9
	(0.008 75)	(0.014 7)	(0.013 7)	(0.020 0)
家庭总支出	0.000 001 42***	0.000 003 76	0.000 001 18**	0.000 000 373
	(0.000 000 474)	(0.000 002 47)	(0.000 000 505)	(0.000 001 22)
户 主	0.073 6*	0.192***	0.089 9	0.175**
	(0.038 1)	(0.066 2)	(0.059 1)	(0.089 3)
常数项	−28.40***	−35.13***	−24.87***	−26.55***
	(1.378)	(2.730)	(1.874)	(3.277)
样本量	14 499	5 824	6 278	2 397

注:括号中的数字分别代表估计值的标准差。***、**、*分别表示估计值在1%、5%、10%水平下显著,回归中控制了省份、地域变量。

通过对农村户籍劳动力整体样本和分样本非农劳动参与模型的估计,可以得出:(1)工资水平是影响劳动力非农劳动参与的最重要因素,按照 Harris, John R.和 Michael P.Todaro(1970)的观点,劳动力迁徙的原因就在于期望的城乡收入差距,根据传统的家庭生产模型和实证的结果检验了这一结论,工资水平的高低仍然是当前影响农村户籍劳动力非农劳动供给的关键因素。(2)按照理论模型的结论,与户籍制度有关的变量婚姻和家庭孩子数量是当前解释农村户籍劳动力为什么在处于壮年时期、工资水平较高且人力资本正在不断积累的情况下会退出城市劳动力市场的原因，而对农村户籍劳动力非农劳动参与的估计结果验证了这一结论。由于已婚群体提供非农劳动面临与配偶和孩子分离的机会成本所以不利于提供非农劳动供给，而一个家庭孩子数量越多，则父母照顾孩子的责任也越大，关注孩子教育和健康以及与孩子享受天伦之乐的效用也越高，所以家庭孩子数量越高使得农村家庭父母越难以离开家庭提供非农劳动，这是户籍制度下农村居民无法享受与城镇居民相同的福利待遇、孩子无法享受与城镇家庭孩子相同的教育服务等制度规定所导致的。(3)其他解释变量如受教育年限、男性、工作经验等对非农劳动参与的影响与相关文献研究（Zhao Y.，1999；Zhu N.，2002；郭继强，2005；封进、张涛，2012）的成果是相一致的。农村户籍劳动力非农劳动参与的实证结果较好地检验了与理论模型相一致的结论。

（二）劳动力参与弹性

为了检验农村劳动力与城镇劳动力在劳动供给弹性上是否存在差异，以及农村户籍劳动力不同分样本下劳动参与弹性的比较，本书根据实证模型分别测算了农村劳动力与城市劳动力参与弹性以及农村劳动力分样本的工资参与弹性，具体见表 3.14。

表 3.14　劳动力工资参与弹性

	劳动力		农村户籍劳动力			
	农村户籍	城镇户籍	已婚	未婚	家庭孩子数量≥1	家庭孩子数量为 0
全部样本	3.407	4.377	1.970	4.507	1.407	5.150
1993—2000	4.742	5.452	3.733	5.673	1.742	5.945
2004—2009	2.475	3.310	1.974	2.672	1.475	3.361
2011	1.257	1.268	0.848	1.391	0.856	1.775

注：在农村户籍家庭孩子分组中家庭孩子数量≥1 代表家庭孩子数量至少为 1 个的样本，家庭孩子数量为 0 代表家庭孩子数量为 0 个或者未婚群体样本。

通过表 3.14 可以看出：(1)农村户籍全部样本的工资弹性为 3.407，即工资上涨 1%时，农村劳动力非农劳动供给会提高 3.407%，与农村劳动力相比，城镇户籍劳动力工资弹性为 4.377，高于农村户籍，这表明城镇户籍劳动力对工资的反应更加灵敏，当工资上涨时，城镇户籍劳动力更加容易增加劳动力供应。根据前面理论模型的结论，农民户籍劳动力在城市打工面临着更高的生活成本，且农村户籍劳动力外出务工面临着与配偶和孩子分离的机会成本所以更加不容易离家提供非农劳动；比较不同时期内农村户籍和城镇户籍非农劳动参与弹性的变化趋势可以发现随着时间推移，农村户籍和城镇户籍劳动力的非农劳动供给弹性均逐渐下降，农村户籍劳动力参与弹性从 1993—2000 年的 4.742 下降到 2011 年的 1.257，城镇户籍劳动力从 1993—2000 年的 5.452 下降到 2011 年的 1.268，这表明了随着工资水平的上涨，劳动力的保留工资水平也不断上升，进而劳动力供给弹性不断下降。(2)考察农村户籍劳动力已婚群体和未婚群体的劳动参与弹性，可以发现已婚群体的劳动参与弹性仅为 1.970，而未婚群体的劳动参与弹性为 4.507，远大于已婚群体。根据前面理论模型的结论，由于已婚群体离家提供非农劳动较未婚群体有更高的机会成本，所以未婚群体的劳动供给弹性较低。考察不同时期内已婚群体和未婚群体的非农劳动参与弹性可以发现，随着时间推移，已婚群体和未婚群体的劳动供给弹性均是逐渐下降的，且不同时期内已婚群体的非农劳动供给弹性均小于未婚群体。(3)与理论模型相一致，农村户籍劳动力家庭孩子数量至少为 1 个的非农劳动参与弹性 1.407 远小于家庭孩子数量为 0 个的非农劳动参与弹性 5.150。随着时间推移，家庭孩子数量至少为 1 个的劳动力和家庭孩子数量为 0 个的劳动力非农劳动参与弹性均是逐渐下降的，2011 年家庭孩子数量至少为 1 个的劳动力非农劳动参与弹性仅为 0.856。

对于农村户籍和城镇户籍劳动力样本非农劳动参与弹性的计算显示了户籍制度对于农村劳动力劳动供给的抑制影响，验证了理论模型的基本结论。随着时间的推移，按照丁守海(2011)的解释，伴随工资的上涨，劳动力的保留工资水平也会逐渐提高，如果保留工资上涨幅度超过了工资上涨的幅度，则劳动供给会减少，因而仅仅依靠工资来促进非农劳动供给的效应就变得非常有限。

（三）农村户籍劳动力保留工资检验

丁守海(2011)基于家庭分工和时间配置理论提出了农村劳动力劳动供应的理论解释，解释了为什么在农村剩余劳动力存在的情况下农村劳动力并非无限供给，认为劳动供给与工资之间的关系是非连续的，农村劳动力基于自己的保留工资提供非农劳动，只有当劳动力市场上的工资高于农村劳动力的保留工资时，农村户籍劳动力才会提供自己的劳动。但随着劳动力工资水平的不断提高，农村劳动力的保留工资也是不断上涨的，当保留工资的上涨幅度超过劳动力市场提供的工资上涨幅度时，就会出现劳动力供给减少的结果。

为了检验丁守海(2011)提出的劳动供给理论，本书针对农村户籍劳动力的婚姻情况和家庭孩子数量对农村户籍劳动力样本进行了划分，并分别测算了各个分样本的保留工资，来证明之所以农村劳动力会在劳动力剩余的情况下出现劳动力供给的减少是由于农村已婚群体和有孩子的家庭面临更高的外出务工成本，即保留工资变得更高。

在CHNS数据中并没有直接对农村居民的保留工资进行调查，本书根据以下方法进行测算：

首先，根据婚姻状况和家庭孩子数量两个标准将农村户籍劳动力分为已婚群体和未婚群体、家庭孩子数量至少为1个群体和家庭孩子数量为0个群体。

其次，在每个分样本下，把样本划分为有非农劳动参与的样本和没有非农劳动参与的样本，对于有非农劳动参与的样本取其工资变量，而对于没有非农劳动参与的样本按照实证模型式(3.4)取其预测工资变量。

最后，按照如下公式计算各个子样本的期望工资：

$$Wage^* = \frac{Wage_u \cdot Num_u + \widehat{Wage_r} \cdot Num_r}{Num_u + Num_r} \tag{3.9}$$

其中，$Wage^*$ 为期望工资，$Wage_u$ 为有非农劳动参与的农村户籍劳动力的实际工资，Num_u 为有非农劳动参与的农村户籍劳动力的样本数量；$\widehat{Wage_r}$为没有非农劳动参与的劳动力的预测工资；Num_r 为没有非农劳动参与的农村户籍劳动力的样本数量。

表 3.15 为农村户籍劳动力已婚群体和未婚群体期望工资和非农劳动参与率的统计，从结果可以看出：(1)不论是有非农工作群体还是无非农工作群体，已婚样本的对数工资均高于未婚样本；(2)已

表 3.15　农村户籍劳动力分婚姻保留工资检验

		已婚	未婚
有非农工作群体	样本量	5 940	1 793
	百分比	76.8	23.2
无非农工作群体	样本量	17 531	2 767
	百分比	86.4	13.6
对数工资	有非农工作群体	6.938	6.603
	无非农工作群体(预测值)	7.478	7.180
期望工资		7.341	6.953
非农劳动参与率(%)		25.3	39.3

注：表中数值均代表均值，百分比行代表了该样本在该群体样本总量中的百分比。

婚群体的期望工资水平为7.341，未婚群体的期望工资水平为6.953，即已婚群体期望工资高于未婚群体；(3)已婚群体的非农劳动参与率为25.3%，低于未婚群体的非农劳动参与率39.3%。从表3.15中可以得出，对于已婚群体而言，离家参与非农劳动可以得到高于未婚群体的工资水平，但已婚群体的非农劳动参与率却低于未婚群体，这表明已婚群体离家进入城市劳动力市场的保留工资水平要高于未婚群体。

表3.16为农村户籍劳动力家庭孩子数量为1个以及家庭孩子数量为0个群体期望工资和非农劳动参与率的统计，从结果来看，家庭孩子数量至少为1个群体的期望工资水平要高于家庭孩子数量为0个的群体，且家庭孩子数量至少为1个群体的非农劳动参与率要低于孩子数量为0个的群体。表3.15的统计也表明孩子数量为1个群体的非农劳动参与的保留工资要高于家庭孩子数量为0个的群体。

表3.16　农村户籍劳动力分孩子数量保留工资检验

		孩子数量至少为1个	孩子数量为0个
有非农工作群体	样本量	3 173	4 705
	百分比	40.3	59.7
无非农工作群体	样本量	9 202	11 314
	百分比	44.9	55.1
对数工资	有非农工作群体	6.933	6.743
	无非农工作群体(预测值)	7.385	7.187
期望工资		7.269	7.057
非农劳动参与率(%)		25.6	29.4

注：表中数值均代表均值，百分比行代表了该样本在该群体样本总量中的百分比。

为了进一步检验随着时间变化，不同时期内农村户籍子样本非农劳动保留工资的情况，表3.17和表3.18分别考察了1993—2000

年、2004—2009 年、2011 年三个时期内不同分样本非农劳动保留工资的情况。

表 3.17　农村户籍劳动力分婚姻和年份保留工资检验

			已婚	未婚
1993—2000	有非农工作群体	样本量	2 124	1 235
		百分比	63.2	36.8
	无非农工作群体	样本量	9 726	2 310
		百分比	80.8	19.2
	对数工资	有非农工作群体	6.381	6.302
		无非农工作群体(预测值)	6.385	6.330
	期望工资		7.004	6.320
	非农劳动参与率(%)		17.9	34.8
2004—2009	有非农工作群体	样本量	2 490	420
		百分比	85.6	14.4
	无非农工作群体	样本量	6 042	381
		百分比	94.1	5.9
	对数工资	有非农工作群体	7.095	7.054
		无非农工作群体(预测值)	7.570	7.382
	期望工资		7.431	7.210
	非农劳动参与率(%)		29.2	52.4
2011	有非农工作群体	样本量	1 326	138
		百分比	90.6	9.4
	无非农工作群体	样本量	1 763	76
		百分比	95.9	4.1
	对数工资	有非农工作群体	7.460	7.414
		无非农工作群体(预测值)	7.633	7.473
	期望工资		7.559	7.435
	非农劳动参与率(%)		42.9	64.5

注:表中数值均代表均值,百分比行代表了该样本在该群体样本总量中的百分比。

表 3.18　农村户籍劳动力分孩子数量和年份保留工资检验

			孩子数量至少为 1 个	孩子数量为 0 个
1993—2000	有非农工作群体	样本量	1 761	1 662
		百分比	51.4	48.6
	无非农工作群体	样本量	6 736	5 463
		百分比	55.2	44.8
	对数工资	有非农工作群体	6.343	6.170
		无非农工作群体（预测值）	6.741	6.335
	期望工资		6.659	6.297
	非农劳动参与率（%）		20.7	23.3
2004—2009	有非农工作群体	样本量	963	2 016
		百分比	32.3	67.7
	无非农工作群体	样本量	2 010	4 159
		百分比	32.6	67.4
	对数工资	有非农工作群体	7.108	7.071
		无非农工作群体（预测值）	7.491	7.290
	期望工资		7.367	7.219
	非农劳动参与率（%）		32.1	32.3
2011	有非农工作群体	样本量	449	1 027
		百分比	30.4	69.6
	无非农工作群体	样本量	456	992
		百分比	31.5	68.5
	对数工资	有非农工作群体	7.429	7.376
		无非农工作群体（预测值）	7.519	7.462
	期望工资		7.474	7.418
	非农劳动参与率（%）		49.7	50.9

注：表中数值均代表均值，百分比行代表了该样本在该群体样本总量中的百分比。

从农村户籍劳动力分婚姻和年份保留工资的情况来看:(1)随着时间推移,已婚群体和未婚群体的期望工资水平是逐渐提高的,比如1993—2000年已婚群体的期望工资水平为7.004,到2011年上升为7.559;1993—2000年未婚群体的期望工资水平为6.320,到2011年上升为7.435。(2)不同时期内已婚群体的期望工资水平均高于未婚群体。(3)不同时期内已婚群体的非农劳动参与率均小于未婚群体。和表3.15的结论相一致,已婚群体不同时期内非农劳动参与的保留工资高于未婚群体。

表3.18为农村户籍劳动力分孩子数量在不同时期内关于期望工资和非农劳动参与率的统计情况。与整体样本的情况相同:(1)在不同时期内家庭孩子数量至少为1个群体的期望工资均大于家庭孩子数量为0的群体;(2)不同时期内家庭孩子数量至少为1个群体的非农劳动参与率均小于家庭孩子数量为0的群体。此外,家庭孩子数量至少为1个群体和家庭孩子数量为0个群体的期望工资水平随时间推移是逐渐提高的。

表3.17和表3.18进一步验证了理论模型的结论,已婚群体或有孩子的家庭由于停留在家从事家庭生产活动能够享受夫妻团聚、对子女照顾和抚养、照顾老人、关心孩子教育等好处,所以对这些群体而言,离家从事非农劳动的保留工资水平要更高一些,从另一个角度而言,之所以会发生农村户籍居民在正值壮年且人力资本素质较高的时期退出城市劳动力市场,就是因为返乡回流能够享受更高家庭生产的效用。

第三节　本章小结

本章基于传统的家庭劳动力供给理论,结合了中国所特有的户籍制度，将户籍制度变量通过农村户籍劳动力的婚姻和家庭孩子数量两个角度添加到家庭劳动供给模型中，考察了农村户籍劳动力在非农劳动参与上与城镇户籍劳动力的差异，同时，通过比较农村劳动力中已婚和未婚群体、家庭孩子数量多和家庭孩子数量少的群体在非农劳动供给上的不同，从理论上得出了户籍制度相关变量对农村户籍劳动力非农劳动供给的影响。在实证检验上，本章针对农村户籍劳动力及分样本与城镇户籍劳动力在非农劳动参与模型的估计、农村户籍劳动力及分样本与城镇户籍劳动力在非农劳动参与弹性计算、农村户籍劳动力样本内部不同分样本的保留工资的比较三个层次检验了理论模型的基本结论，并讨论了户籍制度对农村户籍劳动力非农劳动参与限制作用的程度，主要得出以下几点结论：

(1) 在城市劳动力市场上，劳动力的工资水平是逐渐提高的，但由于户籍制度的存在提高了农村户籍劳动力在城市生活和工作的成本，尤其是农村已婚家庭或家庭有孩子的劳动力群体，他们离家进入城市提供非农劳动的保留工资水平也是逐渐提高的，因此，很多农村户籍劳动力在他们正值壮年、人力资本素质水平和工资水平都较高的情况下会退出城市劳动力市场，留守在家享受更高的家庭效用。这一点可以有助于解释为何在当前中国农村剩余劳动力存在的情况下会出现工资水平不断提高且农村劳动力供给不足的现象。

(2) 农村户籍劳动力已婚群体和有孩子群体的保留工资较未婚群体要高，且非农劳动供给工资弹性较未婚群体和城镇户籍劳动力均较低，这表明在当前劳动力市场的工资水平下，提高工资水平对促进农村已婚或有孩子家庭劳动力的非农劳动供给是有限的，那么在当前劳动力市场上农村户籍劳动力短缺的情况下，要吸引更多的农村劳动力，一是可以提供更高水平的工资，二是围绕户籍制度改革鼓励农村户籍劳动力进入城市生活和工作。

（3）单从农村劳动供给的角度，户籍制度是不利于农村劳动力进入城市生活和工作的。由于农村流动劳动力在城市生活需要承担更高的生活成本且不能享受到与城市居民相同的福利待遇，这大大影响了农村劳动力提高非农劳动积极性，劳动力回流现象普遍增加，从劳动力资源的角度来看，这是人力资本的浪费，不利于中国经济的发展。

户籍制度是中国历史发展的产物，改革开放之前，为了实现中国的工业化发展，满足农村对城市工业化发展的需要，限制农村人口的流动，户籍制度应运而生。然而，随着中国改革开放和逐渐融入世界经济的大环境中，市场机制在经济发展中起到了越来越重要的影响，在中国人口红利逐渐消失的今天，要实现中国经济的持续增长，农村户籍劳动力的供给必须要充分利用起来，因此，围绕户籍制度的改革也势在必行，当然，制度改革本身会存在巨大的难度和风险，而围绕如何提供农村户籍劳动力的社会保障和提高福利水平应该成为户籍制度改革的出发点。

本章主要通过从理论和实证上考察户籍制度对农村户籍劳动力进入城市劳动力市场的影响，研究了农村户籍劳动力的非农劳动供给，这是城市劳动力市场之外的情况。而在城市劳动力市场内部，农村户籍劳动力往往就职于工资水平较低、工作环境较差的次级劳动力市场上，产生这种情况的原因一方面是由于与城镇户籍劳动力相比，农村户籍劳动力的人力资本素质较低，而另一方面农村户籍劳动力很可能受到了企业雇主的歧视。对农村户籍劳动力的歧视不仅严重影响了农村劳动力进入城市工作的积极性，影响了农村居民的非农劳动供给，而且从经济学理论的角度看不利于劳动力资源的合理配置，降低了劳动力资源使用的效率，不利于企业获取更高的利润以及经济的持续性增长，那么在城市劳动力市场上，农村户籍劳动力与城镇户籍劳动力在劳动力供给形式上又存在什么样的差异？下一章将系统探讨农村户籍劳动力二次跨区流动的问题，从流动形式的角度揭示了户籍制度对农村居民非农劳动供给的影响。

注　释

[1] 计算小时工资的方法是：首先计算劳动者的每月工作小时数，由于调查问卷中并没有关于每月工作几周的调查，本书就根据每周工作小时数×4 来近似作为每月工作小时数，然后用月工资除以每月工作小时数得到小时工资。

第四章
户籍制度下农村户籍劳动力二次跨区流动：基于人力资本理论分析

关于农村户籍劳动力的二次流动，许多研究均指出农村户籍劳动力与城镇劳动力表现出很大差异。Knight 等(2004)的研究发现中国的农村户籍劳动力是个职业流动很频繁的群体，职业稳定性不高。他们对中国劳动力的流动性进行了考察并作了国际比较，发现农村户籍劳动力的流动性高于城市劳动者，也高于发达国家。上海财经大学“千村调查”课题组在 2013 年做的调研数据表明，农村户籍劳动力具有较高的流动性，在课题组的调查样本中有 66.01%的农村户籍劳动力在外务工期间转换过工作城市(上海财经大学“千村调查”课题组，2014)。严善平(2006)基于上海劳动力市场考察了本地劳动力和外来农村户籍劳动力的流动问题，也发现两者由于制度因素的原因而截然不同。梁雄军(2007)把农村户籍劳动力进城之后的流动划分为“换地区流动”和“换企业流动”两个维度，研究了农村户籍劳动力二次流动的基本特点和影响因素，认为他们的二次流动主要是为了争取和维护权益的具体行动，“民工荒”是由于农村户籍劳动力权益意识加强进而促进了流动性所产生的。白南生、李靖等(2008)利用北京市700多名农村户籍劳动力就业史数据对其进城后的就业流动状态、原因和结果进行了深入分析。他们的研究结果发现农村户籍劳动力就业流动频繁,收入低是农村户籍劳动力流动的主要原因,但是流动原因日益多样。此外,还有一些文献从回流的角度考察了农村户籍劳动力的流动问题(白南生,2002;王子成、赵忠,2013),但是回流是农村户籍劳动力在城市务工就业一定年限之后返回农村重新从事农业工作。

与城市当地劳动力相比,农村户籍劳动力在二次跨区流动上表现出流动频繁的原因,从根本上看,是以户籍为代表的制度因素所引起的。严善平(2006)认为户籍决定性地影响了农村户籍劳动力在城市务工的企业或部门性质,由于受到户籍的限制,他们一般只能在城市非正规部门就业。大量研究(Maurer-Fazio et al., 2004; Meng et al., 2001;王美艳,2005)指出了在城市非正规部门,农村户籍劳动力往往会遭受了户籍歧视和接受了较低水平的工资,另外,工作环境差、劳动强度大、就业不稳定也影响了他们就业的积极性。农村户籍劳动力为了谋求更好的工作和更高水平的工资,往往需要变换工作城市或企业(白男生、李靖,2008),这是因为他们既不能通过集体与企业谈判方式提高工资和待遇,也很难通过个人谈判的方式解决(蔡昉等,2005)。

上述相关文献引出了农村户籍劳动力二次流动的问题,有助于了解和认识农村户籍劳动力二次流动的规律。但是与研究农村劳动力城乡流动的大量文献相比,系统规范地讨论农村户籍劳动力二次流动的决策因素,进而在人力资本投资的框架内分析农村户籍劳动力二次流动是否为人力资本投资行为的研究还比较少。

从根本上看,农村户籍劳动力与城市户籍劳动力在二次流动上表现出的巨大差异是户籍制度影响的表现之一，分析农村户籍劳动力的二次流动决策，总结他们二次流动的特征和规律将有利于更好地理解户籍制度对农村户籍劳动力非农劳动供给的影响，从而为深化户籍制度改革提供科学的参考。

本书所指的一次城乡流动是指，农村劳动力由于提高收入和促进自身发展等原因到城市非农产业寻找工作的经济活动过程，通常称“外出务工流动”（梁雄军，2007）；而二次跨区流动是指，已经离开农村到城市从事非农工作的农村劳动力因为寻求工作或者提高收入等原因改变务工城市的求职谋生过程，也可以称为“变化工作城市流动”。需要强调的是，农村户籍劳动力的二次跨区流动是在他们完成一次城乡流动之后，在外地非农产业进行的跨区流动，也包括之后的多次跨区流动，而不仅仅是指第二次跨区流动。另外，在同一城市变化务工企业的流动不是本书的研究对象。

按照人力资本投资理论的观点，为了在长期中获得更多收益，劳动者需要在早期的流动过程中承担一些成本，而流动之后的收入水平会提高。为了在人力资本投资的框架下讨论农村户籍劳动力的二次流动问题，该部分将利用上海财经大学“千村调查”项目的抽样数据来具体分析农村户籍劳动力的二次流动问题。

第一节　理论模型

按照经济学的理论，流动劳动力变换城市或地域内的流动可以看作为一种人力资本投资行为。如果劳动者流动的成本和流动之前的劳动收入之和小于流动之后的收入，则劳动力则会进行流动；反之，则劳动力不会进行流动。那么，按照以上的解释，农村户籍劳动力的二次流动可以看出是一种人力资本投资行为。为了从理论上更好地阐释农村户籍劳动力二次流动的决策，论文借鉴了 Borjas (1994)关于移民决策模型的设定，基于人力资本投资的角度构建了农村户籍劳动力二次跨区流动模型如下：

考察农村户籍劳动力在两个城市间的二次流动行为，假设外出务工的农村劳动力在流出城市 i（代表序号，且 $i \geqslant 1$）的工资水平为 w_i，在流入城市 $i+1$ 的工资水平为 w_{i+1}，其中 w_i 和 w_{i+1} 服从以下分布：

$$\log w_i = \mu_i + e_i \tag{4.1}$$

$$\log w_{i+1} = \mu_{i+1} + e_{i+1} \tag{4.2}$$

μ_i 是流出城市的工资收入均值，e_i 是流出城市工资收入中与 μ_i 不相关的离差项，且服从均值为 0、方差为 δ_i^2 的正态分布；μ_{i+1} 是流入城市工资收入的均值，e_{i+1} 是流入城市工资中与 μ_{i+1} 不相关的离差项，且服从均值为 0、方差为 δ_{i+1}^2 的正态分布；离差项服从 $\mathrm{cov}(e_i, e_{i+1}) = \rho_{i,\, i+1}$，即 e_i 和 e_{i+1} 的相关系数为 $\rho_{i,\, i+1}$，该系数的经济含义是：

(1) $\rho_{i,\, i+1} > 0$ 表示在流出城市农村户籍劳动力的技能可以顺利转化为在流入城市的工作技能，即在流出城市获得较高工资水平的农村户籍劳动力在流入城市由于技能获得认可倾向于获取较高水平的工资。

(2) $\rho_{i,\, i+1} < 0$ 表示在流出城市农村户籍劳动力的技能很难转化为在流入城市的工作技能，即在流出城市获得较高工资的农村户籍劳动力在流入城市由于技能得不到认可反而倾向于获取较低的工资。

那么农村户籍劳动力的二次流动决策：是否从城市 i 流入城市 $i+1$。

定义农村户籍劳动力二次流动变量为 $S_{i,\, i+1}$：

$$S_{i,\, i+1} = \log(w_{i+1}) - \log(w_i + C) \tag{4.3}$$

其中 C 为流动的成本(包含交通运输费用、放弃原来工作的机会成本和失去家庭和社会关系的心理成本,等等)。如果 $w_{i+1} > w_i + C$ 即 $S_{i,\,i+1} > 0$,则农村户籍劳动力会进行二次跨区流动;如果 $w_{i+1} < w_i + C$ 即 $S_{i,\,i+1} < 0$ 则他们停留在原城市,不会进行二次跨区流动。

由于 $\log(w_i + C) \approx w_i + C/w_i$,定义 $\pi_i = C/w_i$,即相对于流出城市的工资水平 w_i 而言,流动总成本 C 相对应的时间量。则二次流动变量 $S_{i,\,i+1}$ 变为:

$$S_{i,\,i+1} \approx (\mu_{i+1} - \mu_i - \pi_i) + (e_{i+1} - e_i) \tag{4.4}$$

如果农村户籍劳动力进行二次流动即 $S_{i,\,i+1} > 0$,由式(4.4)可以得出他们二次跨区流动的概率可以表示为:

$$\begin{aligned} P &= P\{(e_{i+1} - e_i) > -(\mu_{i+1} - \mu_i - \pi_i)\} \\ &= P\{(e_{i+1} - e_i)/\delta_e > -(\mu_{i+1} - \mu_i - \pi_i)/\delta_e\} \end{aligned} \tag{4.5}$$

定义 $Z = -(\mu_{i+1} - \mu_i - \pi_i)/\delta_e$,$\delta_e = \sqrt{\delta_i^2 + \delta_{i+1}^2 - 2\rho_{i,\,i+1}\delta_i\delta_{i+1}}$,则农村户籍劳动力二次跨区流动概率变为:

$$P = 1 - \Phi(Z) \tag{4.6}$$

通过式(4.6),可以得出以下结论:

(1) $\dfrac{\partial P}{\partial \mu_{i+1}} = \dfrac{\partial \Phi}{\partial Z}\dfrac{1}{\delta_e} > 0$,如果流入城市的工资水平均值上升(下降),则会提高(降低)农村户籍劳动力二次跨区流动的概率。

(2) $\dfrac{\partial P}{\partial \mu_i} = -\dfrac{\partial \Phi}{\partial Z}\dfrac{1}{\delta_e} < 0$,如果流出城市的工资水平均值上升(下降),则会降低(提高)农村户籍劳动力二次跨区流动的概率。

(3) $\dfrac{\partial P}{\partial \pi_i} = -\dfrac{\partial \Phi}{\partial Z}\dfrac{1}{\delta_e} < 0$,如果流动成本上升(下降),则会降低(提高)农村户籍劳动力二次跨区流动的概率。

(4) $\frac{\partial P}{\partial \rho_{i,\ i+1}}=\frac{\partial \Phi}{\partial Z}(\mu_{i+1}-\mu_i-\pi_i)\delta_i\delta_{i+1}\delta_e^{-3}>0$，如果流出城市的农村户籍劳动力的技能容易(难以)转变为流出城市的技能，或者说农村户籍劳动力的技能具有更加广泛的适用性，则会提高(降低)他们二次跨区流动的概率。

第二节　数据和变量

一、 数据

2013 年度"千村调查"数据，该数据主要针对农村劳动力的城乡迁移情况对全国范围的农村家庭进行了随机抽样定点调查，调研采用了多阶段系统规模成比例不等概率的抽样方法，赋予了每个初级抽样单元与农村人口规模成比例的抽样概率，在全国范围内随机抽取了 21 个省级行政区中的 30 个县级行政区，共有 30 个调查队走访了这些行政区的 120 个行政村，总共调查了 6 203 户家庭，收集到了 28 840 位家庭成员的相关数据。

二、 变量

通过理论模型的分析，要考察农村户籍劳动力二次流动决策，需要考察不同时期内农村劳动力的工资水平以及不同流动城市的相关数据，由于调查问卷并未直接搜集所有上述数据，但是可以通过一些间接的因素对农村户籍劳动力的二次流动因素进行检验。根据农村户籍劳动力二次流动模型的结论，本书将影响农村户籍劳动力二次流动决策的因素分为以下几类：

第一类为影响农村户籍劳动力工资收入或者流动回报的个人特征变量，包括年龄、教育年限、健康状况，这些个人特征变量将影响农村户籍劳动力二次流动的收益，因而会影响二次流动的决策。按照文献中对农村劳动力城乡流动的因素分析，一般而言：年龄越大，越不有利于农村劳动力的城乡流动；教育水平越高，越有利于农村劳动力进行城乡流动；而劳动者健康状况越好，越有利于劳动力的城乡流动。按照农村户籍劳动力二次流动模型的结论，农村户籍劳动力二次流动决策需要考察流动后的收益与流动前的收入和流动成本的大小，而根据农村户籍劳动力的年龄、教育年限和健康状况无法直接判断是否有利于他们的二次流动，那么，对于他们而言，这些个人特征变量对劳动者二次流动的实际影响又如何？是否与农村劳动力的城乡流动的特征一致？

第二类为影响农村户籍劳动力流动成本的变量，包括是否已婚、是否拥有社会保险、家庭孩子数量、是否需要照顾老人等。根据前面户籍制度对农村居民劳动力非农劳动供给决策的理论模型分析，已婚劳动力和家庭有孩子劳动力较未婚群体更不倾向于外出流动提供非农劳动，如果农村户籍劳动力在一个城市获得的工资水平较低，或者遭受了户籍歧视，那么已婚或者家庭有孩子的农村户籍劳动力较未婚群体更倾向于返乡回流，退出城市劳动力市场。对于是否需要照顾老人变量，同已婚、家庭孩子数量变量的分析一致，家中有老人需要照顾会提高农民劳动力外出务工的成本，因此当农村户籍劳动力面对是否二次流动、返乡或继续在城市务工的决策时，会提高返乡回流的概率；此外，由于中国的社保制度存在着地区间分割的问题，社会保险还不能实现随着劳动力的流动进行地区间的转接，因此如果农村户籍劳动力在一个城市拥有社会保险，自然会提高他们的流动成本，因而更倾向于留在原地，不利于二次流动。

第三类为与地区发展环境有关的因素，包括是否能获得更高收入、是否方便子女教育、是否社会保障更好等。一个城市或地区发展环境越好，那么在该城市或地区越容易获得较好的发展机会，或者更高的收入水平。根据农村户籍劳动力二次流动理论可以得出这样的结论，如果该城市或地区发展环境比较好，则会促进农村户籍劳动力流入。

第三节　实证模型

一、农村户籍劳动力二次跨区流动决策

对于在城市劳动力市场上的农村户籍劳动力而言，二次流动决策是个二元变量，因本书主要采用 Probit 模型分析农村户籍劳动力的二次跨区流动决策的因素：

$$\mathrm{Probit}(S_{i,\,i+1}=1)=\Phi(X_{1i}\beta_1+X_{2i}\beta_2) \tag{4.7}$$

其中 $S_{i,\,i+1}=1$ 或 0 分别表示农村户籍劳动力二次跨区流动和非二次跨区流动；X 代表影响农村户籍劳动力二次跨区流动的变量，具体地，X_{1i}代表同时影响农村户籍劳动力二次跨区流动和工资的外生变量，X_{2i}代表只影响农村户籍劳动力二次跨区流动而不影响工资的其他解释变量。关于解释变量的选取：X_{1i}包含教育年限、工作经验、经验平方、健康状况、区域虚拟变量；X_{2i}指其他影响农村户籍劳动力二次跨区流动的因素，包含是否已婚、是否参加社会保险、家庭孩子数量、是否为了与配偶团聚、是否是老乡介绍工作、是否认为新工作收入好、是否方便孩子教育、是否因为照顾老人需要虚拟变量。

二、农村户籍劳动力二次跨区流动是否是一种人力资本投资

首先根据式(4.7)估计出相关解释变量对农村户籍劳动力二次

流动的影响。

其次，为了纠正工资方程估计中产生的误差，采用 Heckman 样本选择模型，参考尹志超和甘犁（2009）的做法，本书建立的工资方程为：

$$\ln wage_i = X_{1i}\theta_1 + Z_i\theta_2 + \theta_3 S + \theta_4 \lambda_i + \varepsilon_i \tag{4.8}$$

其中，Z_i 指其他影响个体 i 工资的变量，包含男性虚拟变量、是否村干部虚拟变量、党员虚拟变量；S 为二次跨区流动虚拟变量；λ_i 为逆米尔斯比率。

$$\lambda_i = \frac{\phi(X_{1i}\beta_1 + X_{2i}\beta_2)}{\Phi(X_{1i}\beta_1 + X_{2i}\beta_2)} \tag{4.9}$$

其中，$\phi(\cdot)$为标准正态分布概率密度函数，$\Phi(\cdot)$为标准正态分布概率分布函数。

通过检验 S 的系数 θ_3 来判断二次跨区流动是否提高了农村户籍劳动力的工资水平，即农村户籍劳动力跨区流动算不算一种人力资本投资。

第四节　实证结果

一、 描述性统计

在 2013 年“千村调查”调查问卷中，对于外出或曾经务工的农村户籍劳动力，询问了他们 2000 年以来外出务工期间是否变换过工作城市，问卷中共调查追溯了四个城市的数据。表 4.1 为 2000 年以来外出或曾经外出的农村户籍劳动力二次流动的统计。

从表 4.1 的统计结果来看，自 2000 年以来共有 4 858 个 16—60 岁的农村居民曾经外出打工，其中有 64%的农村户籍劳动力曾经进

表 4.1　2000 年以来外出务工者或有外出务工经历样本统计

		样本数量	均值	标准差	最小值	最大值
全部样本	二次跨区流动	4 858	0.640	0.480	0	1
年龄	16—25	1 231	0.650	0.477	0	1
	26—35	1 320	0.539	0.499	0	1
	36—45	1 103	0.597	0.491	0	1
	46—55	853	0.732	0.443	0	1
	55—60	351	0.895	0.308	0	1
性别	男	2 794	0.582	0.493	0	1
	女	2 063	0.718	0.450	0	1
婚姻	未婚	1 200	0.637	0.481	0	1
	已婚	3 655	0.641	0.480	0	1
教育程度	小学及以下	1 794	0.692	0.462	0	1
	初中、高中及中(大)专	2 867	0.613	0.487	0	1
	大学及研究生	197	0.558	0.498	0	1
村干部	担任或曾经担任	120	0.758	0.430	0	1
	未担任过	4 738	0.637	0.481	0	1
党员	是	196	0.622	0.486	0	1
	否	4 662	0.641	0.480	0	1
健康状况	非常好	1 769	0.570	0.495	0	1
	好	2 146	0.643	0.479	0	1
	一般	588	0.748	0.434	0	1
	不好	355	0.794	0.405	0	1

注:健康状况变量为被调查者的主观评价,用 1、2、3、4 分别代表健康状况非常好、好、一般和不好。

行过二次流动,表明了城市劳动力市场上农村户籍劳动力的二次跨区流动是比较频繁的,这也与相关研究结果基本一致(Knight, John & Linda Yueh, 2004);根据分年龄段农村户籍劳动力二次流动的统计，随劳动力年龄的增长，二次流动的比例是先下降后上升；根据性别分组，男性劳动力二次流动概率小于女性；从婚姻的分组情况来看，已婚和未婚劳动力二次流动的概率基本一致，相差不大；从教育程度的分组情况看，随着农村劳动者教育水平的提高，二次流动的概率逐渐下降，也就是说受教育程度较低的农村流动劳动力更倾向于二次流动；从村干部分组的情况看，担任或曾经担任村干部的农村劳动力二次流动的概率高于未担任过村干部的农村劳动力；从党员分组的情况看，政治面貌为党员的农村劳动力二次流动的概率相对较低；从健康状况的分组情况看，健康状况越不好，农村劳动力二次流动的概率反而越高。

为了分析农村流动劳动力变换城市的原因，表 4.2 统计了农村户籍劳动力迁入和迁出城市的原因在流动原因中所占的比例。[1]

从表 4.2 可以看出，农村户籍劳动力从一个城市流入另外一个城市的原因中，占比例最高的原因是两个：一个是（以为）流动后收入好机会多，另一个是老乡介绍工作，这表明了农村户籍劳动力变换城市的主要动力来自提高收入水平，以及老乡提供的工作信息和帮助，因此，他们的流动具有抱团流动的特点。与这两个主要的原因相比，其他原因所占比例相对较低。与农村户籍劳动力流入城市的原因相比，流出城市的原因则相对多样化一些。从统计数据看，占比例最高的是因为收入低待遇差，促进农村户籍劳动力的二次跨区流动，以寻求更高的收入水平；其次是在新城市找到了更好的工作，这个原因和流入原因的统计是一致的；第三是在当前城市失去了工作，不得不到其他城市去寻找工作；其他的原因在所有原因中所占比例相对较低。通过对农村户籍劳动力变化城市的原因分析，可以发现农村户籍劳动力二次跨区流动是符合人力资本投资理论的。

表 4.2　农村户籍劳动力二次跨区流动流入和流出城市原因统计(%)

		二次跨区流动劳动力			
		第一城市	第二城市	第三城市	第四城市
流入原因	1. 配偶团聚	1.92	2.97	1.69	1.02
	2. 老乡介绍工作	45.68	42.75	49.83	47.96
	3. (以为)收入好机会多	38.43	38.46	34.58	31.63
	4. 方便子女教育	0.79	1.87	2.03	0.00
	5. 农业生产需要	0.35	0.11	0.68	0.00
	6. 照顾老人需要	0.61	1.98	1.36	0.00
	7. 解决户口	0.17	0.22	0.00	0.00
	8. 生活费用低	1.14	1.10	0.34	1.02
	9. 劳动医疗等社会保障好	0.17	0.11	0.34	0.00
	10. 其他	10.74	10.44	9.15	18.37
流出原因	1. 收入低、待遇差	28.06	25.21	22.41	14.47
	2. 找到更好的工作	17.22	14.31	12.07	9.21
	3. 自己创业	1.30	0.85	0.43	1.32
	4. 没有了工作	10.46	15.16	15.52	14.47
	5. 结婚生育或与配偶团聚	4.72	5.52	2.16	0.00
	6. 子女教育	2.50	1.42	1.72	0.00
	7. 农业生产需要	2.59	2.83	4.31	9.21
	8. 照顾家人	5.37	5.67	6.47	5.26
	9. 生活费用太高	2.31	1.84	1.29	3.95
	10. 没有养老和医疗保障	0.46	0.00	0.86	0.00
	11. 没有归属感	2.13	1.84	1.72	1.32
	12. 其他	22.87	25.35	31.03	40.79

二、农村户籍劳动力二次跨区流动决策分析

本书分别采用了线性概率模型和 Probit 模型分析农村户籍劳动力二次跨区流动的影响因素，表 4.3 为模型估计的结果。

从估计的结果来看：(1)第一类影响因素为农村户籍劳动力的个人特征，包括教育年限、年龄和健康状况，这些个人特征对二次流动的影响是显著的[2]，教育年限、年龄和健康状况是影响农村户籍劳

表 4.3 农村户籍劳动力二次跨区流动因素估计

	(1) LPM	(2) Probit-AME	(3) LPM	(4) Probit-AME
教育年限	−0.007 50***	−0.008 55***	−0.006 78***	−0.007 80***
	(0.001 90)	(0.002 08)	(0.001 90)	(0.002 09)
年龄	0.005 65***	0.006 17***	0.005 93***	0.006 51***
	(0.000 714)	(0.000 790)	(0.000 715)	(0.000 795)
健康状况	0.062 2***	0.070 2***	0.055 7***	0.063 5***
	(0.007 66)	(0.008 62)	(0.007 76)	(0.008 75)
已婚	−0.114***	−0.118***	−0.114***	−0.118***
	(0.018 5)	(0.018 2)	(0.018 4)	(0.018 2)
参加社会保险	−0.044 7***	−0.055 5***	−0.048 9***	−0.059 4***
	(0.013 8)	(0.015 1)	(0.013 9)	(0.015 3)
家庭孩子数量	−0.007 72***	−0.008 07***	−0.007 20***	−0.007 42***
	(0.001 77)	(0.001 46)	(0.001 76)	(0.001 47)
配偶团聚	0.212***		0.211***	
	(0.063 9)		(0.063 8)	
老乡介绍工作	0.306***	0.352***	0.306***	0.352***
	(0.020 0)	(0.011 2)	(0.019 9)	(0.011 1)
认为收入好	0.268***	0.301***	0.260***	0.296***
	(0.020 2)	(0.013 9)	(0.020 3)	(0.014 3)
方便孩子教育	0.050 2	0.093 1	0.045 7	0.099 0
	(0.084 9)	(0.123)	(0.084 7)	(0.122)
照顾老人需要	0.140	0.189*	0.132	0.178
	(0.086 7)	(0.105)	(0.086 5)	(0.110)
区域虚拟变量	NO	NO	YES	YES
常数项	0.417***		0.422***	
	(0.034 4)		(0.035 3)	
样本量	4 822	4 772	4 822	4 772
Adjusted R^2	0.347		0.351	
Pseudo R^2		0.243		0.247

注：表中的第(1)、(2)列分别为线性概率模型估计、Probit 估计的平均边际效应的结果；*** 、** 、* 分别表示估计值在 1%、5%、10%水平下显著；健康状况变量为被调查者的主观评价，用 1、2、3、4 分别代表健康状况非常好、好、一般和不好；区域虚拟变量为东部、西部和中部区域虚拟变量。

动力二次跨区流动决策的重要因素，但是影响的方向与农村劳动力的城乡流动是不一致的：从年龄上看，年龄越大农村户籍劳动力的二次流流动概率越高，而农村劳动力城乡流动中，年龄越小越倾向于流动；从受教育年限上看，教育水平越高的农村户籍劳动力二次跨区流动的概率越低，而农村劳动力城乡流动中，受教育年限越高，城乡流动概率越高；从健康状况上看，健康情况越差的农村户籍劳动力二次跨区流动概率越高，而在农村劳动力城乡流动中，健康情况越好越倾向于流动。上述估计系数均在1%的水平上显著，这表明了农村劳动力的城乡流动和农村户籍劳动力的二次跨区流动是有差异的，户籍制度导致了这种差别。(2)关于影响农村户籍劳动力的流动成本的第二类因素，包括是否已婚、当前是否拥有社会保险、家庭孩子数量、是否需要照顾家中老人等。从婚姻情况上看，已婚对农村户籍劳动力的二次跨区流动有负面影响，即相比未婚群体，已婚劳动者二次跨区流动概率较低；从家庭孩子数量上看，孩子数量越多，越不利于农村户籍劳动力的二次跨区流动；分析是否需要照顾老人变量的系数发现，照顾老人的需要对农村户籍劳动力二次跨区流动的影响是不显著的。该类因素对农村户籍劳动力二次流动的影响估计表明了家庭因素对他们的二次流动是非常重要的，且该类因素对他们二次流动的影响与研究中对农村劳动力城乡流动的影响结果是一致的。另外，拥有社会保险不利于农村户籍劳动力的二次流动，原因在于中国的社会保险制度存在着地区的分割，农村户籍劳动力的社会保险很难随着劳动力的流动进行而转移，因此如果在一个地方拥有了社会保险，会提高他们流动的成本，进而不利于他们的二次流动。(3)关于地区发展环境的第三类因素，从估计结果看，如果农村户籍劳动力(以为)流动之后会获得更高的收入水平，则会提高他们二次跨区流动的概率；而“方便孩子教育”这一因素对农村户籍劳动力的二次跨区流动没有显著的影响。造成这一结果的原因可能是变换城市对于农村户籍劳动力子女教育的政策没有太大的变化，即使进行二次跨区流动也无法改变这一状况。

模型的估计结果显示了农村劳动力的社会网络在农村户籍劳动力流动决策中的重要影响，“老乡介绍工作”是促使农村户籍劳动力进行二次跨区流动的重要原因。那么，为何农村户籍劳动力的流动就业不借助于网络信息以及公共职业介绍系统，而是非常依赖老乡介绍工作，是一个很值得思考的问题。尤其是当前农村户籍劳动力成为城市劳动力市场的重要力量，思考如何发挥公共职业介绍以及网络信息方面在农村户籍劳动力流动就业中的优势是有意义的。

三、农村户籍劳动力二次跨区流动与城乡流动的差异

通过对二次跨区流动决策的估计可以发现，农村户籍劳动力的二次跨区流动与简单的城乡流动存在差异，且按照人力资本投资理论，实证估计的结果也符合理论模型的基本结论。

表 4.4 分别统计了城乡流动和二次流动农村劳动力在年龄、教育程度、家庭孩子数量和婚姻情况上的区别。

表 4.4　城乡流动劳动力和二次跨区流动农村户籍劳动力的个人特征

变量	城乡流动劳动力	仅一次流动劳动力	二次跨区流动劳动力	全部样本
年龄(年)	35.78	33.84	36.88	37.77
受教育年限(年)	7.978	8.454	7.708	7.701
健康状况	1.903	1.733	1.999	1.910
家庭孩子数量	0.999	1.023	0.986	0.900
已婚比率(%)	75.3	75.1	75.4	76.9

注：城乡流动劳动力指当前外出务工和曾经外出务工的家庭成员，仅一次流动劳动力指城乡流动劳动力中仅流入一个城市的劳动力，二次跨区流动劳动力指一次流动劳动力中流入至少 2 个城市的劳动力；健康状况变量为被调查者的主观评价，用 1、2、3、4 分别代表健康状况非常好、好、一般和不好；务工时间为劳动力平均在每个城市的驻留时间(年)。

从统计的结果来看，二次跨区流动劳动力的年龄要高于城乡流动劳动力的年龄；从受教育年限情况看，二次跨区流动农村户籍劳动力的平均受教育年限是最低的；从健康情况看，二次跨区流动农村户籍劳动力的健康情况要差于城乡流动劳动力，也差于仅一次流动劳动力；关于家庭孩子数量和已婚比例，三类劳动力的情况基本相似。从总体来看，二次跨区流动农村户籍劳动力的人力资本拥有量要少于仅有一次城乡流动经历的劳动力。

为了与农村户籍劳动力二次跨区流动进行对比，参考国内外关于农村劳动力城乡流动的研究成果（赵耀辉，1997；王桂新、刘建波，2007；Zhu Nong，2002；都阳、朴之水，2003），与分析农村户籍劳动力二次跨区流动决策所采用的方法一样，本文这里仍然采用 Probit 模型分析农村户籍劳动力的一次流动（从农村到城市的流动）的决策因素，表 4.5 估计了农村劳动力城乡流动的决策因素。

表 4.5　农村户籍劳动力城乡流动决策因素估计

	(1) LPM	(2) Probit-AME	(3) LPM	(4) Probit-AME
教育年限	0.001 71* (0.000 919)	0.001 79* (0.000 940)	0.001 81** (0.000 870)	0.001 93** (0.000 973)
年龄	−0.002 22*** (0.000 351)	−0.003 21*** (0.000 357)	−0.002 03*** (0.000 355)	−0.002 02*** (0.000 362)
健康状况	−0.027 3*** (0.008 92)	−0.027 3*** (0.009 03)	−0.024 1*** (0.009 11)	−0.024 2*** (0.009 22)
已婚	−0.021 9** (0.009 59)	−0.021 0** (0.009 38)	−0.020 7** (0.009 58)	−0.020 8** (0.009 33)
男性	0.029 4** (0.014 3)	0.029 6** (0.014 3)	0.028 7** (0.014 3)	0.028 8** (0.014 4)
参加社会保险	0.028 7** (0.013 9)	0.028 6** (0.014 0)	0.030 2** (0.014 0)	0.030 2** (0.014 2)
家庭孩子数量	−0.039 5*** (0.008 36)	−0.041 4*** (0.008 63)	−0.040 5*** (0.008 38)	−0.042 5*** (0.008 65)

（续表）

	(1) LPM	(2) Probit-AME	(3) LPM	(4) Probit-AME
土地被征用	0.047 3** (0.022 5)	0.047 7** (0.022 1)	0.038 0* (0.023 0)	0.038 6* (0.022 7)
家庭劳动力数量	0.029 1*** (0.004 19)	0.030 5*** (0.004 40)	0.030 0*** (0.004 21)	0.031 4*** (0.004 43)
照顾老人需要	−0.149 (0.237)	−0.138 (0.196)	−0.139 (0.237)	−0.129 (0.200)
区域虚拟变量	NO	NO	YES	YES
常数项	0.422*** (0.042 0)		0.428*** (0.043 1)	
样本量	14 990	14 990	14 990	14 990
Adjusted R^2	0.249		0.256	
Pseudo R^2		0.233		0.242

注：表中的第(1)、(2)列分别为线性概率模型估计、Probit估计的平均边际效应的结果；***、**、*分别表示估计值在1%、5%、10%水平下显著；健康状况变量为被调查者的主观评价，用1、2、3、4分别代表健康状况非常好、好、一般和不好；区域虚拟变量为东部、西部和中部区域虚拟变量。

从估计的结果来看：第一，在农村户籍劳动力个体特征对二次跨区流动决策的影响方面，与人力资本理论模型预测基本一致。从年龄上看，年龄越大农村劳动力外出务工的概率越低，其中的原因在于，农村劳动力的乡村迁移是一种人力资本投资，那么一个人越年轻，他从事一项人力资本投资中获得收益的时间就越长，这些收益的现值也越高。从教育年限上看，是教育水平越高则农村劳动力的外出务工概率越高。从健康状况上看，则是那些健康状况好的农村劳动力外出务工的概率越高。从性别上看，男性较女性更倾向于外出务工。上述几个因素在控制了地区变量之后也是如此。值得注意的是，农村户籍劳动力一次流动决策与二次跨区流动决策存在着较大差异。

第二，在农村户籍劳动力的家庭特征对二次跨区流动决策的影响方面，则与我们前述分析基本一致，也与农村户籍劳动力的二次跨区流动决策一样。婚姻对农村劳动力的外出务工决策有负面影响，已婚农村劳动力的外出务工的概率更低；孩子数量越多，农村劳动力的外出务工概率下降。此外，家中土地被征用的农村劳动力由于人地关系紧张，更倾向于外出流动；家庭劳动力（16—60 岁）每增加 1 人，劳动力外出流动的概率增加 3.14%。

第三，在城市发展环境对农村户籍劳动力二次跨区流动决策的影响方面，如果在城市务工获得社会保险，将促使农村劳动力进行一次城乡迁移。而在“照顾老人需要”方面，估计结果则并不显著，这也与本书关于二次流动的估计结果相同。

对比农村户籍劳动力二次流动决策和一次流动决策可以发现：(1)户籍制度不仅限制了农村劳动力的城乡流动，而且提高了农村户籍劳动力在城市跨区流动的成本，因此不利于他们的二次跨区流动。由于农村劳动力向城市的转移以及农村户籍劳动力的二次跨区流动使得劳动力资源的分配更加合理，使劳动者与职位更加匹配，这不仅提高了生产效率，而且有助于劳动力获取更加适合自己的工作和更好的工资待遇，从而有助于促进农村劳动力的非农劳动供给，因此，为了进一步提高农村劳动力的非农劳动供给，围绕户籍制度的改革政策是十分有必要的，尤其是在当前人口老龄化、农村劳动力供给相对不足的背景下；(2)在农村户籍劳动力群体中，人力资本素质较低的劳动力更倾向于进行二次跨区流动，这表明了在城市非正规部门中，对人力资本素质最低的农村户籍劳动力群体的歧视是最严重的或待遇是最差的，这一群体由于不能享受到与自身素质相匹配的待遇，所以不得不进行二次跨区流动，这意味着，在城市劳动力市场上，要注重保障农村户籍劳动力的福利待遇，尤其是人力资本素质较差的群体；(3)由于人力资本素质更高的农村劳动力更倾向于外出务工，所以在户籍制度改革的同时，围绕提高农村劳动力的人力资本素质的政策（提高教育水平和质量、普及就业培训、提供完善的就业咨询服务）是提高农村居民收入、促进农村劳动力非农劳动供给的重要途径。

四、农村户籍劳动力的二次跨区流动是一种人力资本投资行为吗？

利用人力资本理论来分析农村劳动力流动过程中的作用主要可以表现在两个方面：第一方面是判断农村劳动力流动的原因和流动的方向，以及预测哪种类型的劳动力会流动，前面已经对农村户籍劳动力二次流动和城乡流动决策进行了考察。第二个方面是可以将他们的二次跨区流动看作是一种人力资本投资行为，即劳动力的流动会促使劳动者的收入水平提高，这也是判断劳动力流动是否是一种人力资本投资行为的重要标准。

表 4.6 利用线性模型和 Heckman 样本选择模型估计了城乡迁移劳动力的工资方程，以检验农村户籍劳动力的二次流动是否是一种人力资本投资行为。

从表 4.6 估计结果可以看出：(1)如果不考虑选择性偏差，采用 OLS 估计得到的结果显示，二次跨区流动能够使得农村户籍劳动力的工资水平增加 6.51%；教育回报率为 2.27%，虽然这个结果不算高，但是与相关研究的结论相近；劳动力健康状况越好，则工资性收入越高，这表明劳动力良好的健康状况对提升他们的生产率来说是有显著影响的。(2)从 Heckman 样本选择模型的估计结果看，选择性偏差项系数在 1%水平下显著，这说明二次流动样本中存在选择性偏差，所以，采用 Heckman 样本选择模型来分析这一问题是合理的。

在考虑样本选择性偏差的情况下，农村户籍劳动力的二次跨区流动能够使工资水平提升 19.2%，因此，对于他们而言，二次跨区流动是一种重要的人力资本投资行为，即农村户籍劳动力为此承担了相应的流动成本，比如迁移费用和心理成本等，最终也获得了更高的工资收益。

表 4.6　全部样本工资方程估计结果

	(1) OLS	(2) HECKMAN
二次跨区流动	0.065 1***	0.192***
	(0.016 2)	(0.038 6)
教育年限	0.022 7***	0.023 1***
	(0.002 92)	(0.002 93)
工作经验	0.021 3***	0.025 2***
	(0.002 65)	(0.002 85)
经验平方	−0.000 359***	−0.000 457***
	(0.000 055 7)	(0.000 061 6)
健康状况	−0.056 2***	−0.064 5***
	(0.010 4)	(0.010 7)
男性	0.204***	0.193***
	(0.017 5)	(0.017 8)
村干部虚拟变量	−0.163**	−0.160**
	(0.066 4)	(0.066 3)
党员虚拟变量	0.027 5	0.028 2
	(0.044 7)	(0.044 6)
选择性偏差项		−0.101***
		(0.028 0)
区域虚拟变量	YES	YES
常数项	7.283***	7.192***
	(0.047 5)	(0.054 3)
样本量	3 222	3 175
R^2	0.296	0.299

注：表中的第(1)、(2)列分别为最小二乘法估计、Heckman 两步估计的结果；***、**、* 分别表示估计值在 1%、5%、10%水平下显著；健康状况变量为被调查者的主观评价，用 1、2、3、4 分别代表健康状况非常好、好、一般和不好；区域虚拟变量为东部、西部和中部区域虚拟变量。

为了进一步检验农村户籍劳动力二次流动是否提高了收入水平，表 4.7 统计了城乡流动劳动力和二次跨区流动劳动力的务工时间、收入及花销情况。

表 4.7 外出务工劳动力最近一次外出务工工作时间、收入及花销

	平均每周工作多少小时	平均每月工作几周	平均每月得到总收入(元)	平均每月花销(元)
城乡流动劳动力	59.14	3.935	2 499	1 200
二次跨区流动劳动力	59.35	3.919	2 796	1 274

从统计结果来看，城乡流动的农村劳动力的月工资收入为 2 499 元，具有二次跨区流动经历的农村户籍劳动力的月工资收入为 2 796 元，高于城乡流动劳动力。同时，城乡流动劳动力和二次跨区流动劳动力在平均每周工作时间、平均每月花销等方面的差距并不大。

农村户籍劳动力的二次跨区流动是一种人力资本投资行为，表明了在城市劳动力市场上，农村户籍劳动力依赖于频繁的跨区流动来谋求更高的工资待遇，这是他们进行二次跨区流动的动因，当然，他们也实现了这一诉求。频繁的二次跨区流动是农村户籍劳动力对于户籍制度对其非农就业限制的有效反馈，也是提高他们收入水平的有效途径，因此，围绕户籍制度进行改革(比如建立城乡一体化的养老、教育、医疗保险等制度)，进一步减少或消除农村户籍劳动力跨区流动的成本和障碍是有意义的。

第五节 本章小结

本章基于农村户籍劳动力二次跨区流动模型，利用 2013 年上海财经大学“千村调查”数据研究了农村户籍劳动力二次流动决策、农村劳动力城乡流动决策，并检验了农村户籍劳动力的二次流动是否是一种人力资本投资行为。本章研究的主要结论包括：

（1）64.0%的农村户籍劳动力有二次跨区流动经历，这说明他们的二次跨区流动比较频繁，这也是他们在就业流动方面与城市户籍居民存在显著区别的地方，从根本上看，这是以户籍制度为代表的制度因素所导致的。

（2）在分析农村户籍劳动力二次跨区流动者的个人特征方面，本书发现：年龄偏大的农村户籍劳动力更容易进行二次跨区流动，人力资本拥有量偏低的农村户籍劳动力更容易进行二次跨区流动，这些发现与传统人力资本理论的解释不完全一致。本书也发现，在农村户籍劳动力的一次流动方面，则与人力资本理论的解释基本一致，年龄较小、人力资本素质拥有量偏高的农村劳动力更容易进行城乡流动。这说明因为户籍的限制作用，使得农村户籍劳动力的二次跨区流动决策与一次城乡流动存在着较大的差异，但从总体来看，户籍制度不利于农村劳动力的非农劳动力供给。

（3）通过考察农村户籍劳动力的工资方程和分析农村户籍劳动力二次跨区流动原因，我们发现农村户籍劳动力的二次跨区流动是一种重要的人力资本投资行为。在考虑选择性偏差性的情况下，二次跨区流动能够帮助农村户籍劳动力提升19.2%的工资水平；在不考虑选择性偏差的情况下，二次跨区流动能够帮助农村户籍劳动力提升6.51%的工资水平。这说明对于他们而言，二次跨区流动是一种重要的人力资本投资方式，农村户籍劳动力为了寻求更高的工资或者更好的发展而进行二次跨区流动，并为此承担相应的流动成本——比如迁移和心理成本等，因此也获得了相应的工资回报。农村户籍劳动力通过这种跨区流动不但实现了资源的优化配置，也提升了自身的工资报酬，这是农村户籍劳动力对户籍制度限制效应的有效反馈。

通过对农村户籍劳动力二次跨区流动决策的考察以及对二次跨区流动是否是一种人力资本投资行为的检验,可以发现两个问题需要进一步解释,第一个是与整体城乡流动的农村劳动力而言,二次跨区流动的农村户籍劳动力群体的人力资本素质较低,但工资水平较高;第二个是为什么人力资本素质较低的农村户籍劳动力更倾向于进行二次跨区流动。

关于第一个问题,从人力资本理论上看,农村户籍劳动力的二次跨区流动需要承担相应的流动成本,尽管从描述性统计上发现二次流动农村户籍劳动力的工资水平高于城乡流动劳动力,但并不意味着进行二次流动的农村户籍劳动力的净收益会高于城乡流动劳动力,因为没有考虑流动成本对净收益的影响。由于在数据当中没有对流动的成本变量进行直接调查,而关于流动成本的度量也相对较复杂,因此不能够准确地度量计算农村户籍劳动力二次跨区流动的净收益,进而无法与城乡流动劳动力进行横向对比。

关于第二个问题,农村劳动力向城市的转移就业和农村户籍劳动力二次跨区流动都可以看作是一种人力资本投资行为,即农村劳动力根据流动后的期望收益和流动的成本权衡来作出流动的决策,是符合劳动者收入最大化的。但是农村劳动力的城乡流动与农村户籍劳动力的二次跨区流动是有区别的,农村劳动力进行城乡流动的原因在于城市和农村间较大的收入差距,而农村户籍劳动力二次跨区流动的原因在于不同城市间工资收入间的差距,从数值大小上看,一般而言,城乡收入差异要大于城市间的工资差距,这就决定了进行二次跨区流动的农村户籍劳动力的人力资本素质较城乡流动劳动力可能较低,因为从上一个城市流动到下一个城市,未必就意味着上一个城市的经济发展水平不如下一个城市,而只能说下一个城市更适合农村户籍劳动力,他们能在下一个城市获得比上一个城市更高水平的工资，或者农村户籍劳动力在上一个城市没有工作却在下一个城市找到了工作，但是这些原因只针对于一部分农村户籍劳动力而存在，对于那些人力资本素质较高的农村户籍劳动力情况可能并非如此。

因此，农村户籍劳动力的二次流动决策与农村劳动力的城乡流动决策是不一致的。由于城乡之间巨大的收入差距，吸引了数量巨大的农村劳动力从农村地区流动到城市地区，许多人力资本素质较高的农村户籍劳动力在第一个城市可能就找到了适合自己的工作，有较好的职业发展前景，不愿意继续流动；但是另外一些人力资本素质较低的农村户籍劳动力感到在第一个城市的工作不是那么满意或者后来失业了，因而流动到下一个城市，直至找到令自己满意的工作为止，因此就产生了二次跨区流动行为。基于人力资本投资理论研究农村户籍劳动力二次跨区流动有助于更好地理解农村户籍劳动力非农劳动供给的特征和规律，有利于认识和理解户籍制度对农村劳动力非农劳动供给的影响。

本章的结果显示，户籍制度不仅限制了农村劳动力的城乡流动，也提高了农村户籍劳动力二次跨区流动的成本，限制了他们的二次跨区流动，这是户籍制度对农村劳动力非农劳动供给限制作用的两种不同的表现形式，因此，在当前人口红利逐渐下降、农村劳动力供给相对不足的情况下，围绕户籍制度改革，保障农村户籍劳动力的社会福利待遇，逐步取消户籍限制，打破农村劳动力城乡流动的障碍和降低农村户籍劳动力二次跨区流动的成本是有必要的。此外，增加农村地区的教育事业投入，普及对农村劳动力的技能培训，建立健全农村劳动力的就业咨询和服务体制是提高农村居民收入、促进农村劳动力非农劳动力供给的有效途径。刻画在城市劳动力市场上对农村劳动力歧视的程度，同时准确地度量由于户籍制度产生的农村劳动力供给的减少无疑对解释中国当前劳动力市场的特点和中国经济的发展的现状是有意义的。下一章将利用农村劳动力供给弹性测算方法以及农村户籍劳动力和城镇户籍劳动力工资差异的分解来度量由于对农村户籍劳动力市场的歧视而引起的农村劳动力相对于潜在劳动力供给的减少。

注　释

[1] 根据每一条原因的数量除以所有原因的总数，得出每一条原因在全部原因中所占的比例。

[2] 线性概率估计和 Probit 估计的结果均显著。

第五章
户籍制度、工资歧视与农村居民非农劳动力供给

自中国改革开放以来，大量的农村劳动力涌入城市当中积极投身于中国经济发展的事业中，为经济的快速增长、城乡收入差距的缩小、中国的城镇化建设起到了十分关键的影响，在当前中国经济发展的现状下，农村劳动力供给仍将对中国经济的发展起到十分重要的影响（李建伟，1998；丁霄泉，2001；张广婷等，2010；钟水映、李魁，2009）。根据国家统计局农村户籍劳动力监测调查报告的数据，2008年外出农村户籍劳动力数量为1.40亿，2013年上升为1.66亿，较2008年涨幅为18.57%，年均增长6.19%。如何在中国劳动力人口红利逐渐减少、农村剩余劳动力与“民工荒”共存、中国经济增长减缓的情况下进一步提高农村劳动力的供给已成为社会关注的热点问题。

中国固有的户籍制度使得农村户籍劳动力的供给呈现出独有的特征：(1)中国农村劳动力剩余与劳动力供给不足共存。根据国家统计局公布的调查数据，农村户籍劳动力的工资水平在2004年以后出现了持续性大幅度的上涨，年均涨幅超过10%；在工资大幅上涨的同

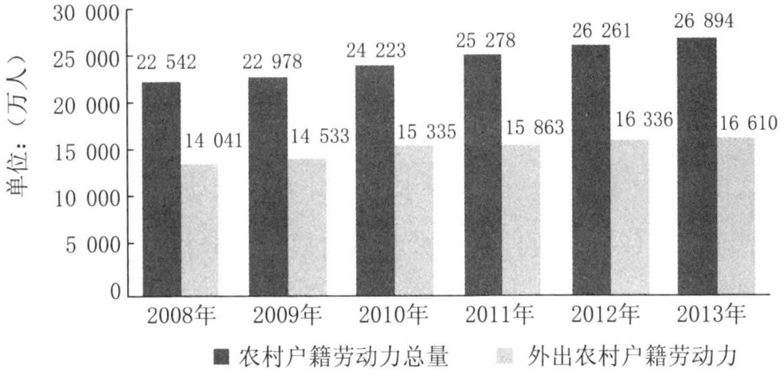

资料来源:国家统计局。

图 5.1　2008—2013 年农村户籍劳动力和外出农村户籍劳动力数量统计

时,城市劳动力市场上“民工荒”现象却一直未明显缓解,约翰·奈特等(2011)指出在城市劳动力供给不足的情况下,农村存在着劳动力的剩余,且该现象会在未来时期内持续。(2)在城市劳动力市场上,存在着对农村户籍劳动力的歧视。Meng 等(2001)通过上海市劳动力市场上的微观调查数据得出了在农村户籍劳动力与城镇居民的工资差异中有 49.18%是由歧视性因素造成的。王美艳(2005)利用全国人口普查数据得出了在农村劳动力和城镇居民的工资差异中 43%是由歧视等不可以解释的非市场化因素造成的。本书采用 CHNS 数据分解了城市户籍劳动力和农村户籍劳动力工资差异,得出了工资差异中有 44.71%是由于歧视性因素所导致的,因此对农村户籍劳动力的歧视不仅存在,且从数量上看歧视的程度是比较严重的。

现有文献也对农村户籍劳动力市场的特征作了理论解释。蔡昉(2007)认为随着中国人口红利的逐渐减少,中国的二元经济结构和户籍制度限制了农村劳动力的流动,在中国刘易斯拐点即将到来的时候,改变制度性障碍是提高农村劳动力供给的途径。郭继强(2005)通过引入劳动力的最低工资约束研究了劳动力供给的特点,得出了在工资水平没有达到拐点之前，随工资水平的上升，劳动供给是逐渐减少的，而在工资水平超过拐点之后，劳动力的供给是随着工资水平的上升而逐渐提高的，由于中国劳动力市场的工资水平处于拐点之前，所以才会出现随工资水平上升农村劳动供给逐渐减少的情况。丁守海(2011)通过农村家庭供给模型的分析，认为劳动的供给随工资水平的变化是不连续的，随着城市劳动力市场工资水平的提高，农村劳动力的保留工资水平也会上升，只有当工资上涨的幅度超过劳动力保留工资上涨的程度时农村劳动力的供给才会增加，中国农村劳动力剩余与城市用工短缺并不是矛盾的。尽管现有文献从不同的角度对城市劳动力市场的特点进行了不同的解释，但并未将这两个特征联系在一起来分析，即一方面随着工资水平的提高，在劳动力市场外部农村户籍劳动力的非农劳动供给并未有很大提高，从而出现了用工短缺和劳动力剩余的特征；另一方面，在城市劳动力市场内部，又存在着比较严重的对农村户籍劳动力的歧视，农村户籍劳动力的人力资本回报率要显著低于城镇户籍劳动力。那么，联系劳动力市场内部和外部的情况，对农村劳动力的歧视导致了农村劳动力承受了更低水平的工资，而农村劳动力会根据更低水平的工资作出反应，即作出是否留守在家或外出务工的决策，那么从数量上看，对农村劳动力的歧视或者说由于户籍制度的存在使得农村劳动力相对于潜在的劳动力供给水平少供给了多少，对经济的影响又是什么，研究这些问题是有必要的。

本章将结合前两章的方法和结论，分析对农村户籍劳动力的歧视所产生的农村劳动力供给的减少问题。具体框架是首先通过估算农村户籍劳动力的非农劳动参与弹性来刻画农村户籍劳动力对工资的敏感程度；其次考察劳动力市场上对农村户籍劳动力的歧视问题，对农村户籍劳动力和城市户籍劳动力的工资差异进行分解，度量歧视性成分所占的比重;最后根据计算出的农村户籍劳动力的非农劳动参与弹性和工资差异中歧视性成分所占总差异的比重来测算户籍制度对农村劳动力供给的具体影响。

第一节 农村劳动力非农劳动供给

农村剩余劳动力向城市的转移无疑有利于劳动力资源的合理配置,有助于提高要素的生产效率,大大促进了经济的快速增长(刘强,2001;刘秀梅、田维明,2005;贾伟、辛贤,2010)。然而,随着经济增长、劳动力工资水平的提高、人口老龄化的加速,在户籍制度下农村劳动力的供给表现出有限的劳动供给,劳动力供给的相对不足和人口红利的减少难以使得经济持续性增长(汤向俊、任保平,2010),因此如何进一步促进农村剩余劳动力的供给,改革户籍制度成为今后中国经济增长的关键任务。蔡昉(2010)认为相对于中国经济的快速增长,社会发展相对滞后,使得社会保护水平与需求水平不相匹配;另外,中国政府在推动公共服务建设上远远做得不够,城乡居民在享受公共服务的权利和机会上仍存在较大差异。在户籍制度下,中国历来偏向城市的政策导向加剧了劳动力短缺与剩余的矛盾,转变政府职能、切实保护好农村流动劳动力享有公共服务的相应权利是应对刘易斯拐点到来的策略。曹玉书、楼东玮(2012)认为由于制度性的障碍,使得人力资本的流动在行业之间存在资源的错配,大量农村劳动力滞留在农村,要素流动的障碍和资源错配影响了短期和长期经济产出的组合比例和方式,不利于经济持续性快速增长。袁志刚、解栋栋(2011)认为由于中国受到户籍制度和土地制度的制约,产业内劳动力供给呈现出第一产业就业人数明显高于其他产业的情况,通过作者对劳动力配置对经济影响的估计,得出农村劳动力的流动障碍对经济增长造成的损失为−8%左右，所以农村剩余劳动力的供给不足是当前中国经济进一步增长的关键瓶颈。Dietrich Vollrath (2009)研究了中国的二元经济对全要素生产率的影响，发现由于大量的农村劳动力从事农业生产，使得中国整体的要素生产率大大的降低了。盖庆恩、朱喜、史清华(2013)利用了 Stone-Gray 效用函数研究了中国劳动力市场扭曲对劳动生产率的影响，发现农业部门和非农业部门间存在劳动力的扭曲，且扭曲的趋势随时间变化并未减弱，如果消除劳动力市场的扭曲，则中国的劳动生产率会提高19.5%。丁守海(2011)基于家庭分工的角度研究了农村劳动力的供给问题，发现在劳动力剩余条件下，农村劳动力并非是无限供给的，随着农村劳动力供给的增加，农村劳动力的保留工资水平也不断提高，因此工资的上涨并不一定带来农村剩余劳动力的供给增加，相反可能出现剩余与供给不足并存的情况。

第二节　工资歧视与非农劳动供给：实证模型

实证模型主要包含两部分，一部分是用来估计农村户籍劳动力的非农劳动力参与弹性，另一部分是用来对城市劳动力市场上农村劳动力和城市劳动力间的工资差距进行分解。具体模型如下：

一、 非农劳动供给参与弹性估计模型

首先，农村户籍劳动力的非农劳动参与方程为：

$$p_i^* = S_i\alpha + u_i \tag{5.1}$$

$$p_i = \begin{cases} 1 & \text{如果 } P_i^* > 0 \\ 0 & \text{如果 } P_i^* \leqslant 0 \end{cases} \tag{5.2}$$

其中，式(5.1)为农村户籍劳动力非农劳动选择方程，$p_i=0$ 表示农村户籍劳动力参与非农就业，$p_i=1$ 表示农村户籍劳动力停留在家；S_i 不包含工资变量，为影响农村户籍劳动力参与非农劳动的解释变量，S_i 主要有关个体 i 的人力资本素质以及包含与 i 有关的家庭因素。

其次，根据农村户籍劳动力的非农劳动参与方程，利用 Probit 模型估计非农劳动参与：

$$\text{Probit}(p_i=1)=\text{Prob}(S_i\alpha+u_i>0)=\Phi(S_i\alpha) \tag{5.3}$$

其中，$\Phi(\cdot)$为标准正态分布函数，$\Phi(x)=\int_{-\infty}^{x}\phi(y)\mathrm{d}y$，$\phi(\cdot)$为标准正态密度函数。

第三，根据 Heckman 模型，引入选择性偏差项 λ_i，构建工资方程：

$$\ln wage_i=X_i\beta_1+\beta_2\lambda_i+\varepsilon_i \tag{5.4}$$

其中，X_i 为影响非农就业工资水平的解释变量，选择性偏差项 λ_i 为逆米尔斯比率：

$$\lambda_{Li}=\frac{\varphi(S_i\alpha)}{\Phi(S_i\alpha)} \tag{5.5}$$

$$\lambda_{Ui}=\frac{\varphi(S_i\alpha)}{1-\Phi(S_i\alpha)} \tag{5.6}$$

λ_{Li}对应于参与非农劳动的农村户籍劳动力，λ_{Ui}对应于停留在家的农村户籍劳动力。

第四，根据式(5.6)预测出所有农村户籍劳动力的工资水平，然后将其带入农村户籍劳动力非农劳动参与方程中重新进行估计，来得到工资水平对农村户籍劳动力非农劳动参与的影响。

$$\text{Probit}(p_i=1)=\Phi(\gamma_1\ln\widehat{wage}+S_i\alpha) \tag{5.7}$$

根据式(5.7),可以计算出农村户籍劳动力非农劳动参与的工资弹性:

$$\eta=\frac{\partial \Phi(\gamma_1 \ln \widehat{wage}+S_i\alpha)}{\partial \ln \widehat{wage} \ * \bar{p}}=\hat{\gamma}_1 \frac{\varphi}{\bar{p}} \tag{5.8}$$

其中,$\bar{p}$ 为农村户籍劳动力非农劳动参与率的均值。

二、 农村户籍劳动力和城镇户籍劳动力工资差异分解

根据式(5.4)工资方程估计,采用了 Oaxaca-Blinder 二部分解的形式对农村劳动力和城市劳动力间的工资差异进行分解,分别代表人力资本特征差异等可以解释的部分以及对农村户籍劳动力的歧视所产生的不可以解释的部分,具体分解如下:

$$\begin{aligned} &E[\ln(wage_{urban})]-E[\ln(wage_{rural})] \\ &=[E(X_{urban})-E(X_{rural})]\hat{\beta}_{rural}+E(X_{urban})(\hat{\beta}_{urban}-\hat{\beta}_{rural}) \end{aligned} \tag{5.9}$$

其中,下标 *urban* 和 *rural* 分别代表城镇户籍和农村户籍;等号左边代表城镇户籍劳动力平均工资与农村户籍劳动力平均工资的差异;等号右边第一项代表城镇户籍和农村户籍劳动力工资差异中市场化因素可以解释的部分,等号右边第二项代表工资差异中不可以解释的部分,即歧视。

由于在工资方程中包含了选择性偏差项,参考 Neumark, S. 和 R. Oaxaca(2003),以及张车伟、薛欣欣(2008)关于工资差异的分解方法,本书在工资差异分解中也针对选择性偏差项进行相应分解,具体分解如下:

$$\begin{aligned} &E[\ln(wage_{urban})]-E[\ln(wage_{rural})] \\ &=[E(X_{urban})-E(X_{rural})]\hat{\beta}_{rural}+E(X_{urban})(\hat{\beta}_{urban}-\hat{\beta}_{rural}) \\ &\quad+[\hat{\pi}_{u\varepsilon}E(\lambda_{urban})-\hat{\pi}_{r\varepsilon}E(\lambda_{rural})]E(\lambda_{urban}) \end{aligned} \tag{5.10}$$

$$
\begin{aligned}
&E[\ln(wage_{urban})]-E[\ln(wage_{rural})] \\
&=[E(X_{urban})-E(X_{rural})]\hat{\beta}_{rural}+\hat{\pi}_{r\varepsilon}[E(\lambda_{urban})-E(\lambda_{rural})] \\
&\quad +E(X_{urban})(\hat{\beta}_{urban}-\hat{\beta}_{rural})+[\hat{\pi}_{u\varepsilon}-\hat{\pi}_{A\varepsilon}]E(\lambda_{urban}) \qquad (5.11)
\end{aligned}
$$

其中,式(5.11)等号右边第一项和第二项是由人力资本特征等市场化因素可以解释的部分,第三项和第四项是工资模型估计的系数差异所导致的工资差异,这不是市场化因素可以解释的部分,即歧视性部分。

第三节　工资歧视与非农劳动供给:实证结果

一、数据

本章数据来源于CHNS数据中1993—2011年农村户籍和城镇户籍的微观调查数据,本书将被调查者的年龄限制男性为16—60岁,女性为16—55岁;对于非农劳动,本书将调查问卷中从事“主要职业为农民、渔民、猎人”的劳动定义为农业劳动,而将其他类别且同时包含工资性收入的劳动定义为非农劳动;关于工资水平,本书整理了月工资和小时工资两类工资,其中月工资为工作获取的工资收入、各种补贴和奖金三部分之和,同时为了剔除掉通货膨胀的因素,本书用2011年不变价格的通胀指数计算了实际工资收入;在月工资的基础上,本书统计了小时工资,即小时工资=月工资/(每周工作小时数×4);此外,本书在数据中剔除了职业类别、工资缺失的数据,并按照月工资和小时工资剔除掉极端值上下1%的样本。

二、不同户籍劳动力非农劳动参与工资统计

表5.1列出了16—60岁农村户籍劳动力和城市户籍劳动力整体

和不同分样本非农劳动参与率的结果。从结果中可以看出，对整体劳动力而言，城镇户籍劳动力的非农劳动参与率为 89.5%，农村户籍劳动力非农劳动力参与率为 27.0%，远低于城镇户籍劳动力；从不同年份的分样本看，农村户籍劳动力的非农劳动参与均是逐年提高的，对于当前中国是否出现“刘易斯拐点”的讨论，本章历年农村户籍劳动力非农劳动参与率的统计数据并不支持“刘易斯拐点”的到来，城镇户籍劳动力在 2004 年之后的非农劳动力参与率要高于 2004 年之前非农劳动力参与率；从性别上看，不论城市户籍劳动力还是农村户籍劳动力，男性群体的非农劳动力参与率均高于女性，这与男性和女

表 5.1　不同户籍劳动力平均非农劳动参与率统计

		城镇户籍	农村户籍
全部样本	1993—2011	0.895	0.270
年　　份	1993	0.875	0.193
	1997	0.877	0.197
	2000	0.862	0.249
	2004	0.904	0.280
	2006	0.918	0.299
	2009	0.917	0.341
	2011	0.915	0.433
性　　别	男性	0.904	0.313
	女性	0.882	0.221
年　　龄	16—30 岁	0.892	0.358
	30—55 岁	0.896	0.237
教育程度	初中及以下	0.835	0.240
	高中或中专以上	0.939	0.494
工作经验	0—20 年	0.911	0.369
	20 年以上	0.885	0.217

注：表中数据均为平均值。

性在家庭分工中所扮演的角色是一致的；从不同年龄段的群体来看，城市户籍中16—30岁群体与30—55岁群体的非农劳动力参与率差距不大，仅为0.4%，农村户籍的老一代30—55岁群体的非农劳动力参与率为0.237，显著低于新一代16—30岁群体的非农劳动力参与率35.8%；从受教育程度看，不论城镇户籍劳动力还是农村户籍劳动力，高中或中专以上劳动力的非农劳动力参与率要高于初中及以下劳动力的非农劳动参与率；从工作经验来看，不同户籍劳动力0—20年工作经验的劳动力非农劳动力参与率均高于20年以上劳动力的非农劳动力参与率。

为了考察农村户籍劳动力与城市户籍劳动力在工资水平上的差异，表5.2分别统计了不同户籍劳动力的实际小时工资，结果表明：(1)从年份、教育程度、工作经验、年龄、性别的角度来看，城市户籍劳动力的小时工资均高于农村户籍劳动力，二者的平均小时工资比为1.287；(2)从历年的情况来看，不同户籍劳动力的小时工资均是逐渐提高的，其中城镇户籍劳动力工资由2.682上升到了14.74，上涨了4.5倍，农村户籍劳动力工资由2.645上升到了10.81，上涨了3.09倍，城镇户籍劳动力小时工资的上涨幅度高于农村户籍劳动力；(3)从教育程度的角度看，随着教育程度的提高，不同户籍劳动力的实际工资均是提高的，其中初中及以下教育层次的城镇户籍劳动力和农村户籍劳动力的小时工资差异最小，为0.306元，而大专及本科层次的城镇户籍劳动力和农村户籍劳动力的小时工资差异最大，为2.410，即随着教育水平的提高，农村户籍劳动力和城镇户籍劳动力工资不仅在水平上提高了，而且在差异上也增大了；(4)从工作经验的情况看，城镇户籍劳动力的小时工资随着经验的增加而逐渐提高，而农村户籍劳动力小时工资随经验也是逐渐提高的，且在20—30年阶段工资水平达到最高，另外，随着工作经验的提高，不同户籍劳动力的工资差距也不断增大，工资比也不断提高；(5)从年龄情况看，随着年龄的提高，不同户籍劳动力的小时工资均逐渐增加，且工资差距也不同程度提高，其中30—40岁阶段城市户籍劳动力和农村户籍劳动力的工资差异比最低，为1.192，50岁以上不同户籍劳动力的工资差异比最高，达到1.451；从分性别的情况看，男性劳动力的工资水平均高于女性，且男性城镇户籍劳动力与农村户籍劳动力的工资差异和工资比均高于女性群体。

表5.2　不同户籍劳动力平均小时工资　(单位：元)

		城镇户籍	农村户籍	差　异	工资比
年　份	1993	2.682	2.645	0.037	1.014
	1997	4.281	3.629	0.652	1.180
	2000	6.249	5.502	0.747	1.136
	2004	7.874	5.504	2.370	1.431
	2006	9.089	6.674	2.415	1.362
	2009	11.60	8.857	2.743	1.310
	2011	14.74	10.81	3.930	1.364
教育程度	大专及本科	12.90	10.49	2.410	1.230
	高中和中专	8.833	7.281	1.552	1.213
	初中及以下	6.481	6.175	0.306	1.050
工作经验	0—10年	8.418	5.771	2.647	1.459
	10—20年	8.527	6.260	2.267	1.362
	20—30年	9.012	7.042	1.970	1.280
	30年以上	9.362	6.911	2.451	1.355
年　龄	30岁以下	7.271	5.564	1.707	1.307
	30—40岁	8.104	6.801	1.303	1.192
	40—50岁	9.200	7.006	2.194	1.313
	50岁以上	10.50	7.234	3.266	1.451
性　别	男	9.098	6.989	2.109	1.302
	女	8.062	5.614	2.448	1.436

注：表中数值均为以2011年不变价格折算的实际值。

三、 核心变量统计

表 5.3 列出了本章农村户籍劳动力核心变量的描述性统计，从结果可以看出，有 51.1%的劳动力为男性；农村劳动力的平均受教育年限为 7.035 年；平均年龄为 37.79 岁，且有 69.4%的劳动力年龄超过了 30 岁；有 81.6%的劳动力为已婚人口；农村劳动力家庭的平均支出水平为 5 671 元。

表 5.3 农村户籍样本相关变量的统计描述

	观测值	均 值	标准差	最小值	最大值
性别(男性虚拟变量)	34 200	0.511	0.500	0	1
受教育年限(年)	33 124	7.035	3.391	0	18
年龄(岁)	34 200	37.788	12.000	16	60
大于等于 30 岁虚拟变量	34 200	0.694	0.461	0	1
工作经验(年)	33 124	25.035	13.447	0	54
婚姻(已婚虚拟变量)	33 334	0.816	0.388	0	1
家庭规模(人)	33 104	4.300	1.446	1	13
家庭总支出(元)	33 059	5 671.300	0.022	0	122 476
孩子数量(人)	9 336	1.061	1.170	0	9

注：家庭总支出是按照 2011 年不变价格折算后的实际值。

四、 劳动力非农劳动参与弹性估计结果

根据劳动力非农劳动参与弹性估计模型的设定，表 5.4 估计了包含预测工资的解释变量对农村户籍劳动力非农劳动参与的估计结果，从平均边际效应的结果来看：(1)预测工资变量对农村户籍劳动力非农劳动力参与的影响均是显著为正的(1%的显著性水平)，即当工资上涨时，农村户籍劳动力的非农劳动参与会提高，且不同群体分样本下各个分样本的情况在数值上是有差异的；(2)具体地，工资每上涨 1%，男性群体的非农劳动力参与率会提高 3.986%，而女性群体的非农劳动力参与率会提高 1.808%； 16—30 岁群体的非农劳动参与

表 5.4　农村户籍劳动力非农劳动参与模型估计结果

	性别		年龄		教育水平		工作经验	
	男性	女性	16—30 岁	30 岁以上	初中以下	高中以上	0—20 年	20 年以上
预测工资	3.986***	1.808***	5.092***	1.024***	1.265***	4.964***	4.601***	1.619***
	(0.389)	(0.334)	(0.452)	(0.173)	(0.185)	(0.556)	(0.384)	(0.243)
已婚	−7.353***	−8.687***	−8.751***	−23.05***	−2.490***	−5.768***	−8.131***	−13.81***
	(1.329)	(0.890)	(1.038)	(2.974)	(0.287)	(1.046)	(0.930)	(2.099)
孩子数量		−0.225***	−0.437***	−0.230***	−0.242***	−0.206*	−0.299***	−0.217***
		(0.038 4)	(0.119)	(0.043 0)	(0.039 1)	(0.114)	(0.075 3)	(0.046 9)
受教育年限	0.582***	0.833***	1.382***	1.006***	0.260***	0.337***	0.785***	0.767***
	(0.137)	(0.073 6)	(0.182)	(0.147)	(0.018 7)	(0.078 1)	(0.106)	(0.098 1)
男性			4.504***	3.39***	1.757***	4.230***	4.545***	3.810***
			(0.545)	(0.352)	(0.195)	(0.712)	(0.519)	(0.410)
工作经验	0.401***	0.224***	1.075***	2.326***	0.071 9***	0.417***	0.580***	6.186***
	(0.116)	(0.025 6)	(0.143)	(0.314)	(0.012 0)	(0.082 8)	(0.081 0)	(0.905)
经验平方	−2.743***	−1.139***	−4.477***	−6.692***	0.026 0	−1.427***	−2.413***	−10.90***
	(0.762)	(0.117)	(0.594)	(0.895)	(0.022 0)	(0.262)	(0.328)	(1.593)

（续表）

	性别		年龄		教育水平		工作经验	
	男性	女性	16—30岁	30岁以上	初中以下	高中以上	0—20年	20年以上
家庭总支出	9.996***	5.260***	8.957***	4.298**	6.508***	1.925	7.969***	4.838***
	(3.462)	(1.459)	(2.339)	(1.747)	(1.434)	(3.377)	(2.143)	(1.789)
家庭规模	−0.052 9*	0.009 33	−0.026 7	0.023 1	0.005 19	−0.064 0	−0.005 54	−0.000 400
	(0.029 9)	(0.019 3)	(0.020 8)	(0.026 3)	(0.016 9)	(0.052 9)	(0.019 4)	(0.029 8)
户主	−0.067 7	0.371***	0.043 5	0.361***	0.327***	0.423	0.233	0.354***
	(0.406)	(0.122)	(0.280)	(0.129)	(0.127)	(0.306)	(0.228)	(0.135)
常数项	72.30***	181.1***	104.1***	−678.9***	50.04***	−107.0***	111.4***	323.2***
	(13.01)	(18.40)	(12.21)	(90.06)	(5.132)	(18.50)	(12.40)	(47.05)
样本量	1 266	4 394	2 476	3 184	5 122	538	2 837	2 823

注：表中估计值均为Probit模型的平均边际效应；表中未列出地区虚拟变量的估计结果；括号中的数字代表估计值的标准差；***、**、*分别表示估计值在1%、5%、10%显著性水平下显著。

率会提高 5.09%，幅度是在所有子样本中最大的，而 30 岁以上群体的非农劳动参与率会提高 1.02%，该数值在子样本中为最小；(3)已婚和家庭孩子数量是不利于农村户籍劳动力的非农劳动参与的，这与第三章中的结论是一致的；(4)接受正规教育的年限、男性和工作经验对农村户籍劳动力非农劳动参与的影响是显著为正的；(5)家庭总支出越高，农村户籍劳动力的非农劳动参与率越高。

表 5.4 估计了各个解释变量对农村户籍劳动力非农劳动参与的影响，通过表 5.4 的结果，表 5.5 计算了农村户籍劳动力非农劳动参与工资弹性。从农村户籍子样本参与工资弹性的数值来看，男性群体的工资参与弹性为 4.15，即工资上涨 1%，男性外出务工的概率增加 4.15%，女性群体的工资参与弹性要低于男性，为 2.73；从年龄上看，16—30 岁群体非农劳动力参与弹性要明显高于 30 岁以上的群体；从教育水平的角度，初中以上群体的非农劳动参与弹性为 2.76，而高中以上群体的非农劳动参与弹性为 3.35，教育水平越高的劳动力对工资的反应越敏感；从劳动力的经验上看，工作经验为 0—20 年群体的非农劳动参与率达到最高，为 5.16 年，而 20 年以上群体的非农劳动参与率达到最低，仅为 1.09。

表 5.5　农村劳动力非农劳动供给参与弹性

	性别		年龄		教育水平		工作经验	
	男性	女性	16—30 岁	30 岁以上	初中以下	高中以上	0—20 年	20 年以上
参与弹性	4.15	2.73	4.74	1.44	2.76	3.35	5.16	1.09

为了分析和比较不同时期内农村户籍劳动力和城市户籍劳动力整体和分样本非农劳动参与弹性的大小，根据实证模型的设定，本书计算了包含城市户籍劳动力在内的非农劳动力参与弹性，具体见表 5.6。

表 5.6 不同户籍劳动力非农劳动参与工资弹性

	劳动力		农村户籍				城镇户籍			
			性别		年龄		性别		年龄	
	农村户籍	城镇户籍	男性	女性	16—30岁	30岁以上	男性	女性	16—30岁	30岁以上
全部样本	3.10	4.51	4.15	2.73	4.74	1.44	5.57	4.13	5.79	3.96
1993—2000	4.07	5.57	4.80	2.95	4.91	2.35	6.11	5.09	6.82	4.66
2004—2011	2.92	4.41	3.34	2.01	4.17	1.16	5.34	4.06	5.60	3.51
2011	2.57	4.32	3.08	1.92	3.84	1.20	4.52	4.03	5.40	3.79

从不同子样本的非农劳动力参与弹性的结果来看：(1)相比较农村户籍，城市户籍劳动力的非农劳动参与弹性均高于农村户籍劳动力，以全部样本来看，城镇户籍劳动力的非农劳动力参与弹性为4.51，高于农村户籍劳动力。(2)为了考察不同时期内农村户籍劳动力和城市户籍劳动力参与弹性的变化趋势，本书还估计了1993—2000年、2004—2011年以及2011年的非农劳动参与弹性，其中农村户籍劳动力的非农劳动参与弹性随时间逐渐下降，而农村户籍劳动力不同性别和年龄子样本的非农劳动力参与弹性随时间变化的趋势均是逐渐下降，即随着时间推进、劳动力工资水平的提高，农村劳动力对工资的敏感程度是逐渐下降的，由于农村户籍劳动力外出务工的保留工资水平是逐渐提高的，因此只有当工资的上涨速度超过保留工资的上涨速度时，非农劳动供给才会发生。(3)对于城镇户籍的劳动力非农劳动力参与工资弹性随着时间的变化趋势也是逐渐减小的。

通过对农村户籍劳动力和城镇户籍劳动力非农劳动参与工资弹性的分析，可以得出：(1)农村户籍劳动力的非农参与弹性较低；

(2)农村劳动力男性非农劳动参与弹性高于女性;(3)农村劳动力30岁以下的年轻群体的非农劳动参与弹性高于30岁以上的群体;(4)农村户籍劳动力和城镇户籍劳动力的非农劳动参与弹性随时间变化的趋势均是逐渐减少的。

五、农村户籍劳动力和城镇户籍劳动力工资差异分解

对于农村户籍劳动力和城镇户籍劳动力的工资差异,本书仍然采用了Oaxaca-Blinder两部分解的形式,表5.7列出了农村户籍劳动力和城镇户籍劳动力1993—2011年样本工资差异分解的结果。

表5.7 农村户籍劳动力和城镇户籍劳动力1993—2011年工资差异分解结果

	总差异(ln)	特征差异		系数差异	
		差异(ln)	百分比	差异(ln)	百分比
已婚	−0.039 5	0.001 09	−2.76	−0.040 6	102.76
教育	0.623	0.063 1	10.13	0.56	89.87
男性	−0.037 3	−0.037 1	99.46	−0.000 2	0.54
经验	−0.208	−0.009 64	4.64	−0.198	95.36
经验平方	0.248	0.020 3	8.18	0.228	91.82
总计	0.317	0.184	58.04	0.133	41.96

注:分解中未列出国有企业虚拟变量、地区、年份变量虚拟变量和选择性偏差项的分解系数。

从表5.7中可以看出,整体样本中,农村户籍劳动力与城镇户籍劳动力工资差异中有58.04%是可以由市场化因素解释的,而剩下的41.96%的工资差异是由歧视所导致的,这一结果和第四章中采用整体样本进行工资差异分解的结果基本一致,也和相关文献的研究结论一致(Meng et al., 2001;王美艳,2005)。

为了进一步分析农村户籍劳动力与城镇户籍劳动力工资差异分

解的结果随时间变化的趋势，本书将整体样本划分了 1919—2000 年、2004—2009 年和 2011 年三个时间段子样本，分别对子样本的农村户籍劳动力与城镇户籍劳动力的工资差异进行分解，表 5.8、表 5.9 和表 5.10 分别列出了三个时期农村户籍劳动力和城镇户籍劳动力工资差异分解的结果。

表 5.8　农村户籍劳动力和城镇户籍劳动力 1993—2000 年工资差异分解

	总差异(ln)	特征差异		系数差异	
		差异(ln)	百分比	差异(ln)	百分比
已　婚	−0.019 9	−0.014 8	74.41	−0.005 09	25.59
教　育	0.260	0.059 1	22.72	0.201	77.28
男　性	−0.066 5	−0.005 33	8.01	−0.061 2	91.99
经　验	−0.004 4	0.039 9	−906.82	−0.044 3	1 006.82
经验平方	0.109	−0.013 7	−12.53	0.123	112.53
总　计	0.088 2	0.065 1	73.81	0.023 1	26.19

注：分解中未列出国有企业虚拟变量、地区、年份变量虚拟变量和选择性偏差项的分解系数。

表 5.9　农村户籍劳动力和城镇户籍劳动力 2004—2009 年工资差异分解

	总差异(ln)	特征差异		系数差异	
		差异(ln)	百分比	差异(ln)	百分比
已　婚	−0.228	0.009 09	−3.99	−0.237	103.99
教　育	0.632	0.089 3	14.12	0.543	85.88
男　性	−0.027 0	−0.018 2	67.56	−0.008 74	32.44
经　验	0.041 5	−0.034 2	−82.41	0.075 7	182.41
经验平方	0.106	0.027 1	25.64	0.078 6	74.36
总　计	0.173	0.091 3	52.77	0.081 7	47.23

注：分解中未列出国有企业虚拟变量、地区、年份变量虚拟变量和选择性偏差项的分解系数。

表 5.10　农村户籍劳动力与城镇户籍劳动力 2011 年工资差异分解

	总差异(ln)	特征差异		系数差异	
		差异(ln)	百分比	差异(ln)	百分比
已　婚	−0.004 95	−0.000 76	15.30	−0.004 19	84.70
教　育	0.54	0.113	20.93	0.427	79.07
男　性	−0.067 8	0.002 82	−4.16	−0.070 6	104.16
经　验	0.425	−0.001 23	−0.29	0.426	100.29
经验平方	−0.131	0.004 92	−3.75	−0.136	103.75
总　计	0.228	0.131	57.46	0.097	42.54

注:分解中未列出国有企业虚拟变量、地区、年份变量虚拟变量和选择性偏差项的分解系数。

1993—2000 年、2004—2009 年和 2011 年农村户籍劳动力与城镇户籍劳动力工资差异分解的结果显示,早期(1993—2000 年)农村户籍劳动力与城镇户籍劳动力工资差异分解中对农村户籍劳动力的歧视所引起的工资差异只占到总工资差异的 26.19%,由人力资本素质等市场化因素所解释的工资差异占到了主要部分;中期(2004—2010 年)农村户籍劳动力与城镇户籍劳动力工资差异中歧视性成分所引起的工资差异占总工资差异的比重迅速上升至 47.23,这表明了对农村户籍劳动力的工资歧视随时间变化的趋势非但没有减弱反而增强了,很显然,对农村户籍劳动力的歧视不利于城乡收入差距的减弱,不利于劳动力报酬在初次分配中的比重的提高,不利于社会的公平和稳定(郭震,2013); 2011 年城镇户籍与农村户籍劳动力的工资差异中有 42.54%是由于对农村劳动力的歧视所导致的,和 2004—2010 年样本分解的结果相比,该比例稍有下降,但仍然处于相对较高的水平。

盖庆恩、朱喜、史清华(2013)通过考察两部门的经济模型,研究了中国劳动力市场扭曲以及劳动生产率问题,发现中国劳动力市场是存在扭曲的，且扭曲的程度是随时间变化而逐渐加强的，并测算得出如果消除劳动力市场的扭曲，中国的劳动力人均产出会增加19.53%。中国劳动力市场的歧视问题和劳动力市场的扭曲其实是紧密相关的，若消除劳动力歧视或户籍歧视，则农村户籍劳动力的工资水平会提高，农村剩余劳动力供给会增加，从而会降低劳动力市场的扭曲程度。对农村户籍劳动力的工资歧视程度随时间增强的趋势和劳动力市场扭曲程度随时间增强的趋势是一致的。

六、 农村户籍劳动力潜在供给量测算

农村户籍劳动力潜在劳动供给是指在劳动力市场上如果消除了对农村户籍劳动力的歧视，农村户籍劳动力应该的劳动供给量是多少。

根据农村户籍劳动力小时工资、非农劳动参与工资弹性和对农村户籍劳动力工资歧视的大小测算，可以估算出潜在劳动力供给相对于实际劳动力供给的大小。具体测算方法为：

$$\Delta L = \sum_{i} p_i \eta_i (\Delta w_i d_i / \overline{w}_i) \tag{5.12}$$

其中，ΔL 代表潜在的劳动力供给相对于实际劳动力供给的增长幅度；p_i 为总体样本中的第 i 分样本在总样本中所占的比例；Δw_i 为第 i 分样本不同户籍劳动力的工资差异；η_i 为第 i 分样本的非农劳动工资参与弹性；d_i 为农村户籍劳动力与城镇户籍劳动力工资差异分解中歧视性成分在总工资差异中的比重；$\overline{w}_i$ 为第 i 分样本的平均小时工资。

对于农村户籍劳动力，为了方便测算，本书测算了 2011 年整体农村户籍劳动力潜在劳动力供给相对于实际劳动力供给的大小。根据小时工资的描述性统计，2011 年农村户籍劳动力与城镇户籍劳动

力的工资差异 Δw_i 为 3.93 元；在 Oaxaca-Blinder 分解中歧视性成分在总工资差异中的比重 d_i 为 42.54%；而 2011 年农村户籍劳动力的平均小时工资 $\overline{w}_i$ 为 10.81 元；根据劳动力参与弹性的测算，2011 年农村户籍劳动力非农劳动参与工资弹性 η_i 为 2.57，带入条件 $p_i=1$，最终可以计算出农村户籍劳动力潜在劳动力供给相对于实际劳动供给的大小 ΔL 为 39.7%，即如果消除对农村户籍劳动力的工资歧视，2011 年农村户籍劳动力会增加 39.7%，但此时 ΔL 的计算是以劳动力的非农劳动力参与弹性不变为前提的，如果考虑随着工资水平上涨，农村劳动力的非农劳动力参与弹性逐渐下降的情形，那真实的潜在劳动力供给相对实际劳动力供给的增长幅度会较小，即上述计算高估了潜在劳动力的供给量。通过前面对 2011 年农村户籍劳动力非农劳动参与弹性的考察可以发现，在不同分样本下农村户籍劳动力非农劳动参与弹性的最小值是年龄在 30 岁以上劳动力群体，其非农劳动参与弹性为 1.20，如果将该样本的非农劳动参与弹性作为 2011 年农村户籍劳动力参与弹性的最低值，则农村户籍劳动潜在劳动力供给相对于实际劳动供给的大小的最低 ΔL 为 18.56%，因此，如果消除对农村劳动力的工资歧视，2011 年农村户籍劳动力潜在非农劳动供给将增加 18.56%—39.7%之间。

第四节　本章小结

本章利用 CHNS 数据，结合了前两章关于农村户籍劳动力非农劳动参与弹性和不同户籍劳动力工资差异分解的方法，实证分析了中国农村户籍和城镇户籍劳动力的劳动力参与弹性，对农村户籍劳动力与城镇户籍劳动力的工资差异进行了分解，并计算了中国农村劳动力潜在劳动供给相对于实际劳动力供给的大小，即结合劳动力市场内部与外部影响农村户籍劳动力供给的因素，讨论了中国农村户籍劳动力供给的特点。本章的结论可以总结为以下几个方面：

(1) 从农村户籍劳动力的参与率来看，参与率为 27%，明显小于城镇户籍劳动力的非农劳动参与率 89.5%，这意味着农村户籍劳动力的剩余劳动储备应该是很丰富的；通过对非农劳动力参与弹性的测算可以看出，整体农村劳动力的参与弹性 3.10，小于城镇户籍劳动力的参与弹性，即农村户籍劳动力非农劳动供给没有像城镇户籍劳动力表现得那么敏感，另外，农村户籍劳动力的非农劳动力参与弹性随时间变化的趋势是逐渐减小的，随着农村劳动力工资水平的上涨，劳动力对工资的反应程度反而越来越不敏感，工资的上涨对农村户籍劳动力非农劳动供给的吸引能力越来越弱，这也从一个侧面验证了第三章关于农村户籍劳动力的保留工资水平随时间变化逐渐提高的结论。

(2) 从不同劳动力工资差异的分解来看，在工资差异中，有 41.96%是由对农村户籍劳动力的歧视等非市场化因素所引起的，由户籍制度所引起的歧视在中国不仅是存在的，而且表现在工资差异上解释的比重也是比较高的；从不同时期内不同户籍劳动力工资差异的分解的结果来看，由于对农村户籍劳动力的歧视所产生的工资差异在总工资差异中所占比重是随着时间显著提高的。对农村户籍劳动力的工资歧视是不利于农村劳动力非农劳动供给的，不仅不利于缩小城乡收入差距和社会公平，而且不利于经济的持续增长。

(3) 通过对潜在劳动力供给的测算，可以发现如果消除对农村户籍劳动力的工资歧视，那么农村户籍劳动力的实际劳动力供给会提高 18.56%—39.7%之间，尽管该结果只是粗略的测算，不能准确计算出劳动力市场对农村户籍劳动力的歧视对农村户籍劳动力非农劳动供给的影响，但从数量来看，消除对农村劳动力的工资歧视对农村劳动力供给的影响还是比较明显的，尤其是在当前中国劳动力市场频繁出现“民工荒”的现象，即随着人口老龄化、人口红利逐渐减少的今天，户籍制度对中国农村劳动力供给的限制越来越严重的时候，围绕如何激励农村劳动力向城市转移、如何减少对农村户籍劳动力歧视等方面的户籍改革是比较有必要的。

通过本章的分析可以发现对农村户籍劳动力的歧视是存在的，且歧视的程度是比较大的，对农村居民非农劳动供给的影响是显著的，那么在城市劳动力市场上到底是哪种所有制企业实施了户籍歧视？歧视行为对企业经营有哪些潜在的影响？下一章将同时针对四种所有制企业分析对农村劳动力的歧视问题，以找出歧视性的雇主，从而为约束歧视行为、促进农村居民的非农劳动供给提供参考。

第六章
不同户籍劳动力的工资差异：基于企业所有制性质

户籍制度使得农村户籍劳动力从农村流动到城市变得困难，而在城市劳动力市场内部同时存在着对流动人口的歧视（Maurer-Fazio et al.，2004；邢春冰、罗楚亮，2008；王美艳，2005；姚先国、赖普清，2004）。根据2013年国家统计局的数据，2012年流动人口（绝大多数为农村户籍）数量为2.45亿，全国农村户籍劳动力总量为2.69亿，外出务工人数为1.66亿，占到农村户籍劳动力总量的61.76%，由于农村户籍劳动力与城镇居民存在着人力资本的差距以及劳动力市场上雇主对农村户籍劳动力的歧视（Meng et al.，2001；Maurer-Fazio et al.，2004；王美艳，2005；邓曲恒，2007；邢春冰、罗楚亮，2008），使得如此巨大的农村户籍劳动力群体只能就职于工资水平较低、工作环境较差、工作环境不稳定的次级劳动力市场上（郭继强，2005）。

因此，研究城市劳动力市场上对农村户籍劳动力的歧视问题将有助于阐述当前农村劳动力供给的特点，解释当前中国劳动力市场上出现的农村劳动力供给相对不足的现象，进而为促进中国经济增长、提高农村户籍劳动力的供给提供相应的政策建议;另一方面,按照经济学理论的观点,对劳动力的歧视不是市场化因素的结果,即歧视是不利于经济或企业获取最高经济利益的,这意味着歧视要以牺牲企业的经济利益为代价,[1]因此消减对农村户籍劳动力的歧视不仅有利于提高农村劳动力的工资水平,增加农村劳动力供给,而且有利于企业打破资源配置的不合理因素,实现更高的企业利润。

目前,国内外有关对劳动力歧视的考察主要关注歧视对被歧视群体工资水平的影响。按照经济学理论的观点,引起劳动者之间工资差异的原因有两种:一种是由于劳动者之间存在着人力资本素质的差异,比如工作经验、教育水平、职业培训,等等,这部分差异在劳动力市场上通过市场机制体现在工资水平差异上,是市场化因素作用的结果;另一种是不能够被市场化因素所解释的部分,比如雇员对劳动者的偏好,经济学上统称这部分为歧视(Becker, 1957)。通过考察中国劳动力市场上农村户籍劳动力与城镇户籍劳动力在工资水平上差异的分解结果,得到歧视性成分对工资差异中所占的份额,将有助于理解当前中国劳动力市场的发展情况,理解工资差异的来源,了解对农村户籍劳动力歧视性的程度,从而针对歧视性现象提供相应的检验,以维护社会的公平,缩减城乡收入差距,切实提高农村户籍劳动力的工资水平。

目前,国内外关于农村户籍劳动力歧视性问题的文献有很多。Maurer-Fazio 等(2004)通过使用中国 1999—2000 年的城市企业微观数据,利用 Oaxaca-Blinder 分解研究了城市劳动力和流动劳动力的工资差距问题,结果得出劳动力的教育回报率是不断上升的,农村劳动力和城市劳动力的教育水平差异仍然是解释当前中国城市劳动力与农村劳动力工资水平差距的十分重要的原因,工资差异分解结果得出有 24.89%的工资差距是由于对农村劳动力的歧视造成的。

邢春冰、罗楚亮(2008)利用了2005年全国人口普查数据，通过Oaxaca-Blinder方法研究了农村劳动力和城镇劳动力的收入差距，分解结果发现教育水平差异仍然是造成工资水平差距的最主要原因，而工资差异中90%是由劳动者的特征差异所造成的，剩下的10%是由于对农村劳动力的歧视所产生的。Meng等(2001)利用了有关上海市劳动力市场的微观调查数据，采用了Oaxaca-Blinder、Cotton和Brown分解方法分析了城市劳动力和农村劳动力的工资差异问题，分解结果发现工资差异中有49.18%是由歧视性因素造成的。王美艳(2005)通过使用第五次人口普查以及五大城市抽样调查数据，利用Brown分解方法研究了城市居民和流动劳动力的就业机会和工资报酬差异等问题，分析结果发现在工资差异中有43%是由歧视等不可以解释的非市场化因素造成的；与Meng等(2001)一样，文章在估计工资方程中并未考虑样本选择所产生的内生性问题。通过农村户籍劳动力与城镇户籍劳动力的工资水平差距的分解可以来研究中国城市劳动力市场上对农村劳动力的歧视的程度。郭继强、姜俪、陆利丽(2011)详细讨论了工资差异分解中Oaxaca-Blinder分解、Brown分解和JMP1993分解的特点、限制性和适用范围。本章试图利用CHNS数据中农村户籍和城镇户籍劳动力的相关数据，利用Mlogit模型考察农村户籍劳动力及城镇户籍劳动力在分别进入国有制企业、小型集体企业、大型集体企业和非国有企业四类企业上的差异引入样本选择性偏差项，进而分别估计农村户籍劳动力和城镇户籍劳动力的工资方程，并通过Oaxaca-Blinder分解方法讨论农村户籍与城镇户籍劳动力工资差异分解中有多大比重可以由对农村户籍劳动力歧视来解释的，进而为理解中国劳动力市场上对农村劳动力的歧视程度以及为提高农村居民的工资水平和劳动力供给提供相应的政策建议。

第一节 工资差异分解方法评述

目前,国内外关于工资差异分解方法中使用最为基础和经典的是 Oaxaca-Blinder 分解(郭继强、姜俪、陆利丽,2011)。Oaxaca(1973)和 Blinder(1973)在研究男性和女性、黑人和白人间工资差异中首先使用了这种方法。Oaxaca-Blinder 分解属于工资均值差异分解的一种,将工资差异分解为可以由模型解释的部分和不可以解释的部分,其中可以解释的部分是市场机制作用的结果,而不可以解释的部分是市场机制所不能够解释的,Oaxaca(1973)将其归为歧视所产生的结果。

目前,国内外在研究不同组群间工资差异的文献中,有大量文献采用了 Oaxaca-Blinder 分解。Gustafsson 和 Li(2000)利用了中国 1988 年和 1995 年 10 个省的调查数据,采用 Oaxaca-Blinder 分解方法研究了中国城镇男性和女性群体间的工资差异,发现男性和女性群体的工资差异正在不断缩小,且工资差异中有将近一半的部分是可以由市场因素解释的。Maurer-Fazio 等(2004)利用中国 1999—2000 年城市企业的微观调查数据,采用 Oaxaca 方法研究了城市居民和流动人口的工资差距,得出教育的回报率是不断上升的,劳动力的教育水平仍是当前解释城市居民与流入人口工资差距的一个重要原因,并且在工资差距中有 24.89%是因为对流动人口的歧视造成的。邢春冰、罗楚亮(2008)利用 2005 年中国人口普查数据,采用 Oaxaca-Blinder 分解分析了农村户籍劳动力和城镇职工的收入差距问题,得出劳动力的教育水平是造成两者收入差距的最为主要的原因,且在工资差异中有 90%是由劳动者特征差异所造成的。姚先国、赖普清(2004)利用城市农村户籍劳动力的微观调查数据,采用

Oaxaca-Blinder 分解研究了城镇劳动力和农村户籍劳动力的工资差距问题，得出在工资差异中有 70%—80%是可以由城镇劳动力与农村户籍劳动力人力资本水平的差异所造成的，而剩下的 20%—30%是由于对农村户籍劳动力的户籍歧视所造成的，对他们的歧视现象是不容忽视的。邓曲恒(2007)利用了 2002 年城镇人口和暂住人口的微观调查数据，采用 Oaxaca-Blinder 分解研究了城镇居民和流动人口的工资差异，发现在工资差异中有 60%是由于对流动人口的歧视造成的。Meng 等(2001)利用上海市劳动力的微观调查数据，采用 Oaxaca-Blinder 分解分析了城镇居民与流动人口的工资差异问题，文章发现工资差异中有 49.18%是由于对流动人口的歧视造成的。

在应用 Oaxaca-Blinder 分解时仍然会存在几点问题：一是关于分解中指数基准的选取是不确定的，且分解的结果可能会受到基准选取的不同而产生差异；二是在分析行业内或职业内不同组群工资差异时，Oaxaca-Blinder 分解可能会忽略劳动力在行业或职业进入上存在的差异，基于此，在工资差异分解领域又发展出 Cotton 分解、Brown 分解、Neumark 分解、Appleton 分解、JMP1991 分解等不同的均值分解方法以及关于工资差异分布分解的相关方法，如 JMP1993 分解、FL1998 分解、DFL 分解和 Lemieux 分解，等等。尽管如此，Oaxaca-Blinder 分解在当前工资差异的分解方法中仍然是最为经典和应用极为广泛的一种方法。

第二节　实证模型

本书共讨论国有企业、小型集体企业、大型集体企业、私营企业四种所有制性质企业有关农村户籍和城镇户籍劳动力工资差异的分解，而劳动力面临进入这四种所有制企业的选择，劳动者个体选择的偏好、人力资本素质、家庭条件以及市场水平、经济发展形势等条件都会影响劳动者进入这四种所有制企业，即最终四种所有制企业样本不是随机的，是劳动力供给和市场需求共同作用的结果。为了避免由于样本选择可能对结果造成的估计偏差，论文参考了 Pak-Wai L.等(2004)关于职业进入选择模型的设定，首先采用 Mlogit 模型来分别估计相关解释变量对农村户籍劳动力和城镇户籍劳动力进入四种所有制企业的影响；其次，根据所有制企业进入模型计算选择性偏差项，采用 Mincer 方程并引入选择性偏差项，分别估计农村户籍劳动力和城镇户籍劳动力相关解释变量对工资的影响；最后，通过工资方程，采用 Oaxaca-Blinder 方法对农村户籍和城镇户籍的工资差距进行分解。具体模型如下：

一、 企业进入模型

$$p_{ij} = \mathrm{Prob}(L_i = occupation_j) = \frac{\exp(X_i\alpha_j)}{\sum_{j=1}^{N}(X_i\alpha_j)},$$

$$i = 1, \cdots, N;\ j = 1, \cdots, J \tag{6.1}$$

其中，p_{ij}代表劳动力 i 进入第 j 类所有制企业的概率；X_i 代表影响劳动力 i 进入到企业 j 的相关外生解释变量；α_j 为待估计系数，N 为样本总量，J 为不同所有制性质的企业种类数量。在 Mlogit 模型中，选择一类企业作为参照组，来估计相对于参照组，相关解释变量对进入其他所有制企业的影响。对于上述模型，分别对农村户籍和城镇户籍劳动力采用最大似然估计法(Maximum Likelihood Estimation, MLE)进行估计。具体的，外生解释变量 X_i 选取接受正规教育年限、劳动力工作经验、工作经验的平方、是否男性、是否已婚、家庭孩子数量、地区(省份)和时间(年份)虚拟变量。

二、工资模型（Mincer 方程）

$$\ln(Wage) = \alpha + \beta_1 Edu + \beta_2 Edu \times Rural\_regis + \beta_3 Exp + \beta_4 Exp \times Rural\_regis + \beta_5 Exp^2 + \sum_{m=1}^{n} \theta_m Z_m + \pi \lambda_j + \varepsilon \quad (6.2)$$

其中，$\ln(Wage)$为劳动力非农劳动对数工资；Edu 为接受正规教育的年限；$Rural\_regis$ 为农村户籍虚拟变量；Exp 为劳动力工作经验变量，计算方法为 Exp =年龄 $- Edu - 6$； Z_m 为一组外生的控制变量，具体包含男性虚拟变量、已婚虚拟变量、地区（省份）和时间（年份）虚拟变量。

为了避免样本选择的内生性可能对工资方程估计引起偏差，本书参考 White（1980）、Pak-Wai L.等（2004）工资模型设定，引入选择性偏差项 $\widehat{\lambda_{ij}} = -\frac{\phi[\Psi(X_i \widehat{\alpha_j})]}{\widehat{P}_{ij}}$，其中，$\Psi(X_i \widehat{\alpha_j}) = \Phi^{-1}(\widehat{P_{ij}})$；$\phi(\cdot)$和 $\Phi(\cdot)$分别为标准正态密度函数和标准正态分别函数；$\widehat{P_{ij}}$ 为劳动力 i 进入到第 j 类所有制企业的概率预测值。对于工资方程，分别对农村户籍劳动力和城镇户籍劳动力样本采用普通最小二乘法（Ordinary Least Square，OLS）进行估计。

三、工资差异分解（Oaxaca-Blinder 分解）

目前，关于工资差异的分解，国内外大量文献采用了 Oaxaca-Blinder 分解，本书采用了二部分解的形式，分别代表人力资本特征差异等可以解释的部分以及对农村户籍劳动力的歧视所产生的不可以解释的部分，具体分解如下：

$$\begin{aligned} & E[\ln(wage_{urban})] - E[\ln(wage_{rural})] \\ & = [E(X_{urban}) - E(X_{rural})]\hat{\beta}_{rural} + E(X_{urban})(\hat{\beta}_{urban} - \hat{\beta}_{rural}) \end{aligned} \quad (6.3)$$

其中,下标 *urban* 和 *rural* 分别代表城镇户籍和农村户籍;等号左边代表城镇户籍劳动力平均工资与农村户籍劳动力平均工资的差异;等号右边第一项代表城镇户籍和农村户籍劳动力工资差异中市场化因素可以解释的部分,等号右边第二项代表工资差异中不可以解释的部分即歧视。

由于在工资方程中包含了选择性偏差项,参考 Neumark, S.和 R.Oaxaca(2003)以及张车伟、薛欣欣(2008)关于工资差异的分解方法,本书在工资差异分解中也针对选择性偏差项进行相应分解,具体分解如下:

$$\begin{aligned} & E[\ln(wage_{urban})]-E[\ln(wage_{rural})] \\ = & [E(X_{urban})-E(X_{rural})]\hat{\beta}_{rural}+E(X_{urban})(\hat{\beta}_{urban}-\hat{\beta}_{rural}) \\ & +[\hat{\pi}_{u\varepsilon}E(\lambda_{urban})-\hat{\pi}_{r\varepsilon}E(\lambda_{rural})]E(\lambda_{urban}) \end{aligned} \tag{6.4}$$

$$\begin{aligned} & E[\ln(wage_{urban})]-E[\ln(wage_{rural})] \\ = & [E(X_{urban})-E(X_{rural})]\hat{\beta}_{rural}+\hat{\pi}_{r\varepsilon}[E(\lambda_{urban})-E(\lambda_{rural})] \\ & +E(X_{urban})(\hat{\beta}_{urban}-\hat{\beta}_{rural})+[\hat{\pi}_{u\varepsilon}-\hat{\pi}_{A\varepsilon}]E(\lambda_{urban}) \end{aligned} \tag{6.5}$$

其中,式(6.5)等号右边第一项和第二项是由人力资本特征等市场化因素可以解释的部分,第三项和第四项是工资模型估计的系数差异所导致的工资差异,这不是市场化因素可以解释的部分,即歧视性部分。

第三节 实证结论

一、数据

本章数据来源于 CHNS 数据中 1993—2011 年农村户籍和城镇户籍的微观调查数据,本书将被调查者的年龄限制男性为 16—60

岁，女性为16—55岁；对于非农劳动，本书将调查问卷中从事"主要职业为农民、渔民、猎人"的劳动定义为农业劳动，而将其他类别且同时包含工资性收入的劳动定义为非农劳动；关于工资水平，本书整理了月工资和小时工资两类工资，其中月工资为工作获取的工资收入、各种补贴和奖金三部分之和，同时为了剔除掉通货膨胀的因素，本书用2011年不变价格的通胀指数计算了实际工资收入；在月工资的基础上，本书统计了小时工资，即小时工资＝月工资/(每周工作小时数×4)；此外，本书在数据中剔除了职业类别、工资缺失的数据，并按照月工资和小时工资剔除掉极端值上下1%的样本。

二、农村户籍劳动力和城镇户籍劳动力工资统计

根据调查问卷中关于企业性质的划分，数据中共得到21 823个包含企业性质的样本，表6.1分别描述了国有企业、小型集体企业、大型集体企业、私营企业四种所有制性质企业的样本量。其中，国有企业和私营企业样本数量最多，分别为8 500个和9 798个；小型集体企业和大型集体样本为1 940个和1 585个。

表6.1 四种所有制性质企业样本数量

	国有企业	小型集体企业	大型集体企业	民营企业
1993	1 419	549	482	587
1997	1 400	454	359	978
2000	1 370	321	362	1 526
2004	968	146	92	1 302
2006	912	154	81	1 489
2009	941	110	90	1 601
2011	1 490	206	119	2 315
总计	8 500	1 940	1 585	9 798

注：表中数值均为样本数量。

表 6.2 为所有样本历年来月工资的描述性统计，从结果可以看出，随着时间的推进，劳动力的实际平均工资水平是逐年上升的，2011 年工资水平为 1993 年的 5.49 倍。

表 6.2　全部样本历年月工资统计　　（单位：元）

年份	样本量	均值	标准差	最小值	最大值
1993	2 222	442.1	239.8	71.62	1 942
1997	2 470	596.8	283.4	96.20	1 970
2000	2 509	1 083	775.5	149.1	9 200
2004	1 761	1 390	921.7	221.6	7 904
2006	1 882	1 618	1 266	277.3	15 185
2009	2 108	1 909	1 360	224.1	15 311
2011	3 333	2 426	1 691	436.6	17 062

注：表中数值均为 2011 年不变价格折算后的实际值。

为了进一步分析农村户籍劳动力和城镇户籍劳动力历年来月工资之间的差异，表 6.3 列出了农村和城镇户籍劳动力的月工资描述性统计。

表 6.3　农村户籍和城镇户籍劳动力分年份月工资统计　（单位：元）

		1993	1997	2000	2004	2006	2009	2011
城镇户籍	样本量	1 614	1 863	1 696	1 301	1 318	1 357	2 359
	均　值	443.5	596.8	1 120	1 506	1 753	2 033	2 595
	标准差	250.8	288.6	807.9	986.5	1 415	1 338	1 783
	最小值	118.7	152.8	193.6	273.3	353.9	400.8	580.9
	最大值	1 942	1 866	7 467	7 904	15 185	15 311	17 062
农村户籍	样本量	606	591	744	455	564	751	974
	均　值	438.3	587.2	982.0	1 060	1 304	1 686	2 017
	标准差	208.2	252.4	564.1	590.0	729.2	1 372	1 360
	最小值	71.62	96.20	149.1	221.6	277.3	224.1	436.6
	最大值	974.8	1 200	3 674	4 512	5 596	14 058	12 866

注：表中数值均为 2011 年不变价格折算后的实际值。

分析农村户籍劳动力和城镇户籍劳动力历年平均工资统计发现:随着时间推进,劳动力的工资水平均是逐渐提高的,且在任一个年份城镇户籍劳动力的工资水平均高于农村户籍劳动力。图 6.1 刻画了农村户籍劳动力与城镇户籍劳动力月工资趋势。从图上可以看出,1993 年城镇户籍与农村户籍劳动力工资差距最小为 5.2;2011 年城镇户籍与农村户籍劳动力工资差距最大为 578 元;2000 年之前,城镇户籍劳动力与农村户籍劳动力工资差距较小,平均为 51 元左右;2000 年之后,城镇户籍劳动力和农村户籍劳动力工资差距较大,平均为 455 元。

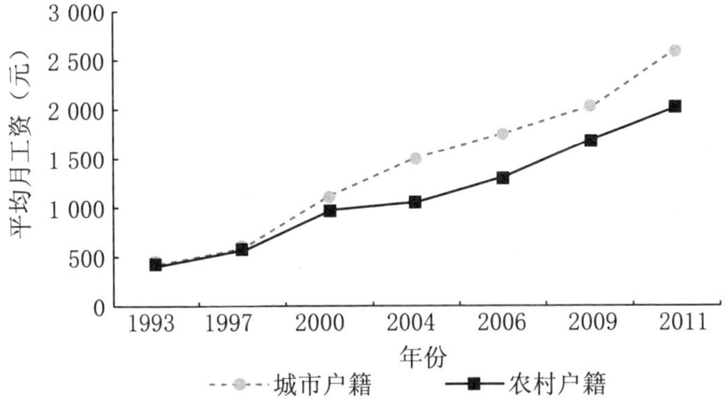

图 6.1　农村户籍与城镇户籍劳动力月工资趋势图

表 6.4 为不同性别、接受正规教育年限、工作经验水平下月工资从 1993—2011 年的平均值,可以得出:(1)从 1993 年到 2011 年工资水平均是逐年提高的;(2)男性劳动力的工资水平高于女性,且工资差距逐年增大;(3)受教育年限为 7 年以上的劳动力工资水平显著高于受教育年限为 6 年以下的劳动力;(4)随着工作经验的增加,劳动力的月工资水平是逐年提高的。

表 6.4　月工资分性别、教育、工作经验描述性统计　（单位：元）

		1993	1997	2000	2004	2006	2009	2011
性别	男性	475.6	648.2	1 169	1 487	1 743	2 092	2 614
	女性	396.2	529.5	964.4	1 250	1 435	1 632	2 170
教育年限	0—6 年	379.7	559.7	974.4	1 253	1 574	1 829	2 585
	7—12 年	452.3	600.9	1 182	1 362	1 601	1 908	2 639
	≥13 年	467.5	615.1	1 110	1 399	1 626	1 979	2 394
工作经验	0—10 年	465.3	647.5	1 126	1 493	1 652	1 869	2 225
	11—20 年	446.8	620.6	955.2	1 077	1 162	1 525	1 926
	21—30 年	440.0	590.1	1 070	1 331	1 505	1 803	2 181
	≥31 年	466.1	719.6	1 459	1 871	2 258	2 569	3 300

注：表中数据均为按照 2011 年不变价格折算的平均值。

为了进一步对比不同所有制企业内部城镇户籍与农村户籍劳动力之间的工资差距，表 6.5 和表 6.6 分别统计了四种所有制企业城镇户籍和农村户籍劳动力的平均月工资和平均小时工资。

表 6.5　农村户籍和城镇户籍劳动力月工资统计　（单位：元）

年	份	1993	1997	2000	2004	2006	2009	2011
国有企业	城镇户籍	417.4	582.9	1 162	1 626	1 984	2 251	2 765
	农村户籍	385.3	554.9	972.9	1 233	1 307	1 633	1 784
大型集体企业	城镇户籍	417.9	546.6	954.9	1 138	1 195	1 933	2 381
	农村户籍	418.2	540.6	951.1	1 033	1 175	1 577	1 987
小型集体企业	城镇户籍	556.5	631.5	1 160	1 383	1 237	1 322	1 720
	农村户籍	439.7	565.2	873.3	964.7	1 265	1 377	1 507
民营企业	城镇户籍	687.7	773.7	1 035	1 305	1 520	1 721	2 497
	农村户籍	460.9	599.7	893.3	1 058	1 328	1 727	2 131

注：表中数据均为按照 2011 年不变价格折算的平均值。

表 6.6　农村户籍和城镇户籍劳动力小时工资统计　（单位:元）

年份		1993	1997	2000	2004	2006	2009	2011
国有企业	城镇户籍	2.297	3.710	7.490	9.826	11.86	14.04	17.10
	农村户籍	2.249	3.500	6.335	7.337	8.673	9.778	10.58
大型集体企业	城镇户籍	2.262	3.340	6.128	6.122	6.943	10.62	13.15
	农村户籍	2.220	2.986	5.117	5.681	6.174	7.035	10.37
小型集体企业	城镇户籍	2.843	4.020	7.209	8.009	8.654	9.015	10.45
	农村户籍	2.405	3.546	5.032	5.385	6.805	7.622	9.437
民营企业	城镇户籍	3.710	4.000	5.858	7.049	7.665	8.912	13.53
	农村户籍	3.460	3.520	5.014	5.660	6.692	8.746	11.94

注:表中数据均为按照 2011 年不变价格折算的平均值。

通过比较农村户籍劳动力和城镇户籍劳动力的月工资可以发现:(1)除了大型企业外,三种所有制企业的城镇户籍劳动力工资均高于农村户籍;(2)从 1993—2011 年,所有劳动力平均工资水平均是逐渐提高的;对于四种所有制而言,国有企业工资增长幅度最大,其中城镇户籍劳动力工资从 1993 年的 417.4 元增长到 2011 年的 2 765 元,增长了 5.62 倍;农村户籍劳动力工资从 1993 年的 385.3 元增长到 2011 年的 1 784 元,增长了 5.63 倍;(3)在 2000 年之前,大型集体企业的城镇户籍劳动力与农村户籍劳动力工资相差最小。

通过比较农村户籍劳动力和城镇户籍劳动力的小时工资可以发现:(1)从 1993—2011 年,城镇户籍劳动力和农村户籍劳动力的工资水平均是逐渐提高的,且四种所有制企业内城镇户籍劳动力平均工资水平均高于农村户籍劳动力;(2)国有企业的小时工资上涨速度是最快的,其中城镇户籍劳动力从 1993 年的 2.297 元上升到了 2011 年的 17.10 元,上涨为 1993 年的 7.4 倍,农村户籍劳动力从 1993 年的 2.249 元上升到了 2011 年的 10.58 元,上涨为 1993 年的 4.71 倍;(3)上涨速度最小的企业为小型集体企业,其中城镇户籍劳动力小时工资1993—2011年间共上涨了3.68倍,而农村户籍劳动力小时工资1993—2011年间共上涨了3.92倍。

通过比较不同所有制企业内城镇户籍与农村户籍劳动力的工资差异可以发现:首先,工资差距水平是不断增大的,农村户籍劳动力的工资增长幅度要小于城镇户籍劳动力;其次,不同所有制企业内城镇户籍与农村户籍劳动力工资差异的情况是不一样的,这意味着不同所有制企业的工资决策机制对城镇户籍与农村户籍劳动力工资差异可能是有影响的。

三、 不同所有制企业分户籍劳动力受教育年限统计

按照人力资本积累的相关理论,在工资方程中,教育水平变量是尤为被关注的。人力资本理论认为,人力资本水平的积累可以提高劳动者的技术水平,提高劳动生产效率,进而可以提高劳动工资水平(Schultz, 1961)。Shaw(1989)认为人力资本的积累包含教育和工作经验的积累,是可以决定和改变劳动者在劳动力市场的工资水平的,这和传统的生命周期理论中将工资外生化的假设是不一致的。Juhn(1992)在研究美国男性劳动力劳动参与的问题中发现劳动者的教育水平与工资水平以及劳动参与率是紧密联系的,教育水平是劳动者工资技能的重要体现,教育水平的差距决定了工资水平的差距。Liu, Zhang 和 Shu(2004)在分析中国香港本地居民与外来流动人口的工资差异问题中也认为教育水平对劳动者工资的影响是显著的。尹志超、甘犁(2009)在研究城市公共部门与非公共部门的工资差异中发现受教育年限的提高可以显著提高劳动力的工资水平。此外,还有大量实证研究(常进雄、王丹枫,2010;郭震,2013;赵耀辉,1997;魏下海、余玲铮,2012;邢春冰,2005;王美艳,2005;张车伟、郭欣欣,2008;约翰·奈特、邓曲恒、李实,2011;白南生、李靖,2008;张世伟、

周闯,2009)得出了教育水平变量对劳动力工资的影响。

为了考察不同所有制企业内农村户籍劳动力和城镇户籍劳动力的教育水平的差异,表6.7和表6.8分别统计了2003—2011年农村户籍和城镇户籍劳动力受教育年限和四种所有制企业内不同户籍劳动力的平均受教育情况。

表6.7 农村户籍和城镇户籍劳动力历年平均受教育年限(单位:年)

	1993	1997	2000	2004	2006	2009	2011
城镇户籍	9.217	9.772	10.41	10.99	11.28	11.38	11.96
农村户籍	7.807	7.880	8.461	8.624	8.717	8.724	8.803

注:表中数据均为平均值。

表6.8 不同所有制企业内农村户籍和城镇户籍劳动力平均受教育年限

(单位:年)

年份		1993	1997	2000	2004	2006	2009	2011
国有企业	城镇户籍	9.905	10.52	11.39	11.83	12.44	12.47	12.98
	农村户籍	8	8.692	9.477	10.17	9.770	10.49	10.28
大型集体企业	城镇户籍	8.521	9.140	9.577	10.32	10.37	10.74	11.59
	农村户籍	8.234	8.465	8.895	9.148	10.14	9.231	9.787
小型集体企业	城镇户籍	7.445	8.109	8.545	9.628	9.941	10.36	10.40
	农村户籍	7.424	7.785	8.408	8.837	8.870	9	9.307
民营企业	城镇户籍	7.353	8.148	8.900	9.762	9.865	10.04	10.82
	农村户籍	5.675	6.069	6.704	7.039	7.177	7.350	7.599

注:表中数据均为平均值。

通过比较历年城镇户籍劳动力和农村户籍劳动力的平均受教育年限可以发现:历年城镇户籍劳动力的平均受教育年限均高于农村户籍;1993年城镇户籍劳动力与农村户籍劳动力的平均受教育年限差距最低,为1.41年,而2011年城镇户籍劳动力与农村户籍劳动力的平均受教育年限差距最高，为3.16年；1993—2011年不同户籍劳动力平均受教育年限平均差距为2.28年。

通过比较不同所有制企业内城镇户籍劳动力与农村户籍劳动力的工资差距可以发现：国有企业的平均受教育年限最高，1993—2011年城镇户籍劳动力平均受教育年限为11.65年，而农村户籍劳动力平均受教育年限为9.55年，二者差距为2.10年；不同户籍劳动力受教育年限差距最大的是在民营企业，1993—2011年不同户籍劳动力的受教育年限的平均差距为2.47年。

劳动者平均受教育年限的差距无疑会对不同户籍劳动力非农劳动工资差距产生影响，但农村户籍劳动力是否在教育年限的回报率上受到了雇主的歧视还有待于对不同户籍劳动力非农劳动的工资差异进行分解。

四、不同所有制企业进入模型估计

表6.9为1993—2011年全部样本企业进入模型估计，从模型估计结果来看，相比较大型集体企业，教育年限、工作经验、经验平方、家庭孩子数量、农村户籍等主要解释变量对劳动力分别进入国有企业、小型集体企业和私营企业都有比较显著的影响；受教育年限的提高或工作经验的提高均有利于劳动力进入国有企业和私营企业，而随着工作经验的提高，这种促进作用是逐渐减弱的；家庭孩子数量越多越不利于劳动力进入国有企业和私营企业；农村户籍是不利于劳动力进入国有企业的，而有利于劳动力进入小型集体企业和私营企业。以上估计结果表明劳动力在不同所有制企业的进入上是存在差异的，因而区分这些企业，对比相应的估计结果是有意义的。

为了讨论不同时期内相关解释变量对劳动力进入不同所有制企业的影响，表6.10和表6.11分别估计了1993—2000年和2004—2011年全部样本企业进入模型的影响。

表 6.9 全部样本的企业进入模型估计

	国有企业	小型集体企业	私营企业
教育年限	0.219***	0.009 73	0.144***
	(0.012 7)	(0.014 8)	(0.012 1)
经验	0.039 7***	0.046 7***	0.042 1***
	(0.012 1)	(0.014 7)	(0.011 6)
经验平方	−0.000 886***	−0.000 606**	−0.000 015 3
	(0.000 238)	(0.000 282)	(0.000 225)
男性	0.102*	0.007 66	−0.051 9
	(0.060 7)	(0.072 9)	(0.058 9)
已婚	0.148	0.216*	0.091 2
	(0.103)	(0.129)	(0.100)
家庭孩子数量	−0.341***	0.063 4	−0.312***
	(0.049 1)	(0.054 8)	(0.045 7)
农村户籍	−0.407***	1.034***	2.430***
	(0.085 5)	(0.092 7)	(0.077 6)
年份虚拟变量	控制	控制	控制
省份虚拟变量	控制	控制	控制
常数项	−1.772***	−0.931***	1.545***
	(0.175)	(0.206)	(0.165)
样本量	39 939	39 939	39 939

注：*、**、*** 分别表示在10%、5%、1%水平上显著。以上估计系数是指相对应大型集体企业而言，各解释变量对劳动力进入相应企业的影响。

表 6.10 1993—2000 年样本企业进入模型估计

	国有企业	小型集体企业	私营企业
教育年限	0.203***	0.007 73	0.151***
	(0.015 7)	(0.017 9)	(0.015 2)
经验	0.056 8***	0.043 9**	0.046 1***
	(0.015 3)	(0.018 1)	(0.014 7)
经验平方	−0.000 525*	−0.000 551	0.000 122
	(0.000 299)	(0.000 345)	(0.000 282)
男性	0.106	0.021 5	−0.090 3
	(0.075 0)	(0.088 7)	(0.073 9)

（续表）

	国有企业	小型集体企业	私营企业
已婚	−0.040 5	0.243	0.055 8
	(0.129)	(0.157)	(0.127)
家庭孩子数量	−0.447***	0.083 0	−0.357***
	(0.056 8)	(0.061 7)	(0.052 8)
农村户籍	−0.556***	1.379***	2.958***
	(0.110)	(0.113)	(0.096 3)
1997 年	0.122	0.251**	0.835***
	(0.088 8)	(0.102)	(0.088 2)
2000 年	−0.236**	−0.247**	0.928***
	(0.091 8)	(0.111)	(0.090 5)
省份虚拟变量	控制	控制	控制
常数项	−1.681***	−1.086***	1.233***
	(0.209)	(0.243)	(0.200)
样本量	19 386	19 386	19 386

注：*、**、*** 分别表示在 10%、5%、1%水平上显著。以上估计系数是指相对应大型集体企业而言,各解释变量对劳动力进入相应企业的影响。

表 6.11　2004—2011 年样本企业进入模型估计

	国有企业	小型集体企业	私营企业
教育年限	0.232***	−0.007 73	0.152***
	(0.022 6)	(0.026 8)	(0.021 7)
经验	0.045 0***	0.052 3**	0.071 5***
	(0.010 8)	(0.026 1)	(0.020 1)
经验平方	−0.000 107	−0.000 705	−0.000 110
	(0.000 414)	(0.000 501)	(0.000 395)
男性	0.145	−0.036 7	0.016 3
	(0.108)	(0.132)	(0.105)
已婚	0.473***	0.286	0.322*
	(0.182)	(0.239)	(0.177)
家庭孩子数量	−0.430***	−0.026 5	−0.156***
	(0.071 1)	(0.132)	(0.010 7)
农村户籍	−0.794***	0.820***	1.450***
	(0.144)	(0.163)	(0.135)

（续表）

	国有企业	小型集体企业	私营企业
2004 年	0.152	−0.054 5	−0.245*
	(0.144)	(0.173)	(0.141)
2006 年	0.093 5	0.060 1	0.016 4
	(0.148)	(0.176)	(0.144)
2009 年	0.032 8	−0.367**	−0.077 9
	(0.144)	(0.180)	(0.140)
省份虚拟变量	控制	控制	控制
常数项	−1.317***	−0.154	4.277***
	(0.378)	(0.458)	(0.360)
样本量	20 553	20 553	20 553

注：*、**、*** 分别表示在 10%、5%、1%水平上显著。以上估计系数是指相对应大型集体企业而言，各解释变量对劳动力进入相应企业的影响。

通过对比 1993—2000 年和 2004—2011 年两个时期解释变量对劳动力进入不同所有制企业的影响估计，可以发现各个解释变量对劳动力进入三种所有制企业相对概率的影响基本上是一致的，这就意味着劳动力的需求和供给导致的最终劳动者进入不同所有制企业的市场机制本身在不同时期内并未表现出很大差异。具体而言，相对于大型集体企业，教育水平的提高在不同时期内均有利于劳动力进入国有企业和私营企业；工作经验的提高在不同时期内均有利于劳动力进入三种不同类型的所有制企业；农村户籍不利于劳动力进入国有企业，同时有利于劳动力进入小型集体企业和私营企业。不同分样本下各个解释变量对劳动力进入不同所有制企业的影响与采用全部样本的估计是一致的。

为了进一步讨论农村户籍劳动力和城镇户籍劳动力在企业进入上存在的差异，表 6.12 分别估计了农村户籍劳动力和城镇户籍劳动力相关解释变量进入不同所有制企业的影响。从结果可以看出，相比较大型集体企业受教育年限和工作经验的增加均有利于城镇户籍

表 6.12　所有样本分户籍企业进入模型估计

	城镇户籍样本			农村户籍样本		
	国有企业	小型集体企业	私营企业	国有企业	小型集体企业	私营企业
教育年限	0.244***	0.049 4**	0.134***	0.086 7***	−0.012 6	0.234***
	(0.014 6)	(0.019 3)	(0.014 9)	(0.028 2)	(0.026 6)	(0.023 5)
经验	0.026 2*	0.057 6***	0.040 4***	0.042 3	0.066 3***	0.041 3*
	(0.014 0)	(0.019 9)	(0.014 3)	(0.025 8)	(0.024 9)	(0.021 3)
经验平方	−0.000 020 2	−0.000 776**	−0.000 459*	−0.000 551	−0.000 888*	−0.000 664
	(0.000 276)	(0.000 376)	(0.000 278)	(0.000 508)	(0.000 481)	(0.000 417)
男性	0.143**	−0.186*	0.017 5	0.023 7	0.098 7	−0.074 0
	(0.069 5)	(0.095 6)	(0.071 7)	(0.133)	(0.127)	(0.111)
已婚	0.187	0.101	0.060 0	−0.122	0.382*	0.178
	(0.119)	(0.173)	(0.122)	(0.225)	(0.218)	(0.185)
家庭孩子数量	−0.019 7	0.026 7	−0.032 6	−0.062 3***	0.033 6	−0.276***
	(0.039 5)	(0.079 7)	(0.060 8)	(0.013 1)	(0.084 9)	(0.075 7)
年份虚拟变量	控制	控制	控制	控制	控制	控制
省份虚拟变量	控制	控制	控制	控制	控制	控制
常数项	−1.891***	−0.445	1.494***	−1.215***	0.121	4.375***
	(0.201)	(0.277)	(0.204)	(0.335)	(0.309)	(0.269)
样本量	14 166	14 166	14 166	25 773	25 773	25 773

注：*、**、*** 分别表示在 10%、5%、1%水平上显著。以上估计系数是指相对应大型集体企业而言，各解释变量对劳动力进入相应企业的影响。

劳动力进入三种所有制企业，而对农村户籍劳动力而言，教育水平的提高有利于劳动力进入国有企业和私营企业，工作经验的提高有利于劳动力进入小型集体企业和私营企业，这和城镇户籍劳动力的情况是有差异的；此外，对于农村户籍劳动力而言，家庭孩子数量越多越不利于农村劳动力进入私营企业和国有企业，这和城镇户籍劳动力的情况也是有差异的，因为对城镇户籍劳动力而言，家庭孩子数量对劳动者进入三种所有制企业的影响是不显著的。

同样，本书估计了1993—2000年和2004—2011年两个时期内农村户籍劳动力和城镇户籍劳动力企业模型进入的估计结果，具体见表6.13和表6.14。

通过分析1993—2000年各个解释变量对农村户籍和城镇户籍劳动力进入三种所有制样本的估计结果可以发现：与进入大型集体企业相比，受教育年限或工作经验的提高均有利于农村户籍劳动力和城镇户籍劳动力进入国有企业和私营企业，而教育年限的提高对农村户籍劳动力进入小型集体企业的影响是不显著的，而对城镇户籍样本是显著的；家庭孩子数量的增加不利于农村户籍劳动力进入国有企业和私营企业，而对于城镇户籍样本的影响是不显著的。

通过分析2004—2011年各个解释变量对农村户籍和城镇户籍劳动力进入三种所有制样本的估计结果，可以得出以下结论：与进入大型集体企业相比，受教育年限或工作经验的提高均有利于农村户籍和城镇户籍劳动力进入国有企业和私营企业，而对进入小型集体企业影响不显著；家庭孩子数量对城镇户籍劳动力进入三种所有制性质企业的影响不显著，但对农村户籍劳动力进入国有企业和私营企业而言是不利的。

分时间的企业进入估计结果和采用全部样本的企业进入估计结果基本上是一致的。人力资本积累变量对农村户籍和城镇户籍劳动

表 6.13　1993—2000 年样本分户籍企业进入模型估计

	城镇户籍样本			农村户籍样本		
	国有企业	小型集体企业	私营企业	国有企业	小型集体企业	私营企业
教育年限	0.228***	0.053 9**	0.124***	0.066 1*	−0.003 19	0.225***
	(0.017 6)	(0.023 6)	(0.018 9)	(0.038 8)	(0.033 3)	(0.030 1)
经验	0.033 0*	0.054 8**	0.053 5***	0.127***	0.087 8***	0.054 1**
	(0.017 2)	(0.025 0)	(0.018 3)	(0.036 0)	(0.030 9)	(0.027 1)
经验平方	−0.000 071 2	−0.000 749	−0.000 842**	−0.002 13***	−0.001 29**	−0.000 849
	(0.000 337)	(0.000 468)	(0.000 350)	(0.000 713)	(0.000 598)	(0.000 526)
男性	0.143*	−0.086 2	0.019 2	0.025 5	−0.035 7	−0.212
	(0.083 7)	(0.119)	(0.091 3)	(0.182)	(0.157)	(0.140)
已婚	0.077 0	0.147	−0.004 22	−0.698**	0.216	−0.006 89
	(0.145)	(0.217)	(0.157)	(0.297)	(0.263)	(0.229)
家庭孩子数量	−0.050 2	0.060 8	−0.043 2	−0.068 7***	0.060 6	−0.343***
	(0.067 4)	(0.090 4)	(0.070 5)	(0.011 1)	(0.095 8)	(0.086 4)
1997 年	0.000 638	0.217	0.772***	0.783***	0.589***	1.187***
	(0.097 9)	(0.135)	(0.111)	(0.228)	(0.200)	(0.185)
2000 年	−0.248**	−0.194	1.134***	0.118	−0.419**	0.729***
	(0.105)	(0.154)	(0.117)	(0.205)	(0.178)	(0.154)
省份虚拟变量	控制	控制	控制	控制	控制	控制
常数项	−1.763***	−0.540	1.352***	−1.440***	0.044 0	4.341***
	(0.234)	(0.329)	(0.248)	(0.440)	(0.374)	(0.331)
样本量	6 011	6 011	6 011	13 375	13 375	13 375

注：*、**、*** 分别表示在 10%、5%、1%水平上显著。以上估计系数是指相对应大型集体企业而言，各解释变量对劳动力进入相应企业的影响。

表 6.14　2004—2011 年样本分户籍企业进入模型估计

	城镇户籍样本			农村户籍样本		
	国有企业	小型集体企业	私营企业	国有企业	小型集体企业	私营企业
教育年限	0.270***	−0.039 4	0.127***	0.095 7**	−0.029 6	0.253***
	(0.027 4)	(0.034 5)	(0.027 0)	(0.043 6)	(0.045 7)	(0.038 7)
经验	0.035 7***	0.066 7*	0.081 7***	0.083 1***	0.035 5	0.046 5***
	(0.010 6)	(0.034 2)	(0.025 3)	(0.019 4)	(0.042 9)	(0.011 5)
经验平方	−0.004 01***	−0.001 01	−0.000 144	−0.006 22***	−0.000 291	−0.000 479
	(0.000 511)	(0.000 664)	(0.000 502)	(0.000 774)	(0.000 822)	(0.000 686)
男性	0.153	−0.327*	0.017 8	0.165	0.329	0.170
	(0.131)	(0.168)	(0.130)	(0.207)	(0.220)	(0.183)
已婚	0.362*	0.069 4	0.191	0.570	0.681	0.568*
	(0.217)	(0.298)	(0.216)	(0.365)	(0.414)	(0.319)
家庭孩子数量	−0.374	−0.104	−0.205	−0.668***	−0.039 4	−0.583***
	(0.142)	(0.185)	(0.141)	(0.185)	(0.192)	(0.162)
2004 年	−0.011 3	−0.356	−0.607***	0.207	0.565*	0.387
	(0.172)	(0.222)	(0.173)	(0.284)	(0.292)	(0.250)

（续表）

	城镇户籍样本			农村户籍样本		
	国有企业	小型集体企业	私营企业	国有企业	小型集体企业	私营企业
2006 年	−0.174	−0.251	−0.368**	0.651**	0.838***	0.871***
	(0.173)	(0.219)	(0.172)	(0.308)	(0.320)	(0.280)
2009 年	0.018 3	−0.365	−0.150	0.034 4	−0.250	0.128
	(0.181)	(0.237)	(0.181)	(0.251)	(0.277)	(0.220)
省份虚拟变量	控制	控制	控制	控制	控制	控制
常数项	−1.567***	0.578	4.619***	−0.444	−0.614	5.434***
	(0.463)	(0.599)	(0.454)	(0.629)	(0.674)	(0.551)
样本量	8 155	8 155	8 155	12 398	12 398	12 398

注：*、**、*** 分别表示在 10%、5%、1%水平上显著。以上估计系数是指相对应大型集体企业而言，各解释变量对劳动力进入相应企业的影响。

者进入国有企业和私营企业是有利的，而家庭孩子数量对城镇户籍和农村户籍劳动力进入不同所有制企业的影响是不同的。

五、工资方程估计

根据全部样本以及分时间段样本企业进入模型的估计结果，按照工资方程的设定，表 6.15 列出了全部样本和分时间子样本的工资方程的估计结果。从估计结果中可以看出：(1)教育年限和工作经验

表 6.15 全部样本分时间段的工资方程估计

	全部样本	1993—2000 年	2004—2011 年
教育年限	0.023 1***	0.017 6***	0.036 7***
	(0.005 53)	(0.005 16)	(0.008 51)
教育×农村户籍	−0.003 37***	−0.001 53***	−0.006 19***
	(0.000 303)	(0.000 431)	(0.000 432)
经验	0.015 9***	0.021 5***	0.017 1***
	(0.002 05)	(0.003 22)	(0.002 65)
经验×农村户籍	−0.006 03***	−0.006 76***	−0.008 13***
	(0.000 867)	(0.001 25)	(0.001 20)
经验平方	−0.000 128***	−0.000 256***	−0.000 060 1
	(0.000 039 1)	(0.000 060 9)	(0.000 050 2)
男性	0.188***	0.144***	0.240***
	(0.010 1)	(0.015 4)	(0.013 2)
已婚	0.068 3***	0.049 4*	0.093 4***
	(0.017 0)	(0.026 0)	(0.022 8)
选择性偏差项	−0.203***	−0. 542***	−0.532***
	(0.034 8)	(0.047 0)	(0.051 9)
年份虚拟变量	控制	控制	控制
省份虚拟变量	控制	控制	控制
所有制变量	控制	控制	控制
常数项	0.497***	0.078 7	−0.812***
	(0.113)	(0.128)	(0.171)
样本量	16 480	6 963	9 517
R^2	0.509	0.324	0.273

注：*、**、*** 分别表示在 10%、5%、1%水平上显著。

变量对全部样本和不同时期分样本劳动力工资的影响均是显著为正的(1%的显著性水平);(2)通过估计教育水平与农村户籍的交叉项前的系数可以得出农村户籍劳动力在教育回报率上要显著低于城市劳动力,对于工作经验的情况也是一样的,即农村户籍劳动力的经验回报率也要低于城市户籍劳动力;(3)男性变量和已婚变量对全部样本和不同时间分样本劳动力工资的影响均显著为正;(4)选择性偏差项前的系数很显著,表明采用企业进入模型得到选择性偏差项对工资模型的估计是有必要的。

表 6.16 列出了农村户籍和城市户籍劳动力分时期工资方程的估计结果,从结果中可以看出:(1)不论采用全部样本还是分时期样本,城镇户籍劳动力的教育回报率要高于农村户籍劳动力,具体地,城镇户籍劳动力的教育回报率为 3.42%,而农村户籍劳动力仅为 1.68%,这也和相关文献的研究结论保持了一致(Meng et al., 2001;姚先国、赖普清,2004;王美艳,2005;邢春冰,2009),随着时间推进,城镇户籍劳动力和农村户籍劳动力的教育回报率是逐渐提高的,且城镇户籍劳动力教育回报率提高了 1.82%,农村户籍劳动力教育回报率提高了 1.55%;(2)城镇户籍劳动力的经验回报率也高于农村户籍劳动力,且不论是城镇户籍劳动力还是农村户籍劳动力,其经验回报率是随着时间下降的;(3)相比女性样本,男性样本更容易获取高工资;(4)相比较未婚群体,已婚群体的工资水平更高;(5)选择性偏差项的系数是显著的(1%的显著性水平)表明对样本进行选择性偏差调整是有必要的。

表 6.17 为四种所有制企业工资方程的估计结果,从结果可以看出:(1)民营企业的教育回报率最高为 3.16%,小型集体企业的教育回报率最低为 2.06%,且教育和农村户籍交叉项前的系数显示农村户籍劳动力的教育回报率要低于城镇户籍劳动力,且在国有企业中

表 6.16　样本分户籍分时间段工资方程估计

	所有样本的工资方程		分阶段估计结果			
			1993—2000 年		2004—2011 年	
	城镇户籍劳动力	农村户籍劳动力	城镇户籍劳动力	农村户籍劳动力	城镇户籍劳动力	农村户籍劳动力
教育年限	0.034 2***	0.016 8***	0.027 8***	0.014 3***	0.046 0***	0.029 8***
	(0.009 06)	(0.001 47)	(0.007 20)	(0.001 95)	(0.014 4)	(0.007 32)
经验	0.019 5***	0.008 00***	0.022 2***	0.008 50***	0.016 3***	0.006 91***
	(0.002 53)	(0.001 55)	(0.003 87)	(0.001 90)	(0.003 36)	(0.001 68)
经验平方	−0.000 105**	−0.000 158**	−0.000 265***	−0.000 215**	−0.000 035 5	−0.000 128
	(0.000 048 4)	(0.000 066 3)	(0.000 073 4)	(0.000 108)	(0.000 063 2)	(0.000 083 2)
男性	0.135***	0.249***	0.121***	0.178***	0.195***	0.297***
	(0.012 3)	(0.019 1)	(0.018 2)	(0.030 1)	(0.016 5)	(0.024 9)
已婚	0.079 2***	0.082 1***	0.038 2	0.084 5*	0.101***	0.077 5*
	(0.020 3)	(0.031 1)	(0.030 7)	(0.048 3)	(0.026 8)	(0.042 4)
选择性偏差项	−0.176**	−0.133***	−0.229***	−0.104***	−0.435***	−0.201***
	(0.073 4)	(0.010 7)	(0.010 7)	(0.014 2)	(0.110)	(0.017 0)
年份虚拟变量	控制	控制	控制	控制	控制	控制
省份虚拟变量	控制	控制	控制	控制	控制	控制
所有制变量	控制	控制	控制	控制	控制	控制
常数项	0.185	0.810**	0.169	0.752	−0.591*	2.089***
	(0.169)	(0.360)	(0.231)	(0.473)	(0.303)	(0.664)
样本量	11 119	5 361	4 576	2 387	6 543	2 974
R^2	0.546	0.406	0.385	0.219	0.268	0.191

注：*、**、*** 分别表示在 10%、5%、1%水平上显著。

表 6.17　不同所有制企业工资方程估计

	国有企业	大型集体企业	小型集体企业	民营企业
教育年限	0.025 9***	0.028 3***	0.020 6***	0.031 6***
	(0.007 76)	(0.006 12)	(0.004 13)	(0.008 30)
教育×农村户籍	−0.014 5***	−0.002 96**	−0.007 37***	−0.009 91***
	(0.001 78)	(0.001 16)	(0.001 94)	(0.001 86)
经验	0.021 2***	0.027 9**	0.020 5***	0.028 1***
	(0.002 89)	(0.011 3)	(0.007 19)	(0.003 58)
经验×农村户籍	−0.008 89***	−0.010 9***	−0.006 91***	−0.007 53***
	(0.001 78)	(0.003 01)	(0.002 16)	(0.001 53)
经验平方	−0.000 204***	−0.000 127	−0.000 365***	−0.000 010 1
	(0.000 057 1)	(0.000 136)	(0.000 117)	(0.000 064 1)
男性	0.083 5***	0.217***	0.248***	0.257***
	(0.013 8)	(0.032 8)	(0.031 0)	(0.017 8)
已婚	0.004 11	0.069 5	0.096 3*	0.162***
	(0.023 4)	(0.056 2)	(0.057 5)	(0.028 9)
选择性偏差项	−0.183***	−0.309**	−0.897***	−0.092 9**
	(0.060 5)	(0.131)	(0.118)	(0.038 7)
年份虚拟变量	控制	控制	控制	控制
省份虚拟变量	控制	控制	控制	控制
常数项	−0.183	−0.578	0.575	0.225
	(0.146)	(0.360)	(0.362)	(0.219)
样本量	7 273	1 262	1 653	6 111
R^2	0.634	0.534	0.460	0.341

注：*、**、*** 分别表示在 10%、5%、1%水平上显著。

二者差距最大，在大型集体企业中二者差距最小；(2)工作经验回报率与教育水平回报率的情况相似，即民营企业的经验回报率最高，小型集体企业的经验回报率最低，且农村户籍劳动力的经验回报率要低于城镇户籍劳动力；(3)男性样本较女性样本在不同所有制企业中更容易获取高工资。表 6.17 中的结果与表 6.16 中的结果是一致的。尽管四种所有制企业在经营机制、工资报酬机制等方面存在差异，但农村户籍劳动力的教育回报率和工作经验回报率均显著小于城镇户籍劳动力。

尽管大量文献表明城市户籍劳动力和农村户籍劳动力的教育回报率之间存在差异(Maurer-Fazio et al., 2004; Meng et al., 2001; 王美艳,2005),但鲜有文献指出到底是哪些所有制企业里不同户籍劳动力在教育回报率上存在这些差异,这些差异的程度有多大。表 6.17 的结果表明四种所有制企业中农村户籍劳动力的教育回报率均小于城镇户籍劳动力,且在国有企业中二者的差距达到最大,这就意味着在国有企业中农村户籍劳动力的教育很可能被低估或者更容易受到雇主的歧视。当然,农村户籍劳动力和城市户籍劳动力在四种所有制企业中到底受到歧视了吗?歧视的程度有多大?这需要对城市户籍劳动力和农村户籍劳动力的非农就业工资差距进行 Oaxaca-Blinder 分解。

为了检验不同所有制企业内农村户籍劳动力和城市户籍劳动力在教育回报率和经验回报率上是否存在差异,表 6.18 列出了四种所有制企业不同户籍劳动力的工资方程估计,从中可以看出,四种所有制企业内农村户籍劳动力的教育回报率和经验回报率均是小于城镇户籍劳动力的,且在国有企业中不同户籍劳动力教育回报率差距最大为 1.74%,而小型集体企业教育回报率差距最小为 0.71%。关于经验回报率的情况和表 6.17 中的结论也是一致的。

六、 农村户籍劳动力和城市户籍劳动力非农就业工资差异分解

通过 Oaxaca-Blinder 工资方程分解,本书得到了不同时间段、不同所有制性质企业农村户籍劳动力与城镇户籍劳动力工资差异的分解结果。表 6.19 列出了所有样本农村户籍劳动力和城镇户籍劳动力工资差异的分解结果,从中可以看出不同户籍劳动力工资差异中

表 6.18　不同所有制企业分户籍工资方程估计结果

	国有企业		大型集体企业		小型集体企业		民营企业	
	城镇户籍	农村户籍	城镇户籍	农村户籍	城镇户籍	农村户籍	城镇户籍	农村户籍
教育年限	0.028 3***	0.010 9**	0.030 6***	0.026 1***	0.022 9***	0.015 8***	0.037 4***	0.022 7***
	(0.002 54)	(0.004 61)	(0.003 51)	(0.005 44)	(0.004 06)	(0.001 89)	(0.010 7)	(0.004 21)
经验	0.039 7***	0.010 7***	0.029 6***	0.020 4***	0.027 8***	0.019 6***	0.033 1***	0.023 2***
	(0.003 06)	(0.001 03)	(0.008 60)	(0.001 45)	(0.010 2)	(0.003 20)	(0.005 54)	(0.004 60)
经验平方	−0.000 203***	−0.000 257	0.000 021 4	−0.000 536*	−0.000 416**	−0.000 377**	0.000 094 1	−0.000 099 5
	(0.000 060 1)	(0.000 191)	(0.000 157)	(0.000 282)	(0.000 171)	(0.000 164)	(0.000 101)	(0.000 083 3)
男性	0.074 7***	0.096 8*	0.210***	0.170**	0.288***	0.198***	0.218***	0.289***
	(0.014 5)	(0.053 4)	(0.039 2)	(0.069 9)	(0.045 7)	(0.044 2)	(0.028 0)	(0.024 7)
已婚	0.016 6	−0.080 4	0.099 9	0.021 8	0.093 7	0.117	0.195***	0.112***
	(0.024 2)	(0.088 4)	(0.064 6)	(0.117)	(0.082 7)	(0.081 1)	(0.043 3)	(0.038 9)
选择性偏差项	−0.201**	−0.335***	−0.070 2***	−0.193***	0.070 1	−0.617**	−0.202***	−0.224***
	(0.094 1)	(0.030 2)	(0.021 2)	(0.038 1)	(0.295)	(0.242)	(0.018 2)	(0.014 0)
年份虚拟变量	控制	控制	控制	控制	控制	控制	控制	控制
省份虚拟变量	控制	控制	控制	控制	控制	控制	控制	控制
常数项	0.161	1.204	0.248	0.494	0.034 4	2.402***	0.187	0.520
	(0.205)	(1.022)	(0.636)	(1.283)	(0.716)	(0.811)	(0.454)	(0.470)
样本量	6 612	661	938	324	751	902	2 714	3 397
R^2	0.647	0.471	0.553	0.495	0.461	0.425	0.321	0.344

注：*、**、*** 分别表示在 10%、5%、1%水平上显著。

表 6.19 所有样本分户籍工资差异分解

	总差异(ln)	特征差异		系数差异	
		差异(ln)	百分比	差异(ln)	自分比
教育年限	0.136 8	0.087 3	63.816	0.049 5	36.184
经验	0.067 1	0.048	71.53 5	0.019 1	28.465
经验平方	0.049 3	0.015 6	31.64 3	0.033 7	68.357
男性	−0.146 3	−0.075 6	51.675	−0.070 7	48.325
已婚	0.002 87	0.004 13	143.902	−0.001 26	−43.902
总计	0.255	0.141	55.294	0.114	44.706

注:表中为列出选择性偏差项、省份、所有制、年份变量的分解结果。

市场因素可以解释的部分占到了 55.29%,歧视性部分占到了 44.71%,从数量上看分解结果和相关文献的结论保持了一致(Meng et al., 2001;王美艳,2005),即由于企业雇主或管理者对农村户籍劳动力的歧视使得农村户籍劳动力承受了更低水平的工资。

为了更清楚地认识随着时间变化歧视在农村户籍劳动力和城市户籍劳动力工资差异中所占的份额,表 6.20 和表 6.21 分别列出了 1993—2000 年、2004—2011 年不同户籍劳动力工资差异分解的结果。

表 6.20 1993—2000 年样本的分户籍工资差异分解

	总差异(ln)	特征差异		系数差异	
		差异(ln)	百分比	差异(ln)	百分比
教育年限	0.079 5	0.047 1	59.245	0.032 4	40.755
经验	0.061 4	0.033 5	54.560	0.027 9	45.440
经验平方	−0.038 2	−0.011 2	29.319	−0.027	70.681
男性	−0.043 85	−0.008 15	18.586	−0.035 7	81.414
已婚	−0.025 92	0.004 98	−19.213	−0.030 9	119.213
总计	0.286	0.174	60.839	0.112	39.161

注:表中为列出选择性偏差项、省份、所有制、年份变量的分解结果。

表 6.21 2004—2011 年样本分户籍工资差异分解

	总差异(ln)	特征差异		系数差异	
		差异(ln)	百分比	差异(ln)	百分比
教育年限	0.190 9	0.035 9	18.806	0.155	81.194
经验	0.046 56	0.008 96	19.244	0.037 6	80.756
经验平方	0.069 13	0.003 23	4.672	0.065 9	95.328
男性	−0.069 36	−0.007 46	10.755	−0.061 9	89.245
已婚	0.030 28	0.009 98	32.959	0.020 3	67.041
总计	0.232	0.113	48.707	0.119	51.293

注:表中为列出选择性偏差项、省份、所有制、年份变量的分解结果。

从不同时期内工资差异的分解结果来看,1993—2000 年歧视性成分在工资差异中所占比例为 39.16%,低于采用全部样本分解的结果;2004—2011 年歧视性成分在工资差异中所占比例高于采用全部样本分解的结果,占到了总工资差异的 51.29%,即随着时间的推进、经济的发展,对农村户籍劳动力的歧视并没有因为市场制度的完善而逐渐减弱,反而是增强了。

对农村户籍劳动力的歧视使得农村户籍劳动力承受了更低的工资水平,由于谋取比从事农业生产更高水平的工资是农村劳动力参与非农劳动的重要原因,歧视无疑会大大限制了农村户籍劳动力非农劳动的持续性供给,打压了农村户籍劳动力进入城市工作和生活的积极性,从长远来看,将不利于中国经济的持续增长。

对全部样本和分时期子样本的工资差异分解虽然能够刻画农村劳动力整体和不同时期歧视性成分对工资差距的影响,但不能明确指出到底是哪些所有制企业实施了这些歧视。如果不同所有制企业在企业经营方式和经济目的上存在差距,则很有可能在对待农村户籍劳动力上存在着异质性,比如,如果国有企业更倾向于追求一些非盈利的目标，如扩大就业、降低高层管理者的待遇、提高最低工资者的工资待遇，则有可能降低企业经营的效率，不利于企业追逐最高利润(陆正飞等，2012)。为了具体地分析不同所有制企业内对农村劳动力的歧视在不同户籍劳动力工资差异中影响的特点，表 6.22—表 6.24 分别列出了国有企业、小型集体企业、大型集体企业和私营企业样本不同户籍劳动力非农就业工资差异的分解结果。

表 6.22　国有企业样本的分户籍工资差异分解

	总差异(ln)	特征差异		系数差异	
		差异(ln)	百分比	差异(ln)	百分比
教育年限	0.234 9	0.069 9	29.757	0.165	70.243
经验	0.038 4	0.018 8	48.958	0.019 6	51.042
经验平方	0.035 66	0.002 56	7.179	0.033 1	92.821
男性	−0.016 45	−0.002 25	13.678	−0.014 2	86.322
已婚	0.077 362	−0.000 14	−0.178	0.077 5	100.178
总计	0.279	0.117	41.935	0.162	58.065

注：表中为列出选择性偏差项、省份、年份变量的分解结果。

表 6.23　小型集体企业样本分户籍工资差异分解

	总差异(ln)	特征差异		系数差异	
		差异(ln)	百分比	差异(ln)	百分比
教育年限	0.096 3	−0.008 7	−9.034	0.105	109.034
经验	0.083 7	0.035 7	42.652	0.048	57.348
经验平方	−0.064 5	−0.031 4	48.682	−0.033 1	51.318
男性	0.024 8	−0.026 7	−107.661	0.051 5	207.661
已婚	−0.014 48	0.005 12	−35.359	−0.019 6	135.359
总计	0.331	0.161	48.640	0.170	51.360

注：表中为列出选择性偏差项、省份、年份变量的分解结果。

表 6.24　大型集体企业样本的户籍工资差异分解

	总差异(ln)	特征差异		系数差异	
		差异(ln)	百分比	差异(ln)	百分比
教育年限	0.135 8	0.010 8	7.953	0.125	92.047
经验	0.038 2	0.053 8	140.838	−0.015 6	−40.838
经验平方	−0.003 58	−0.006 12	170.950	0.002 54	−70.950
男性	0.032 8	−0.012 1	−36.890	0.044 9	136.890
已婚	0.059 48	0.007 08	11.903	0.052 4	88.097
总计	0.048 1	0.030 5	63.410	0.017 6	36.590

注:表中为列出选择性偏差项、省份、年份变量的分解结果。

表 6.25　私营企业样本的分户籍工资差异分解

	总差异(ln)	特征差异		系数差异	
		差异(ln)	百分比	差异(ln)	百分比
教育年限	0.075	0.011 5	15.333	0.063 5	84.667
经验	−0.136 71	0.000 291	−0.213	−0.137	100.213
经验平方	0.123 523	−0.000 48	−0.386	0.124	100.386
男性	−0.060 1	−0.017 7	29.451	−0.042 4	70.549
已婚	0.071 47	0.005 57	7.793	0.065 9	92.207
总计	0.228	0.137	60.088	0.091	39.912

注:表中为列出选择性偏差项、省份、年份变量的分解结果。

从结果可以看出,国有企业中由于非市场因素所导致的工资差异占据了农村户籍居民和城市户籍居民总工资差异的 58.06%,在四种所有制企业中该比例最高;小型集体企业中歧视性成分在总工资差异中所占比例为 51.36%;大型集体企业中由于对劳动力的歧视所导致的工资差异在总工资差异中的份额为 36.59%,是四种所有制企业中该比例最低的;私营企业样本农村户籍劳动力和城市户籍劳动力非农就业工资差异中有 39.91%是由歧视所导致的。

按照经济学理论的观点，对劳动者的歧视是非市场化因素，是一种市场扭曲，对企业经济绩效的影响是不利的。在国有企业中，对农村户籍劳动者的歧视所导致的工资差异在总工资差异中所占到的比例最高，表明了国有企业与其他三种类型在企业经营绩效上是比较差的；而在工资差异分解中，大型集体企业和私营企业不同户籍工资差异中不可以解释的部分所占比例最低，表明该类型企业在企业经营绩效上相对具有优势。

七、国有企业支付了劳动者更高的工资吗？

通过工资差异的分解可以发现在国有企业中非市场因素所导致的工资差异在总工资差异中的比例最高，即对农村户籍劳动力的歧视程度是最大的，那么从这一角度来看，对农村户籍劳动力而言，进入非国有企业工作无疑是更好的选择，但在现实的劳动力市场中为何劳动者都愿意进入国有企业，通过分析四种所有制企业的工资水平可以发现，原因在于国有企业的工资水平在四种所有制企业中是最高的，也就是说农村户籍劳动力之所以愿意在国有企业中忍受与城镇户籍劳动力不平等的工资待遇是因为国有企业支付了比其他类型企业更高的工资。但通过分析四种所有制企业中劳动者的教育水平可以发现国有企业劳动者的受教育年限也是最高的，因此，无法判断劳动者希望进入国有企业工作或者农村户籍劳动力愿意在国有企业中忍受不平等的工资待遇是因为国有企业支付了相比其他类型企业更高水平的工资还是因为劳动者具有更高的教育水平。

为了检验国有企业相对于其他类型企业是否支付了劳动力更高水平的工资，在工资模型(6.2)中引入国有企业虚拟变量来考察该变量对劳动者工资的影响。表 6.26 列出了工资模型的估计结果。

表 6.26 所有样本分户籍工资方程估计

	城镇户籍	农村户籍
教育年限	0.042 9***	0.018 3***
	(0.008 97)	(0.001 47)
经验	0.011 4***	0.003 99**
	(0.002 51)	(0.001 67)
经验平方	−0.000 098 7**	−0.000 158**
	(0.000 047 9)	(0.000 066 3)
男性	0.132***	0.250***
	(0.012 1)	(0.019 1)
已婚	0.074 3***	0.082 7***
	(0.020 1)	(0.031 1)
选择性偏差项	−0.119**	−0.129***
	(0.049 8)	(0.010 8)
国有企业	0.187***	0.024 0**
	(0.012 3)	(0.010 7)
年份虚拟变量	控制	控制
省份虚拟变量	控制	控制
常数项	0.092 6	0.799**
	(0.167)	(0.360)
样本量	11 119	5 361
R^2	0.555	0.406

注：估计中控制了省份虚拟变量；*、**、*** 分别表示在 10%、5%、1% 水平上显著。

通过估计结果可以看出，不论城市户籍劳动力还是农村户籍劳动力，国有企业变量前的估计系数均显著为正(10%)，即国有企业职工的工资确实要比非国有企业职工的工资水平高，国有企业支付了职工更高水平的工资。具体地，对城市户籍劳动力而言，国有企业职工要比非国有企业职工工资高 18.7%，而国有企业中农村户籍劳动力工资要比其他企业的农村户籍劳动力工资水平高 2.4%，从数量上看对城市户籍劳动力国有企业和非国有企业之间的工资差异要高于农村户籍劳动力。

为了检验不同时期内国有企业是否支付了职工更高的工资，表 6.27 分别列出了 1993—2000 年以及 2004—2011 年农村户籍和城市户籍劳动力工资模型估计的结果。

表 6.27 所有样本分户籍分年度工资方程估计

	1993—2000 年		2004—2011 年	
	城镇户籍	农村户籍	城镇户籍	农村户籍
教育年限	0.037 5***	0.017 5***	0.044 5***	0.026 2***
	(0.012 0)	(0.001 95)	(0.014 1)	(0.002 32)
经验	0.022 1***	0.008 67***	0.013 6***	0.009 47*
	(0.003 87)	(0.001 90)	(0.003 27)	(0.005 23)
经验平方	−0.000 264***	−0.000 218**	−0.000 021 0	−0.000 134
	(0.000 073 4)	(0.000 109)	(0.000 061 6)	(0.000 083 2)
男性	0.121***	0.178***	0.187***	0.298***
	(0.018 2)	(0.030 2)	(0.016 0)	(0.024 9)
已婚	0.038 0	0.083 3*	0.087 7***	0.078 0*
	(0.030 7)	(0.048 4)	(0.026 1)	(0.042 4)
选择性偏差项	−0.199***	−0.246*	−0.481***	−0.313*
	(0.010 7)	(0.142)	(0.107)	(0.170)
国有企业	0.106***	0.022 6*	0.297***	0.033 8*
	(0.018 5)	(0.013 1)	(0.015 9)	(0.018 3)
年份虚拟变量	控制	控制	控制	控制
省份虚拟变量	控制	控制	控制	控制
常数项	0.164	0.761	−0.544*	2.048***
	(0.232)	(0.474)	(0.295)	(0.665)
样本量	4 576	2 387	6 543	2 974
R^2	0.385	0.219	0.305	0.192

注：估计中控制了省份虚拟变量；*、**、*** 分别表示在 10%、5%、1% 水平上显著。

从结果中可以看出，在 1993—2000 年期间，城市户籍劳动力在国有企业中的工资水平要比非国有企业中的工资水平高 10.6%，而对于农村户籍劳动力而言，该系数为 2.26%，农村户籍劳动力在国有企业与非国有企业间的工资差距要小于城镇户籍劳动力；在 2004—

2011 年间城市户籍劳动力在国有企业的工资水平高于非国有企业工资 29.7%,农村户籍劳动力在国有企业的工资与非国有企业工资间的差距为 3.38%,该差距仍低于城市户籍劳动力;通过比较 1993—2000 年与 2004—2011 年两个时期的结果可以发现不论城市户籍劳动力还是农村户籍劳动力在国有企业非农就业工资与非国有企业工资的差距是逐渐提高的。

通过表 6.26 与表 6.27 的分析,可以得出以下几点结论:(1)国有企业提供职工高于其他所有制企业更高的工资待遇,国有企业中不论城市户籍劳动力还是农村户籍劳动力均获得了更高水平的工资,但农村户籍劳动力在国有企业中的工资溢价要低于城市户籍劳动力;(2)农村户籍劳动力和城市户籍劳动力在国有企业中的工资溢价均随时间逐渐增加。这就意味着国有企业与其他类型所有制企业之间在经营绩效、营业目标、工资机制等方面存在着差异。

第四节　本章小结

本章利用了 CHNS 数据中 1993—2011 年农村户籍和城市户籍劳动力的相关数据,考察了四种所有制企业中不同户籍劳动力在企业进入、工资机制方面的特征,通过对农村户籍劳动力和城市户籍劳动力工资差异的 Oaxaca-Blinder 分解着重分析了对农村户籍劳动力的歧视在工资差异中的影响,并在此基础上进一步检验了国有企业是否提供了职工高于其他所有制企业的工资待遇。

根据实证模型的估计结果,本章得出了以下主要结论:

(1) 通过工资模型的估计,教育水平和工作经验提升均有利于农村户籍劳动力和城镇户籍劳动力获取更高水平的工资;对于教育回报率,在四种所有制企业中城市户籍劳动力的教育回报率高于农村户籍劳动力，且在国有企业中农村户籍和城镇户籍劳动力教育回报率的差距最大，而在小型集体企业中教育回报率的差距最小；家庭孩子数量越多越不利于农村户籍劳动力在四种所有制企业中获取高工资，但对城市户籍劳动力而言没有显著影响。

（2）通过对农村户籍劳动力和城市户籍劳动力工资差异的分解，整体来看，歧视所导致的工资差距在总工资差异中的比例为44.71%，且对农村劳动力的歧视随时间变化是逐渐增强的；对四种所有制企业而言，国有企业中农村户籍劳动力和城镇户籍劳动力工资差异中不可以解释的部分所占比例最高，占到了58.07%，而小型集体企业和民营企业中歧视性成分在工资差异中的份额最低。

（3）通过对国有企业是否支付了职工更高工资的检验，相对于其他性质的企业，国有企业确实支付了更高的工资待遇；对于不同户籍的劳动力而言，城市户籍劳动力在国有企业中所获得的工资溢价要高于农村户籍劳动力，且该特征是随着时间的推进逐渐增强的，即不同户籍劳动力在国有企业的工资溢价随时间均逐渐增加，且城市户籍劳动力与农村户籍劳动力在国有企业工资溢价的差距是随时间变化逐渐增大的。

按照经济学理论的观点，对农村户籍劳动力是以牺牲企业的经营绩效为代价的，尽管现有文献指出了对农村劳动力是存在歧视的，但并没有明确指出歧视是来源于哪种企业类型，而本章通过四种所有制企业的分析，找出了国有企业中对农村户籍劳动力的歧视是最严重的，这也是和国有企业与其他类型企业在企业经营绩效存在着差距是一致的。另外，文章的结论也解释了为何农村劳动力在国有企业中遭受了最严重的歧视却仍愿意进入国有企业工作，那是在于国有企业支付了职工更高水平的工资，使农村户籍和城市户籍劳动力均享受了比进入其他类型企业更高的工资待遇。

本章考察了在城市劳动力市场内部影响农村户籍劳动力供给的歧视问题，由于歧视使得农村户籍劳动力承受了更低水平的工资，通过农村劳动力的工资供给弹性的分析可以发现，降低工资就会大大减弱劳动力劳动供给的积极性，因而消除对农村户籍劳动力的歧视不仅可以提高农村劳动力的工资，降低城乡收入水平的差距，也可以促进农村剩余劳动力向城市劳动力市场的转移，进而有助于中国整体的劳动力供给，从而有利于经济持久性增长。

注　释

[1] Becker, G.S.(1957), *The Economics of Discrimination*, University of Chicago Press.

第七章 主要结论和展望

中国农村劳动力的城乡流动和跨区就业已经成为当前经济领域内最重要的社会现象之一,随着经济的发展和城镇化进程的不断加速,户籍制度对农村户籍劳动力流动的限制越来越凸显,对经济增长的制约越来越严重,在“民工荒”“人口老龄化”“刘易斯拐点即将到来”的今天,研究户籍制度对农村劳动力非农劳动供给的影响不仅有助于理解当前劳动力市场发展的情况和农村剩余劳动力供给的特点,而且可以为未来中国经济的持续增长提供有益的政策建议。

本书基于经典的家庭劳动供给理论,构建了户籍制度下中国农村家庭非农劳动供给的理论模型,并采用了 CHNS 数据和上海财经大学 2013 年“千村调查”数据,系统研究了农村家庭劳动力的非农劳动参与决策、农村户籍劳动力二次流动决策及检验二次流动是否是一种人力资本投资行为、城镇劳动力市场上对农村户籍劳动力歧视的度量以及无歧视情况下潜在农村劳动力非农劳动供给数量估算、基于企业所有制性质讨论企业对农村劳动力的户籍歧视四个方面的问题,相应地提出了促进农村剩余劳动力转移的政策建议。

本书的主要观点是:户籍制度对农村劳动力非农劳动供给有显

著的制约作用，因为农村劳动力的非农劳动参与是家庭决策的结果，户籍制度影响了家庭生产约束，进而对劳动力供给决策产生影响，尤其是对农村劳动力群体中的已婚群体或家庭中有孩子的群体，户籍制度对该群体非农劳动力供给的影响是最严重的；农村户籍劳动力二次跨区流动决策与农村劳动力的城乡流动决策存在差异，且他们的二次跨区流动是一种人力资本投资行为；在城市劳动力市场上，普遍存在着对农村户籍劳动力的歧视，且在四种所有制性质的企业中，国有企业对劳动力的户籍歧视程度是最严重的，因此，为了进一步促进农村剩余劳动力的非农劳动就业，且提高企业的经营绩效，消除对农村户籍劳动力的歧视是非常必要的；无歧视情况下，潜在农村剩余劳动力非农劳动供给的数量将比实际劳动力供给数量增加很多，因此，完善和深化户籍改革、打破劳动力市场的二元分割、消除对农村劳动力的户籍歧视对促进农村劳动力非农劳动供给的效果是十分明显的。

第一节　本书主要结论

（一）从理论上看，由于农村劳动力转移实际上处于“移而不迁”的状态，这会使农村流动劳动力承受相应的成本：夫妻分居或家庭分离，无法关注子女教育和孩子抚养。因此，农村户籍劳动力一旦离开家庭流动到城镇非农产业，农村家庭的生产能力或者家庭的效用就会由于劳动力流动的成本下降很多，即对于已婚或者家庭有孩子的农村户籍劳动力而言，他们进入城镇非农产业工作的成本会更高，而对于农村尚未结婚或者没有孩子的家庭而言，他们进入城镇非农产业工作的成本相对较小；从模型上分析，通过引入户籍变量，改变了农村家庭的生产约束，进而发现户籍对农村劳动力的外出务工决策产生了影响，且对于不同婚姻状况或孩子数量的家庭劳动力，户籍变量的影响是有差异的。具体而言，婚姻对农村劳动力的非农劳动参与有显著影响，相比未婚劳动力群体，已婚劳动力群体的非农劳动参与率更低；对于已婚家庭而言，家庭孩子数量会影响农村劳动力的非农劳动参与决策。孩子数量越多，家庭父母的非农劳动参与决策率就越低；对已婚且有孩子的家庭而言，相对于未婚劳动力群体，已婚劳动力群体的保留工资更高，为了吸引该群体就业，必须要有更高的劳动力工资水平。因此，由于户籍制度增加了农村劳动力参与非农就业的成本，并使得农村劳动力群体中有相当比例群体退出了非农劳动供给的队伍，这会使农村户籍劳动力工资持续上涨和“民工荒”现象可以同时存在，但并非意味着农村剩余劳动力资源的枯竭。

（二）从数据来看，中国城镇户籍居民的非农劳动参与率为89.5%，而农村户籍居民非农劳动参与率为27.0%，两者差异巨大，这意味着我国农村地区非农劳动供给的潜力是相当大的；从1991年到2011年，城镇户籍居民的非农劳动参与率有小幅上升，且一直保持在较高水平；而农村户籍居民的非农劳动参与率则由19.3%大幅上升到43.3%，因此可以得出我国农村剩余劳动力转移已达到“刘易斯转折点”是不符合实际情况的，因为随着工资不断上涨，农村户籍居民的非农劳动参与率也在不断提高。

（三）从实证检验来看，农村户籍劳动力的非农劳动参与弹性为1.702，且随着时间变化，该弹性是逐渐下降的；另外城镇户籍劳动力的非农劳动参与弹性为2.141，该弹性随时间变化也是逐渐下降的，但均高于农村户籍劳动力相对应的参与弹性；另外，农村劳动力群体中已婚群体的非农劳动力参与弹性为1.524，而未婚群体的对应值为2.104，农村家庭中有孩子的劳动力非农劳动参与弹性为1.605，家庭中无孩子的群体的对应值为2.562。由于农村户籍劳动力的非农劳动参与弹性要远小于城镇户籍劳动力，且非农就业群体中已婚群体占据了主要部分，因此，仅仅依靠提高工资水平对农村户籍劳动力非农劳动供给的影响是比较有限的。

（四）外出务工的农村户籍劳动力二次跨区流动比较频繁，64.0%的农村户籍劳动力有二次跨区流动经历；他们的二次跨区流动与一次城乡流动存在较大差异，比如年龄偏大和人力资本拥有量偏低的农民工更容易进行二次跨区流动，主要原因是中国的户籍制度以及驱动农村户籍劳动力城乡流动与二次跨区流动的动力有差异；在考虑选择性偏差性的情况下，二次跨区流动能够帮助农村户籍劳动力提升19.2%的工资水平，他们的二次跨区流动是一种人力资本投资行为。

（五）通过对潜在劳动力供给的测算，可以发现如果消除对农村户籍劳动力的工资歧视，那么农村户籍劳动力的实际劳动力供给会提高18.56%—39.7%之间，尽管该结果只是粗略的测算，但从数量来看，消除对农村劳动力的工资歧视对农村劳动力供给的影响还是比较明显的。

（六）在国有企业中，不论是劳动力的教育回报率还是经验回报率，城镇户籍劳动力均明显高于农村户籍劳动力，尽管在其他所有制类型中也有差别，但差距没有在国有企业中那么大。这就指出了在城市劳动力市场上对农村户籍劳动力的歧视来源；从工资差距的分解情况来看，在中国城镇劳动力市场上的确存在着对农村户籍劳动力的歧视，从时间上看，对农村户籍劳动力的歧视程度随时间变化的趋势是逐渐增强的，且城镇户籍劳动力与农村户籍劳动力工资差异中不可以解释的部分占总差异的比重在国有企业最高，达到了58.07%，而在民营企业中最低，为39.91%；经济学理论认为对农村户籍劳动力的歧视是以牺牲企业经营绩效为代价的，因此对农村户籍劳动力的歧视程度的差别是导致不同所有制企业经营绩效存在差异的重要原因之一。

（七）国有企业支付给劳动力的工资要显著高于非国有企业支付的工资，相比城镇户籍劳动力，农村户籍劳动力在国有企业得到的工资溢价比较低，且不同户籍劳动力在国有企业中工资溢价的差距随时间变化的趋势是逐渐增大的。

综上所述，户籍制度对农村户籍劳动力非农劳动供给的影响需要通过多个维度来分析，本书的研究着眼于户籍制度本身给农村户籍劳动力家庭带来的影响，以及扩展到劳动力市场上对二元市场分割和对农村劳动力户籍歧视的考察，分析和检验了户籍制度对农村劳动力非农劳动供给的影响。本书认为，户籍制度对农村劳动力非农劳动供给的影响是十分显著的，为了进一步促进农村剩余劳动力的非农劳动供给，减少农村人力资本的浪费，维持经济的持续增长，围绕户籍制度的改革措施是必不可少的。当然对于户籍制度改革，不可能一蹴而就，这需要政府全面权衡户籍制度改革的利弊，抓住户籍制度对农村劳动力供给影响最核心和最本质的症结，在合适的时机，依托一揽子计划和其他配套措施，逐步地消除户籍制度给社会和经济发展带来的不利影响。

改革开放以来，随着经济社会的不断发展，户籍制度改革便走上了快车道，为中国城镇输送了源源不断的劳动力资源，大大推动了中国的工业化和现代化进程。由此可见，制度变革要适应时代发展的需要，有步骤、有计划地放松管制，为城市和农村共同发展提供制度便利。

目前，从劳动力市场的表现来看，户籍制度对农村居民的约束还体现在以下几个方面：首先，制度约束最严重的地方是大城市，而绝大部分农村居民城乡转移的目的地也在大城市。这种情形不利于中国的改革开放，同时也无法适应于中国新型城镇化和农村户籍劳动力市民化的国家战略。其次，城市公共服务和公民权利是户籍制度最为核心的内容。农村居民的回流、循环迁移行为是他们无法适应城市和负担生活成本的无奈之举，如果大城市基于政府管理和稳定的考虑，暂时不能放开户籍管制，那么可以剥离出户籍制度下的公共服务，依靠城市公共服务供给的规模优势，逐步为农村劳动力提供实际的、公平的社会福利。第三，户籍制度与土地制度相分离。中国的土地制度是制约农村居民无法迁移城市和融入城市的重要原因，很多中小城市虽然已经取消了户籍制度，但农村居民还是不愿意放弃农村土地，成为城市居民。如果将土地制度改革与户籍制度联系在一起，在给予农村居民城市户籍的同时，能够把农村的土地权利转化为他们在城市生活的生产资料（比如商品房），那么不仅可以大大地减少农村居民市民化的成本，而且能够提高农村土地的集约程度，提高农业生产效率，推进农村地区的发展。第四，城市偏见和歧视仍然常见。不论从子女入学机会、社会保障享有，还是就业待遇，流入城市的农村居民普遍遭受城市居民的各种排斥，造成这种现象的原因是在既有社会福利的基础上，城市居民担心农村居民的流入会损害他们的利益，而漠视了农村居民的流入对城市社会福利增长的贡献，没有意识到农村居民对社会福利的分享，同时会增大社会福利的规模，使城市居民获得福利分享带来的好处。

基于本书的研究，未来户籍制度改革应该注意以下几点问题：第一，不要以控制人口数量作为城市户籍管理的目标。农村居民的城乡转移是一种经济行为，也是理性行为，这种人口流入是资源合理配置的方式，对城市发展而言是有利的。政府部门应该服务于农村劳动力的转移，而非进行控制，如果担心城市公共服务供给不足，应该从服务的角度提供更多、更有效率的公共产品，而非在现有公共服务存量的基础上，阻碍其他人进行分享，因为这不仅是不公平的，也是有害于经济发展的。第二，除了财政补贴外，户籍制度改革应该和社会保障制度改革、土地制度改革相联系，继续探索完善户籍制度改革的财政保障机制。例如，从社会保障的视角来看，许多农村居民在城市提供非农劳动是缴纳了相应的养老、医疗等社会保险费用的，如果通过建立全国统一的社会保障信息管理平台，允许跨地区支取社会保障费用，那么城市可以依靠这些资金来提供针对农村居民的公共服务，减轻财政的压力；另外，伴随土地制度改革，如果通过完善农村土地的退出补偿机制，允许将农村居民的土地权利转化为相对应的城市土地使用指标，那么政府也可以统筹在更多的城市空间建设更多的公共服务场所和设施，切实解决城市公共服务供给不足问题。第三，结合农村发展的水平，鼓励就地城镇化。由于农村居民大量涌入大城市，暂时性地给大城市的人口管理带来了很大压力，引发了交通拥堵、环境污染、治安恶化等一系列问题，短期内在大城市放开户籍管制不太现实，而如果以发展情况较好的中心村或小城镇为核心，将周边的农村居民聚拢在一起，在当地城镇化，不仅有利于减缓人口涌入大城市造成的负面影响，也便于充分利用农村地区的资源优势，规避“留守儿童”“留守老人”等各种社会问题。通过积极培育发展具备农村特色和地方特色的产业，发挥规模优势，解决好农村居民市民化过程中的就业、公共服务和子女教育等问题，可以实现城市和农村的协调发展，实现共同富裕。第四，改革措施逐步推进，由简到难。由于政府在人口管理和财务管理等方面的压力，目前的户籍制度改革不可能一蹴而就，只能在一揽子配套制度改革的基础上，逐步放开对农村居民的管制。公共服务的供给要“从无到有”再“由有到优”，协调好原有城市居民和流入农村居民的利益关系，才能最终能够实现无歧视、无差别地为每一个流入城市的农村居民提供养老、医疗、子女教育、住房、就业服务等公民权利。

第二节　下一步研究方向

本书虽然针对户籍制度对农村户籍劳动力非农劳动供给的影响进行了较为深入的讨论和分析，但限于作者研究水平和精力的限制，本书在以下几个问题上仍然需要做出进一步的探索和分析：

（一）本书虽然通过静态的家庭劳动力供给模型考察了户籍变量对农村户籍劳动力非农劳动决策的影响，但并未具体地考察户籍变量的动态变化对农村户籍劳动力非农劳动供给决策的影响，考察户籍变量随着时间或工资水平的变化对农村户籍劳动力非农劳动供给的影响，将会更加清晰地得出农村户籍劳动力非农劳动供给的趋势和规律，为当前的“民工荒”现象、农村劳动力剩余情况下的供给不足问题提供理论解释。但是由于考察动态家庭劳动供给模型会更加复杂，作者限于研究水平和时间的限制，还未能对这一问题有较好的把握。

（二）本书虽然考察了户籍制度下农村户籍劳动力的二次流动问题，但并未更具体地考察农村户籍劳动流动的其他具体形式：回流、循环流动。对于这一问题的研究将有助于更好地理解农村户籍劳动力流动的特征和规律，以及在不同时期内户籍制度对劳动力流动影响的趋势变动，总结户籍制度对劳动力流动影响的松紧程度，进而在不同时期内对户籍改革制度提供符合时宜的政策建议，但由于作者研究水平的限制，对这一问题的研究还未形成比较清晰的思路。

（三）本书虽然考察了户籍制度对农村家庭非农劳动力供给决策的影响以及分析了劳动力市场对农村户籍劳动力的歧视问题，但并未进一步考察户籍制度对农村居民非农劳动供给的影响效应对宏观经济所产生的不利影响。因为之所以要研究劳动力供给，最根本原因就是为经济的发展和持续增长提供基础，劳动力供给研究之所以受到学界的重视，原因就在于它是经济增长过程中的一个十分关键的要素，在理论上如此，在中国经济的实践中也是如此。另外，宏观经济的发展会反过来影响户籍制度的改革，也会反作用于城市劳动力市场，进而会影响农村户籍劳动力的供给。但由于经济增长领域内所涉及的知识和技术比较广泛，限于作者研究水平和精力的限制，还未对该问题有比较全面的理解。

附　录

附录 A　非农劳动参与率统计

附表 A1　不同户籍劳动力分性别平均非农劳动参与率统计

		1993	1997	2000	2004	2006	2009	2011
城镇户籍	男性	0.910	0.910	0.877	0.916	0.926	0.914	0.925
	女性	0.877	0.879	0.855	0.900	0.912	0.922	0.916
农村户籍	男性	0.240	0.232	0.297	0.341	0.356	0.392	0.482
	女性	0.150	0.171	0.207	0.224	0.246	0.295	0.397

附表 A2　不同户籍劳动力分教育年限平均非农劳动参与率统计

		1993	1997	2000	2004	2006	2009	2011
城镇户籍	0—6	0.804	0.733	0.702	0.770	0.745	0.814	0.869
	7—12	0.917	0.919	0.879	0.915	0.923	0.916	0.912
	≥13	0.994	0.961	0.964	0.960	0.977	0.952	0.951
农村户籍	0—6	0.110	0.117	0.134	0.160	0.184	0.212	0.284
	7—12	0.291	0.289	0.353	0.377	0.381	0.416	0.513
	≥13	0.667	0.625	0.680	0.700	0.821	0.974	0.831

附表 A3　不同户籍劳动力分婚姻状况平均非农劳动参与率统计

		1993	1997	2000	2004	2006	2009	2011
城镇户籍	未婚	0.858	0.906	0.872	0.900	0.946	0.925	0.926
	已婚	0.905	0.894	0.872	0.910	0.916	0.916	0.920
农村户籍	未婚	0.293	0.334	0.425	0.439	0.563	0.584	0.645
	已婚	0.162	0.164	0.209	0.264	0.282	0.327	0.429

附录 B　非农劳动月工资统计

附表 B1　不同户籍劳动力分性别平均月工资统计

		1993	1997	2000	2004	2006	2009	2011
城镇户籍	男性	479.7	649.0	1 200	1 615	1 887	2 211	2 744
	女性	396.1	529.0	1 012	1 350	1 565	1 781	2 392
农村户籍	男性	465.3	631.9	1 083	1 128	1 431	1 894	2 297
	女性	396.8	529.6	808.5	958.1	1 094	1 328	1 635

附表 B2　不同户籍劳动力分教育年限平均月工资统计

		1993	1997	2000	2004	2006	2009	2011
城镇户籍	0—6	451.8	640.4	1 016	1 255	1 250	1 723	2 054
	7—12	441.0	586.9	1 105	1 422	1 580	1 840	2 246
	≥13	467.5	721.4	1 473	1 889	2 297	2 616	3 362
农村户籍	0—6	438.8	596.1	917.8	908.6	1 121	1 446	1 864
	7—12	437.2	587.5	976.6	1 083	1 336	1 741	2 046
	≥13	441.7	592.2	1 404	1 546	1 738	1 964	2 237

附表 B3 不同户籍劳动力分婚姻状况平均月工资统计

		1993	1997	2000	2004	2006	2009	2011
城镇户籍	未婚	366.4	533.2	1 007	1 355	1 665	1 764	2 349
	已婚	460.7	611.9	1 149	1 532	1 769	2 058	2 628
农村户籍	未婚	400.2	564.9	881.0	1 023	1 364	1 581	1 964
	已婚	455.4	597.2	1 042	1 077	1 307	1 708	2 024

附表 B4 国有企业不同户籍劳动力月工资统计

		1993	1997	2000	2004	2006	2009	2011
城镇户籍	样本量	1 101	1 235	1 103	854	786	808	1 310
	均　值	417.4	582.9	1 162	1 626	1 984	2 251	2 765
	标准差	199.5	274.1	739.2	986.0	1 426	1 208	1 591
	最小值	118.7	152.8	193.6	273.3	353.9	400.8	581.0
	最大值	1 755	1 701	7 467	7 904	15 185	15 311	16 461
农村户籍	样本量	105	97	97	78	87	103	134
	均　值	385.3	554.9	972.9	1 233	1 307	1 633	1 784
	标准差	184.0	222.6	541.0	756.8	776.5	1 024	1 310
	最小值	101.5	145.8	149.1	258.1	277.3	224.1	468.5
	最大值	921.7	1 167	2 960	4 116	4 615	7 437	12 866

附表 B5 小型集体企业不同户籍劳动力月工资统计

		1993	1997	2000	2004	2006	2009	2011
城镇户籍	样本量	176	189	111	69	76	51	121
	均　值	556.5	631.5	1 160	1 383	1 237	1 322	1 720
	标准差	347.3	300.1	965.4	959.2	940.6	719.4	994.6
	最小值	119.1	174.6	199.1	320.7	358.4	557.8	581.0
	最大值	1 841	1 557	7 151	5 768	6 933	3 986	6 974
农村户籍	样本量	294	237	157	63	64	47	78
	均　值	439.7	565.2	873.3	964.7	1 265	1 377	1 507
	标准差	205.9	253.7	429.4	399.0	520.7	959.6	756.0
	最小值	71.62	103.9	149.3	229.4	279.8	307.0	466.3
	最大值	974.8	1 199	2 239	2 151	2 773	6 197	4 095

附表 B6　大型集体企业不同户籍劳动力月工资统计

		1993	1997	2000	2004	2006	2009	2011
城镇户籍	样本量	277	281	230	66	62	54	78
	均　值	417.9	546.6	954.9	1 138	1 195	1 933	2 381
	标准差	249.7	265.7	912.3	994.4	810.0	1 938	1 677
	最小值	128.1	156.3	226.9	273.3	358.4	472.8	767.8
	最大值	1 401	1 661	7 008	7 268	4 620	13 516	10 000
农村户籍	样本量	114	43	83	23	15	35	42
	均　值	458.2	580.6	1 061	1 033	1 175	1 577	1 987
	标准差	201.7	210.6	642.3	640.4	446.0	548.3	724.6
	最小值	97.09	118.4	258.1	430.2	277.3	520.6	874.2
	最大值	970.2	1 090	3 279	3 152	1 933	3 718	4 632

附表 B7　民营企业不同户籍劳动力月工资统计

		1993	1997	2000	2004	2006	2009	2011
城镇户籍	样本量	98	223	314	360	423	507	935
	均　值	687.7	773.7	1 035	1 305	1 520	1 721	2 497
	标准差	415.5	363.0	899.1	913.6	1 531	1 395	2 080
	最小值	143.2	234.5	232.3	273.3	358.4	420.3	580.9
	最大值	1 942	1 866	7 361	5 768	12 880	14 164	17 062
农村户籍	样本量	275	375	659	326	446	658	798
	均　值	460.9	599.7	893.3	1 058	1 328	1 727	2 131
	标准差	235.2	257.4	551.3	660.9	812.0	1 465	1 453
	最小值	71.62	93.44	142.8	221.6	283.7	257.5	436.6
	最大值	970.9	1 200	3 674	6 720	5 675	14 058	12 589

附录C 非农劳动小时工资统计

附表C1 不同户籍劳动力分性别平均小时工资统计

		1993	1997	2000	2004	2006	2009	2011
城镇户籍	男性	2.703	4.269	8.179	9.872	12.05	13.87	16.89
	女性	2.239	3.584	7.203	8.270	9.634	11.45	15.27
农村户籍	男性	2.641	3.781	6.266	6.476	7.633	10.73	13.14
	女性	2.210	3.085	6.400	5.179	5.992	7.072	8.587

附表C2 不同户籍劳动力分教育年限平均小时工资统计

		1993	1997	2000	2004	2006	2009	2011
城镇户籍	0—6	2.600	4.253	6.222	7.628	11.48	12.59	11.12
	7—12	2.463	3.850	7.948	8.638	9.740	11.00	13.62
	≥13	2.778	4.544	10.21	11.79	14.41	18.00	22.04
农村户籍	0—6	2.664	3.280	5.291	5.716	5.912	7.385	10.99
	7—12	2.405	3.526	6.630	5.888	7.198	9.856	11.09
	≥13	2.505	6.464	7.964	9.387	9.810	11.48	13.77

附表C3 不同户籍劳动力分婚姻状况平均小时工资统计

		1993	1997	2000	2004	2006	2009	2011
城镇户籍	未婚	2.044	3.691	6.341	8.361	9.856	12.07	14.23
	已婚	2.619	4.030	8.103	9.352	11.24	12.91	16.48
农村户籍	未婚	2.165	3.383	5.799	5.317	6.827	7.728	14.02
	已婚	2.614	3.523	6.603	6.162	7.122	9.629	10.88

附表 C4　国有企业不同户籍劳动力小时工资统计

		1993	1997	2000	2004	2006	2009	2011
城镇户籍	样本量	1 088	1 218	1 085	840	770	799	1 294
	均　值	2.297	3.710	7.490	9.826	11.86	14.04	17.10
	标准差	1.265	2.128	4.974	5.605	6.599	7.414	9.272
	最小值	0.634	0.925	1.235	1.281	1.843	2.486	3.098
	最大值	12.39	24.02	39.84	34.86	46.51	56.16	64.50
农村户籍	样本量	101	96	95	77	86	99	129
	均　值	2.249	3.500	6.335	7.337	8.673	9.778	10.58
	标准差	1.611	1.764	4.375	4.737	6.647	5.820	6.820
	最小值	0.529	0.973	1.556	2.354	2.123	2.767	3.047
	最大值	10.97	10.67	28.47	25.73	41.98	36.82	44.43

附表 C5　小型集体企业不同户籍劳动力小时工资统计

		1993	1997	2000	2004	2006	2009	2011
城镇户籍	样本量	173	184	111	69	75	51	120
	均　值	2.843	4.020	7.209	8.009	8.654	9.015	10.45
	标准差	1.750	2.716	6.414	6.412	5.607	3.847	6.609
	最小值	0.695	0.939	1.324	1.670	2.105	2.490	3.631
	最大值	9.589	18.75	37.24	36.93	36.11	22.14	49.38
农村户籍	样本量	286	225	152	63	63	46	72
	均　值	2.405	3.546	5.032	5.385	6.805	7.622	9.437
	标准差	1.496	2.747	2.845	4.599	4.731	5.301	5.614
	最小值	0.632	0.876	0.912	1.434	1.981	2.767	3.808
	最大值	15.16	21.87	24.68	33.58	34.72	34.43	32.74

附表 C6　大型集体企业不同户籍劳动力小时工资统计

		1993	1997	2000	2004	2006	2009	2011
城镇户籍	样本量	275	280	229	63	62	54	77
	均　值	2.262	3.340	6.128	6.122	6.943	10.62	13.15
	标准差	1.495	1.920	5.976	3.822	4.453	9.096	8.589
	最小值	0.644	0.924	1.314	1.943	2.018	2.955	4.323
	最大值	12.36	18.10	38.94	18.16	23.10	48.27	44.19

（续表）

		1993	1997	2000	2004	2006	2009	2011
农村户籍	样本量	109	42	83	23	14	34	42
	均　值	2.220	2.986	5.117	5.681	6.174	7.035	10.37
	标准差	1.386	1.205	4.527	4.207	2.084	3.208	4.452
	最小值	0.630	1.353	1.536	1.683	3.301	3.228	4.712
	最大值	11.28	6.814	29.00	19.70	9.567	19.37	28.95

附表 C7　民营企业不同户籍劳动力小时工资统计

		1993	1997	2000	2004	2006	2009	2011
城镇户籍	样本量	94	220	306	349	414	495	910
	均　值	3.710	4.000	5.858	7.049	7.665	8.912	13.53
	标准差	2.569	2.470	5.170	5.132	6.279	7.230	10.32
	最小值	0.638	0.967	1.293	1.288	1.771	1.876	2.882
	最大值	16.32	21.33	32.86	39.46	45.19	57.76	69.23
农村户籍	样本量	272	368	648	321	439	643	787
	均　值	3.460	3.520	5.014	5.660	6.692	8.746	11.94
	标准差	5.114	2.532	9.338	5.295	4.711	11.54	12.02
	最小值	0.355	0.557	0.634	1.439	1.821	0.975	2.455
	最大值	15.31	21.41	27.5	32.72	29.91	51.9	65.0

附录 D　非农劳动每天工作小时数统计

附表 D1　不同户籍劳动力平均每天工作小时数统计

		城镇户籍	农村户籍
全部样本		8.037	8.313
年　份	1993	7.910	8.040
	1997	7.868	8.051
	2000	7.933	8.262
	2004	8.152	8.399
	2006	8.140	8.445
	2009	8.120	8.413
	2011	8.127	8.365

（续表）

		城镇户籍	农村户籍
全部样本		8.037	8.313
性　别	男性	8.057	8.262
	女性	8.010	8.396
年　龄	16—25	8.034	8.291
	26—35	8.060	8.368
	36—45	8.049	8.360
	46—55	7.989	8.229
	56—60	8.072	8.171
教育年限	0—6	8.183	8.323
	7—12	8.042	8.319
	≥13	7.950	8.046
婚　姻	未婚	8.054	8.246
	已婚	8.034	8.322

附录 E　非农劳动每周工作小时数统计

附表 E1　不同户籍劳动力平均每周工作小时数统计

		城镇户籍	农村户籍
全部样本		44.93	50.53
年　份	1993	47.47	49.75
	1997	42.12	47.66
	2000	42.34	48.68
	2004	46.60	52.48
	2006	46.31	52.33
	2009	46.07	51.28
	2011	44.51	50.33
性　别	男性	45.11	50.24
	女性	44.68	51.00

（续表）

		城镇户籍	农村户籍
全部样本		44.93	50.53
年　　龄	16—25	45.05	50.23
	26—35	45.08	50.24
	36—45	44.98	51.09
	46—55	44.78	50.50
	56—60	44.26	50.02
教育年限	0—6	48.15	51.20
	7—12	45.56	50.58
	≥13	41.69	44.52
婚　　姻	未婚	44.87	49.73
	已婚	44.94	50.68

参考文献

[1] 白南生、何宇鹏(2002):回乡,还是外出?——安徽四川二省农村外出劳动力回流研究,《社会学研究》,(3),64—78。

[2] 白南生、李靖(2008):农民工就业流动性研究,《管理世界》,(7),70—76。

[3] 蔡昉(1996):行业间工资差异的成因与变化趋势,《财贸经济》,(11),3—5。

[4] 蔡昉(2005):劳动力短缺:我们是否应该未雨绸缪,《中国人口科学》,(6),11—16。

[5] 蔡昉(2007):中国劳动力市场发育与就业变化,《经济研究》,(7),4—14。

[6] 蔡昉(2009):未来的人口红利——中国经济增长源泉的开拓,《中国人口科学》,(1),2—10。

[7] 蔡昉(2010):刘易斯转折点与公共政策方向的转变——关于中国社会保护的若干特征性事实,《中国社会科学》,(6),125—137。

[8] 蔡昉、都阳、王美艳(2001):户籍制度与劳动力市场保护,《经济研究》,(12),41—49。

[9] 蔡昉、王美艳(2004):中国城镇劳动参与率的变化及其政策含义,《中国社会科学》,(4),68—79。

[10] 蔡昉、王德文(2003):作为市场化的人口流动——第五次全国人口普查数据分析,《中国人口科学》,(5),15—23。

[11] 曹玉书、楼东玮(2012):资源错配、结构变迁与中国经济转型,《中国工业经济》,(10),5—18。

[12] 常进雄、王丹枫(2010):我国城镇正规就业与非正规就业的工资差异,《数量经济技术经济研究》,(9),94—106。

[13] 丁守海(2011):劳动剩余条件下的供给不足与工资上涨——基于家庭分工的视角,《中国社会科学》,(5),4—21。

[14] 丁霄泉(2001):农村剩余劳动力转移对我国经济增长的贡献,《中国农村观察》,(2),18—24。

[15] 杜鑫(2010):中国垄断性行业与竞争性行业的收入差距:基于北京市微观数据的研究,《南开经济研究》,(5),111—124。

[16] 封进、张涛(2012):农村转移劳动力的供给弹性——基于微观数据的估计,《数量经济技术经济研究》,(10),69—82。

[17] 盖庆恩、朱喜、史清华:财富对创业的异质性影响——基于三省农户的实证分析,《财经研究》,(5),134—144。

[18] 顾建平(2002):可支配收入、劳动力流动与劳动力市场分割——透视苏南等发达地区弱势劳动力的贫困问题,《管理世界》,(9),78—83。

[19] 郭继强(2005):中国城市次级劳动力市场中民工劳动供给分析——兼论向右下方倾斜的劳动供给曲线,《中国社会科学》,(5),16—26。

[20] 郭继强、姜俪、陆利丽(2011):工资差异分解方法述评,《经济学(季刊)》,10(2),363—414。

[21] 郭瑜(2013):农民工养老保险的选择——基于替代率的研究,《保险研究》,(4),110—117。

[22] 郭震(2013):城镇居民和流动人口工资差距:户籍歧视还是性别歧视,《南方经济》,(8), 69—77。

[23] 韩俊、崔传义、金三林(2009): General Report on the Status of Chinese Rural Migrant Workers and their Development Trends, *China Economist*,(5), 113—122。

[24] 韩秀华、陈雪松(2008):论我国劳动力市场分割,《当代经济科学》,(4), 118—123。

[25] 和丕禅、郭金丰(2004):制度约束下的农民工移民倾向探析,《中国农村经济》,(10), 64—68。

[26] 何英华(2004):户籍制度松紧程度的一个衡量,《经济学(季刊)》,3(13), 99—124。

[27] 洪小良(2007):城市农民工的家庭迁移行为及影响因素研究——以北京市为例,《中国人口科学》,(6), 42—50。

[28] 贾伟、辛贤(2010):农村劳动力转移对国民经济增长的贡献,《中国农村经济》,(3), 4—11。

[29] 赖德胜(1996):论劳动力市场的制度性分割,《经济科学》,(6), 19—23。

[30] 李旻、赵连阁、谭洪波(2007):农村女性劳动力非农就业影响因素——基于辽宁省的实证分析,《中国农村经济》,(12), 10—19。

[31] 李建民(2002):中国劳动力市场多重分隔及其对劳动力供求的影响,《中国人口科学》,(2), 1—7。

[32] 李建伟(1998):劳动力过剩条件下的经济增长,《经济研究》,(9), 65—72。

[33] 李培林(1996):流动民工的社会网络和社会地位,《社会学研究》,(4), 42—52。

[34] 李实(2001):农村妇女的就业与收入——基于山西若干样

本村的实证分析,《中国社会科学》,(3), 56—69。

[35] 李实、丁赛(2003):中国城镇教育收益率的长期变动趋势,《中国社会科学》,(6), 58—72。

[36] 李实、赵人伟、张平(1998):中国经济转型与收入分配变动,《经济研究》,(4), 43—52。

[37] 李芝倩(2007):劳动力市场分割下的中国农村劳动力流动模型,《南开经济研究》,(1), 93—106。

[38] 林毅夫、蔡昉、李周(1994):对赶超战略的反思,《战略与管理》,(6), 1—12。

[39] 刘靖(2008):非农就业、母亲照料与儿童健康——来自中国乡村的证据,《经济研究》,(9), 136—149。

[40] 刘强(2001):中国经济增长的收敛性分析,《经济研究》,(6), 70—77。

[41] 刘晓昀、Terry Sicular、辛贤(2003):中国农村劳动力非农就业的性别差异,《经济学(季刊)》,2(3), 711—720。

[42] 刘秀梅、田维明(2005):我国农村劳动力转移对经济增长的贡献分析,《管理世界》,(1), 91—95。

[43] 刘瑶(2012):我国居民工资的所有制差异研究,《数量经济技术经济研究》,(11), 85—101。

[44] 陆正飞、王雄元、张鹏(2012):国有企业支付了更高的职工工资吗?《经济研究》,3, 28—39。

[45] 罗楚亮(2008):就业稳定性与工资收入差距研究,《中国人口科学》,(4), 11—21。

[46] 罗小兰(2007):向右下倾斜的非农劳动供给曲线——来自中国健康和营养调查的证据,《中国农村经济》,(10), 23—29。

[47] 马忠东、吕智浩、叶孔嘉(2010):劳动参与率与劳动力增

长:1982～2050 年,《中国人口科学》,(1), 11—27。

[48] “农民流动与乡村发展”课题组(1999):农民工回流与乡村发展——对山东省桓台县 10 村 737 名回乡农民工的调查,《中国农村经济》,(10), 63—67。

[49] 亓寿伟、刘智强(2009):“天花板效应”还是“地板效应”——探讨国有与非国有部门性别工资差异的分布与成因,《数量经济技术经济研究》,(11), 63—77。

[50] 乔明睿、钱雪亚、姚先国(2009):劳动力市场分割、户口与城乡就业差异,《中国人口科学》,(1), 32—41。

[51] 孙文凯、白重恩、谢沛初(2011):户籍制度改革对中国农村劳动力流动的影响,《经济研究》,(1), 28—41。

[52] 孙文杰(2014):承接国际外包扩大了中国行业间工资差距吗?——基于回归方程的 Shapley 值分解,《国际经贸探索》,(4), 14—28。

[53] 汤向俊、任保平(2010):劳动力有限供给、人口转变与中国经济增长可持续性,《南开经济研究》,(5), 84—94。

[54] 王德文、吴要武、蔡昉(2004):迁移、失业与城市劳动力市场分割——为什么农村迁移者的失业率很低?《世界经济文汇》,(1), 37—52。

[55] 王立军、马文秀(2012):人口老龄化与中国劳动力供给变迁,《中国人口科学》,(6), 23—33。

[56] 王美艳(2005):城市劳动力市场上的就业机会与工资差异——外来劳动力就业与报酬研究,《中国社会科学》,(5), 36—46。

[57] 王美艳(2007):城市劳动力市场对外来劳动力歧视的变化,《中国劳动经济学》,(1), 109—119。

[58] 王秋实(2013):人力资本积累的劳动供给效应:结构视角

的研究,《浙江大学》。

[59] 王一兵(2009):健康的不确定性与预防性劳动力供给——来自中国农村地区的经验证据,《财经研究》,(4), 96—106。

[60] 王震(2010):基于分位数回归分解的农民工性别工资差异研究,《世界经济文汇》,(4), 51—63。

[61] 王子成、赵忠(2013):农民工迁移模式的动态选择:外出、回流还是再迁移,《管理世界》,(1), 78—88。

[62] 魏下海、余玲铮(2012):我国城镇正规就业与非正规就业工资差异的实证研究——基于分位数回归与分解的发现,《数量经济技术经济研究》,(1), 78—90。

[63] 魏众(2004):健康对非农就业及其工资决定的影响,《经济研究》,(2), 64—74。

[64] 吴敬琏(1995):二元经济与农村剩余劳动力转移,《教学与研究》,(6), 27—28。

[65] 邢春冰、罗楚亮(2009):农民工与城镇职工的收入差距——基于半参数方法的分析,《数量经济技术经济研究》,(10), 74—86。

[66] 邢春冰(2005):不同所有制企业的工资决定机制考察,《经济研究》,(6), 16—26。

[67] 薛欣欣(2009):转型时期国有部门与非国有部门工资差异研究,《制度经济学研究》,(4), 158—175。

[68] 姚先国、赖普清(2004):中国劳资关系的城乡户籍差异,《经济研究》,(7), 82—90。

[69] 姚先国、谭岚(2005):家庭收入与中国城镇已婚妇女劳动参与决策分析,《经济研究》,(7), 18—27。

[70] 尹志超、甘犁(2009):中国住房改革对家庭耐用品消费的

影响,《经济学(季刊)》,9(1),53—72。

[71] 袁志刚、解栋栋(2011):中国劳动力错配对TFP的影响分析,《经济研究》,(7),4—17。

[72] 约翰·奈特、邓曲恒、李实、杨穗(2011):中国的民工荒与农村剩余劳动力,《管理世界》,(11),12—27。

[73] 张车伟、薛欣欣(2008):国有部门与非国有部门工资差异及人力资本贡献,《经济研究》,(4),15—25。

[74] 张丹丹(2004):市场化与性别工资差异研究,《中国人口科学》,(1),34—43。

[75] 张广婷、江静、陈勇(2010):中国劳动力转移与经济增长的实证研究,《中国工业经济》,(10),15—23。

[76] 张平(2010):后危机时代宏观政策转变:从需求扩张转向供给激励,《经济学动态》,(12),11—19。

[77] 张世伟、郭凤鸣(2010):城市劳动力市场中性别工资差异的变动——基于固定效应模型的研究途径,《经济评论》,(4),66—72。

[78] 张世伟、周闯(2010):中国城镇居民不同收入群体的劳动参与行为——基于参数模型和半参数模型的经验分析,《管理世界》,(5),56—64。

[79] 张世伟、周闯、贾朋(2011):东北地区城镇家庭劳动供给行为研究——基于劳动供给离散选择模型的经验分析,《中国人口科学》,(1),54—63。

[80] 张兴华(2000):对外来工的政策歧视:效果评价与根源探讨,《中国农村经济》,(11),41—45。

[81] 张永丽、黄祖辉(2008):中国农村劳动力流动研究述评,《中国农村观察》,(1),69—79。

[82] 章元、王昊(2011):城市劳动力市场上的户籍歧视与地域

歧视:基于人口普查数据的研究,《管理世界》,(7),42—51。

[83] 张昭时、钱雪亚(2009):中国劳动力市场分割的两重“二元性”:理论与现实,《学术月刊》,(8),76—83。

[84] 张昭时、钱雪亚(2009):劳动力市场分割理论:理论背景及其演化,《重庆大学学报(社会科学版)》,(6),57—62。

[85] 赵耀辉(1997):中国农村劳动力流动及教育在其中的作用——以四川省为基础的研究,《经济研究》,(2),37—42。

[86] 赵忠(2004):中国的城乡移民——我们知道什么,我们还应该知道什么?《经济学(季刊)》,(2),517—536。

[87] 钟水映、李魁(2009):人口红利与经济增长关系研究综述,《人口与经济》,(2),55—59。

[88] 钟笑寒(2006):劳动力流动与工资差异,《中国社会科学》,(1),34—46。

[89] Akerlof, G. and Rachel E. K.(2000), “Economics and Identity”, *Quarterly Journal of Economics*, 3.

[90] Alesina, A. and D. Rodrik(1994), “Distributive Politics and Economic Growth”, *The Quarterly Journal of Economics*, 109(2), 465—490.

[91] Alwyn Young(1992), “A Tale of Two Cities: Factor Accumulation and Technical Change in Hong Kong and Singapore”, *NBER Macroeconomics Annual*, 7, 13—54.

[92] Ann P. Bartel(1979), “The Migration Decision: What Role Does Job-Mobility Play?”, *American Economic Review*, 69, 775—786.

[93] Appleton, S., J. Hoddinott and P. Krishnan(1999), “The Gender Wage Gap in Three African Countries”, *Economic*

Development and Cultural Change, 47(2), 289—312.

[94] Apps, Patricia F. & Rees, Ray(1988), "Taxation and the Household", *Journal of Public Economics*, *Elsevier*, 35(3), 355—369.

[95] Arrow, K. J.(1972), "Some Mathematical Models of Race Discrimination in the Labor Market", in A. Pascal, *Racial Discrimination in Economic Life*, Chapter 6, Lexington: DC Heath, 187—203.

[96] Barro, R.J.(2000), "Inequality and Growth in a Panel of Countries", *Journal of Economic Growth*, 5(1), 5—32.

[97] Barro, R. and Sala-i-Martin, X.(1995), "Economic Growth", Published by McGraw-Hill.

[98] Bartel, Ann P. & Thomas, Lacy Glenn(1985), "Direct and Indirect Effects of Regulation: A New Look at OSHA's Impact", *Journal of Law and Economics*, University of Chicago Press, 28(1), 1—25.

[99] Bates, Robert(1981), *Markets and States in Tropical Africa*, Berkeley, California: University of California Press.

[100] Becker, G. S.(1957), *The Economics of Discrimination*, Chicago: University of Chicago Press.

[101] Becker, G. S.(1965), "A Theory of the Allocation of Time", *Economic Journal*, 75(299), 493—517.

[102] Benhabib, J.(2003), "The Tradeoff between Inequality and Growth," *Annals of Economics and Finance*, (4)2, 491—507.

[103] Berg, Elliot J.(1961), "Backward-sloping Labor Supply Functions in Dual Economies—The Africa Case", *Quarterly*

Journal of Economics, 75, 468—492.

[104] Bergmann, B.(1971), "The Effect on Incomes of Discrimination in Employment", *Journal of Political Economy*, 79, 294—313.

[105] Blau, F., and L. Kahn(1997), "Swimming Upstream: Trends in the Gender Wage Differential in the 1980s", *Journal of Labor Economics*, 15(1), 2—42.

[106] Blinder, Alan S. (1973), "Wage Discrimination: Reduced Form and Structural Estimates", *Journal of Human Resources*, 8(4), 436—455.

[107] Blundell Richard, Chiappori Pierre-Andre, Magnac Thierry, Meghir Costas(2007), "Collective Labour Supply: Heterogeneity and Nonparticipation", *Review of Economic Studies*, 74(2), 417—445.

[108] Blundell Rs MaCurdy T.(1999), "Labor Supply: A Review of Alternative Approaches", *Handbook of Labor Economics*, 3A, Amsterdam: Elsevier, 1559—1695; 48(7), 1711—1725.

[109] Blundell & Smith(1994), "Coherency and Estimation in Simultaneous Models with Censored or Qualitative Dependent Variables", *Journal of Econometrics*, 64, 355—373.

[110] Bowen, William G. and T. Aldrich Finegan(1969), *The Economics of Labor Force Participation*, Princeton, N. J., Princeton University Press.

[111] Brown, R., M. Moon, and B. Zoloth(1980), "Incorporating Occupational Attainment in Studies of Male-Female Earnings Differentials", *Journal of Human Resources*, 15(1) , 3—28.

[112] Brueckner J. K. Y. Zenou. (1999), "Harris-Todaro Models with a Land Market", *Regional Science and Urban Economics*, 29(3):317—339.

[113] Butler, R.(1982), "Estimating Wage Discrimination in the Labor Market", *Journal of Human Resources*, 17(4), 606—621.

[114] Cai, Fang, Du Yang and Zhao Changbao(2007), "Regional Labor Market Integration since China'S WTO Entry: Evidence from Household-level Data", in R. Garnaut and Song Liang (eds), *China: Linking Markets for Growth*, Canberra: Asia Pacific Press, 133—150.

[115] Cain, G.(1976), "The Challange of Segemented Labor Market Theories to Orthodox Theory", *Journal of Economic Literature*, 12.

[116] Canoy, M. and R. Rumberger(1980), "Segmentation in the U.S. Labor Market: Its Effects on the Mobility and Earnings of Whites and Blacks", *Cambridge Journal of Economics*, (7), 23—68.

[117] Chiappori, Pierre-Andre (1992), "Collective Labor Supply and Welfare," *Journal of Political Economy*, University of Chicago Press, 100(3), 437—467.

[118] Chiappori, Pierre-Andre(1988), "Rational Household Labor Supply", Vol.56(1), 63—90.

[119] Chiappori, Pierre-Andre(1997), "Introducing Household Production in Collective Models of Labor Supply", *Journal of Political Economy*, University of Chicago Press, 105(1), 191—209.

[120] C.Kerr(1997), *Labor Markets age Determination: The*

Balkanization of Labor Markets and Other Essays, Berkeley: University of California Press.

[121] Cotton, J.(1988), "On the Decomposition of the Wage Differentials", *Review of Economics and Statistics*, 70(2), 236—243.

[122] Dale W. Jorgenson(1972), "Investment Behavior and the Production Function", *Bell Journal of Economics*, The RAND Corporation, 3(1), 220—251.

[123] Dietrich Vollrath(2009), "The Dual Economy in Long-run Development", *Journal of Economic Growth*, Springer, 14(4), 287—312.

[124] Dickens, W.T. & K. Lang(1985), "A Test of Dual Labor Market Theory", *American Economic Review*, 75(4), 792—805.

[125] Dickens, W.T. & K. Lang(1988), "The Reemergence of Segmented Labor Market Theory". *American Economic Review*, 78(2):129—134.

[126] Doeringer, Peter, B. and Piore, Michael, J.(1971), *Internal Labor Market and Manpower Analysis*, D. C. Heath and Co. Lexington, Mass.

[127] Doeringer, P. B. and Piore, M. J. (1971), *Internal Labor Markets and Manpower Analysis*, Lexington: Lexington Books.

[128] Douglas, Paul H.(1934), *The Theory of Wages*, New York: Macmillan.

[129] Downs, A.(1957), *An Economic Theory of Democracy*, New York: Harper & Row.

[130] Dunn, R., & Dunn, K.(1978), *Teaching Students*

through their Individual Learning Styles, Reston, VA: Reston.

[131] Elliot J. Berg(1961), "Backward-sloping Labor Supply Functions in Dual Economies-the Africa Case", *Quarterly Journal of Economics*, 75(3): 468—492.

[132] Fan, CC.(2001), "Migration and labor-market returns in urban China: Results from a recent survey in Guang Zhou", *Environment and Planning*, 3.

[133] Forbes, K.J.(2000), "A Reassessment of the Relationship between Inequality and Growth", *The American Economic Review*, 90(4), 869—887.

[134] Fortin, N., and T. Lemieux(1998), "Rank Regressions, Wage Distributions, and the Gender Gap", *Journal of Human Resources*, 33(3), 610—643.

[135] Freedman M. (1976), *Labor Market: Segments and Shelters*, New Jersey.

[136] Gaag Vander. J and Vijverberg(1988), "A Switching Regression Model for Wage Determinants in the Public and Private Sectors of a Developing Country", *Review of Economics and Statistics*, 70, 244—252.

[137] Gronau, Reuben(1977), "Leisure, Home Production, and Work: The Theory of the Allocation of Time Revisited", *Journal of Political Economy*, University of Chicago Press, 85(6), 1099—1123.

[138] Gustafsson, Bjorn and Shi Li(2000), "Economic Transformation and the Gender Earnings Gap in Urban China", *Journal of Population Economics*, 13, 305—329.

[139] Hare, Denise(1999), "Push versus Pull Factors in Migration Outflows and Returns: Determinants of Migration Status and Spell Duration among China's Rural Population", *Journal of Development Studies*, 35(3), 45—72.

[140] Hare, Denise (2002), "The Determinants of Job Location and its Effect on Migrants. Wages: Evidences from Rural China," *Economic Development and Cultural Change*, 50 (3), 557—579.

[141] Harris, John R. and Michael P. Todaro(1970), "Migration, Unemployment and Development: A Two-sector Analysis", *American Economic Review*, 60, 126—142.

[142] Hausman Jerry A.(1985), "The Econometrics of Nonlinear Budget Sets", *Econometrica*, 53(6), 1255—1282.

[143] Heckman, J.(1979), "Sample Selection Bias as a Specification Error" , *Econometrica*, 47 (1), 153—161.

[144] Heim, Bradley T. and Bruce D. Meyer(2004), "Structural Labor Supply Models when Budget Constraints are Nonlinear", *NBER Working Paper*.

[145] Heim, Bradley T. (2006), "Structural Estimation of Family Labor Supply with Taxes: Estimating a Continuous Hours Model Using a Direct Utility Specification", *NBER Working Paper*.

[146] Hiebert, Daniel (1999), "Local geographies of labor market segmentation: Montréal, Toronto, and Vancouver, 1991", *Economic Geography*, 75(4), 339—269.

[147] Hicks, J. R.(1932), *The Theory of Wages*, London: Macmillan.

[148] Hodson R.(1984), "Companies, Industries, and the Measurement of Economic Segmentation", *American Sociological Review*, 49(3), 335—348.

[149] Huang Y.(1976), "Backward Bending Supply Curves and Behaviour of Subsistence Fanners", *Journal of Development Studies*, 12(3), 191—211.

[150] Huang, Ping, Frank N. Pieke(2003), "China Migration Country Study", Paper presented at the Conference on Migration, Development and Pro-Poor Policy Choices in Asia, Dhaka.

[151] John F. Cogaj(1981), "Fixed Costs and Labor Supply", *Econometrica*, 49(4), 945—964.

[152] Juhn, Chinhui and Kevin M. Murphy(1997), "Wage Inequality and Family Labor Supply", *Journal of Labor Economics*, 15(1), 72—97.

[153] Juhn, C., K. Murphy, and B. Pierce(1991), "Accounting for the Slowdown in Black-White Wage Convergence", in Kosters, M. (ed.), *Workers and Their Wages: Changing Patterns in the United States*. Washington: American Enterprise Institute Press.

[154] Juhn, C., K. Murphy, and B. Pierce(1993), "Wage Inequality and the Rise in Returns to Skill", *Journal of Politic al Economy*, 101(3), 410—442.

[155] Justin Yifu Lin, Fang Cai, Zhou Li.(2000), "Social Consequencesof Economic Reform in China: an Analysis of Regional Disparity in the Transition Period" in Mary-Franise Renard(eds.), *China and its Regions-Economic Growth and Reform in Chinese Provinces*, Cheltenham: Edward Elgar.

[156] Kanbur R., Zhang X.(1999), "Which Regional Inequality? The Evolution of Rural-urban and Inland-coastal Inequality in China, 1983—1995", *Journal of Comparative Economic*, 27(4), 686—701.

[157] Kahn, L. K.(1991), "Customer Discrimination and Affirmative Action", *Economic Inquiry*, XXXI, 7, 555—571.

[158] Khandker A. W. and Rashid S.(1995), "Wage Subsidy and Full-employment in a Dual Economy with Open Unemployment and Surplus Labor", *Journal of Development Economics*, 48, 205—223.

[159] Katz, L., and K. Murphy(1992), "Changes in Relative Wages, 1963—1987: Supply and Demand Factors", *Quarterly Journal of Economics*, 107(1), 35—78.

[160] Killingswordi, Mark R.(1983), *Labor Supply*? Cambridge: Cambridge University Press.

[161] Koenker, R., and G. J. Bassett(1978), "Regression Quartiles", *Econometrica*, 46(1), 33—50.

[162] K. Shaw.(1989), "Life-cycle Labor Supply with Human Capital Accumulation", *International Economic Review*, 30(2), 431—456.

[163] Larry Schroeder(1976), "Interrelatedness of Occupational and Geographical Labor Mobility", *Industrial and Labor Relations Review*, 29, 405—411.

[164] Lewis, W. A. (1954), "Economic Development with Unlimited Supplies of Labor", *Manchester School of Economics and Social Studies*, 22.

[165] Li, H., Squire, L. and Zou, H.(1997), "Explaining In-

ternational and Intertemporal Variations in Income Inequality", *Economic Journal*, 108(446), 1—18.

[166] Lindner, I. and H. Strulik(2004), "Distributive Politics and Economic Growth: The Markovian Stackelberg Solution", *Economic Theory*, 23(2), 439—444.

[167] Lionel Robbins(1930), "On a Certain Ambiguity in the Conception of Stationary Equilibrium", *The Economic Journal*, 40 (158), 194—214.

[168] Lipton, Michael(1977), *Why Poor People Stay Poor: Urban Bias in World Development*, Cambridge, MA: Harvard University Press.

[169] Long, J.B.D. and L.H.Summers(1991), "Equipment Investment and Economic Growth," *The Quarterly Journal of Economics*, 106(2), 445—502.

[170] Lundberg, M. and L.Squire(2003), "The Simultaneous Evolution of Growth and Inequality", *The Economic Journal*, 113 (487), 326—344.

[171] Machado, J., and J.Mata.(2005), "Counterfactual Decompositions of Changes in Wage Distributions Using Quartile Regression", *Journal of Applied Econometrics*, 2005, 20(4), 445—465.

[172] MaCurdy, Thomas, Green, David and Paarsch, Harry (1990), "Assessing Empirical Approaches for Analyzing Taxes and Labor Supply", *Journal of Human Resources*, 25, 415—90.

[173] Manser, Marilyn & Brown, Murray(1980), "Marriage and Household Decision-Making: A Bargaining Analysis", *International Economic Review*, 21(1), 31—44.

[174] Marjorie B.McElroy(1985), "The Joint Determination of Household Membership and Market Work: The Case of Young Men", *Journal of Labor Economics*, 3 (3), 293—316.

[175] Massey, D.S.(1987), Understanding Mexican Migration to the United States", *American Journal of Sociology*, 102, 939—999.

[176] Maurer-Fazio, Margaret and Ngan Dinh(2004), "Differential Rewards to, and Contributions of Education in Urban China's Segmented Labor Markets", *Pacific Economic Review*, 9(3), 173—189.

[177] Meng, Xin and Junsen Zhang(2001), "The Two-Tier Labor Market in Urban China: Occupational Segregation and Wage Differentials between Urban Residents and Rural Migrants in Shanghai", *Journal of Comparative Economics*, 29, 485—504.

[178] Mincer, Jacob(1970), "The Distribution of Labor Incomes: A Survey with Special Reference to the Human Capital Approach", *Journal of Economic Literature*, American Economic Association, 8(1), 1—26.

[179] Neumark, D.(1988), "Employers' Discriminatory Behavior and the Estimation of Wage Discrimination", *Journal of Human Resources*, 23(3), 279—295.

[180] Neuman, S. and R. Oaxaca(2003), "Estimating Labor Market Discrimination with Selectivity Corrected Wage Equations: Methodological Considerations and An Illustration from Israel", CEPR Discussion papers, No.1915.

[181] Oaxaca, R.(1973), "Male-female Wage Differentials in Urban Labor Markets", *International Economic Review*, 14(3),

693—709.

[182] O'Brien, A. Maureen, and Clifford B. Hawley(1986), "The Labor Force Participation Behavior of Married Women under Conditions of Constraints on Borrowing", *Journal of Human Resources*, 21(2), 267—278.

[183] Pak., W.L., Junsen.Z., Shu, C. C.(2004), "Occupational Segregation and Wage Differentials between Natives and Immigrants: Evidence from Hong Kong", *Journal of Development Economics*, 73, 395—413.

[184] Parsons, D. O.(1980), "Racial Trends in Male Labor Force Participation", *American Economic Review*, 70, 911—920.

[185] Partridge, M.D.(1997), "Is Inequality Harmful for Growth? Comment", *The American Economic Review*, 87(5), 1019—1032.

[186] Persson, T. and G. Tabellini(1994), "Is Inequality Harmful for Growth?", *The American Economic Review*, 84(3), 600—621.

[187] Perotti, R.(1993), "Political Equilibrium, Income Distribution, and Growth", *The Review of Economic Studies*, 60(4), 755—776.

[188] Rains, G. and J. Fei(1961), "A Theory of Economic Development", *American Economic Review*, 51, 533—565.

[189] Ravanera, Zenaldo R., Zhao, John Z., Rajulton, Fernando, and Ravanera, Zenaida R.(1995), "Leaving parental homes in Canada: Effects of Family Structure, Gender, and Culture", 20, 31—50.

[190] Reich. Michael. David M. Gordon. and Richard C. Edwards(1973), "A Theory of Labor Market Segmentation", *American Economic Review*, 63, 359—365.

[191] Reid, and Rubin(2003), "Integrating Economic Dualism and Labor Market Segmentation: The Effects of Race, Gender, and Structural Location on Earnings: 1974—2000", *Sociological Quarterly*, 44(3).

[192] Reimers, C. (1983), "Labor Market Discrimination against Hispanic and Black Men", *Review of Economics and Statistics*, 65(4), 570—579.

[193] Reuben Gronau(1973), "Wage Comparisons—A Selectivity Bias", NBER Working Papers 0013, National Bureau of Economic Research, Inc.

[194] R. J. Barro(1997), *Determinants of Economic Growth: A Cross-country Empirical Study*, MIT Press, London.

[195] Ronald Lee, Timonthy Miller (2000), "Immigration Social Security, and Broader Fiscal Impacts", *The American Economic Review*, 90, 350—354.

[196] Sanborn, H. (1964), "Pay Differences between Men and Women", *Industrial and Labor Relations Review*, 17(4), 534—550.

[197] Sharif, Mohammed(1991), "Poverty and the Forward-falling Labor Supply Function: a Microeconomic Analysis", *World Development*, 19, 1073—1093.

[198] Shelly Lundberg and Elaina Rose(2002), "The Effects of Sons and Daughters on Men's Labor Supply and Wages", *The Review of Economics and Statistics*, 84(2), 251—268.

[199] Stark, O., Taylor, J.E.(1991), "Migration Incentives, Migration Types: The Role of Relative Deprivation", *Econ. J.*, 101(408), 1163—1178.

[200] Stevenson, M.(1975), "Relative Wages and Sex Segregation by Occupation", in Lloyd, C.(ed.), *Sex, Discrimination, and the Division of Labor*, New York: Columbia University Press.

[201] Telles, Edward E.(1992), "Who Gets Formal Sector Jobs? Determinants of Formal-informal Participation in Brazilian Metropolitan Areas", *Work and Occupations*, 19(2), 108—127.

[202] Theodore W. Schultz(1961), "Investment in Human Capital", *American Economic Review*, 3, 1—17.

[203] Thurow, L.(1970), "Analyzing the American Income Distribution", *American Economic Review*, 60, 261—269.

[204] Thurow, L. (1969), *Poverty and Discrimination*, Washington DC: Brookings, 48—57, 111—38.

[205] Thurow, L.(1975), "Discrimination and Theories of Income Determination", in *Generating Inequality: Mechanisms of Discrimination in the U.S. Economy*, Chapter 7, New York: Basic Books, 155—81.

[206] T. W Schultz(1964), *Trmasformation Traditional Agriculture*, New Haven: Yale University Press.

[207] Van Soest, Arthur (1995), "Structural Models of Family Labor Supply: A Discrete Choice Approach", *Journal of Human Resources*, 30(1), 63—88.

[208] White, H.(1980), "A Heteroskedasticity-consistent Covariance Matrix Estimator and a Direct Test for Heteroskedasticity."

Econometica, 48, 817—838.

[209] William G., Bowen and T., Aldrich Finegaii(1966), "Educational Attainment and Labor Force Participation", *The American Economic Review*, 56(1/2), 567—582.

[210] Wu, Harry Xiaoying(1994), "Rural to Urban Migration in the People's Republic of China," *China Quarterly*, 139, 669—698.

[211] Xin Meng and Junsen Zhang(2001), "The Two-tier Labor Market in Urban China: Occupational Segregation and Wage Differentials between Urban Residents and Rural Migrants in Shanghai", *Journal of Comparative Economics*, 29, 485—504.

[212] Xing, Chunbing(2010), "Migration, Self-selection, and Income Distribution: Evidence from Rural China", *IZA Discussion Paper*, No.4979.

[213] Yao Shujie, Zongyi Zhang, Gengfu Feng(2004), "Rural-urban and Regional Inequality in Output, Income and Consumption in China under Economic Reform", *Journal of Economic Studies*, 32(1), 4—24.

[214] Zhao, Yaohui(2000), "Rural-to-Urban Labor Migration in China: The Past and the Present", in Loraine A. West and Yaohui Zhao (eds.), *Rural Labor Flows in China*, Institute of East Asian Studies, University of California, Berkeley.

[215] Zhu, Nong(2002), "The Impact of Income Gaps on Migration Decisions in China", *China Economic Review*, 13, 213—230.

图书在版编目(CIP)数据

户籍制度下农村居民非农劳动供给研究/赵海涛著.
—上海:格致出版社:上海人民出版社,2018.8
ISBN 978-7-5432-2915-0

Ⅰ.①户… Ⅱ.①赵… Ⅲ.①农村劳动力-劳动就业-研究-中国 Ⅳ.①F323.6

中国版本图书馆CIP数据核字(2018)第175730号

责任编辑 贺俊逸
装帧设计 夏 芳

户籍制度下农村居民非农劳动供给研究
赵海涛 著

出 版 格致出版社
上海人民出版社
(200001 上海福建中路193号)
发 行 上海人民出版社发行中心
印 刷 上海商务联西印刷有限公司
开 本 635×965 1/16
印 张 16.25
插 页 5
字 数 185,000
版 次 2018年8月第1版
印 次 2018年8月第1次印刷
ISBN 978-7-5432-2915-0/F·1153
定 价 62.00元

马克思主义研究　哲学社会科学研究　第三十辑　(2018年8月)

针锋未必相对:战略思维与中美互动的对弈逻辑　潘忠岐 著
事实与建构:转型加速期中国区域环境风险的社会学研究　王芳 著
整合及制度化——唐前期道教研究　白照杰 著
20 世纪法国科学史和科学哲学研究　郭明哲 著
领导理论研究的中国化:CPM 理论的探索　李明　凌文辁 著
“枪炮”或“玫瑰”——公共外交中的音乐　曾琳智 著
扩大消费需求的长期政策与长效机制研究　汪伟 著
现代汉语事件名词研究　韩蕾 著
中国自然灾害经济学研究　许闲 著

博士文库　第二十辑　(2018年8月)

中国古代类书史视域下的隋唐类书研究　王燕华 著
狄尔泰的生命释义学　高桦 著
户籍制度下农村居民非农劳动供给研究　赵海涛 著
美国图书馆学教育思想研究(1887—1955)　周亚 著